Micha Brumlik
Postkolonialer Antisemitismus?

Micha Brumlik wurde 1947 als Kind deutscher jüdischer Eltern in der Schweiz geboren und lebt seit 1952 in der Bundesrepublik Deutschland. Er studierte Philosophie und Pädagogik in Jerusalem und Frankfurt a.M. Von 2000 bis 2013 war er Professor für Theorien der Bildung und Erziehung und von 2000 bis 2005 Direktor des Fritz Bauer Instituts – Studien- und Dokumentationszentrum zur Geschichte des Holocaust in Frankfurt a.M. Er publiziert u.a. zur Geschichte des Judentums und zeitgenössischen jüdischen Themen und ist Mitherausgeber der »Blätter für deutsche und internationale Politik«.

Micha Brumlik

Postkolonialer Antisemitismus?

Achille Mbembe, die palästinensische BDS-Bewegung
und andere Aufreger
Bestandsaufnahme einer Diskussion

VSA: Verlag Hamburg

www.vsa-verlag.de

2. durchgesehene, korrigierte und ergänzte Auflage 2022

Umschlagabbildung: Israelis und Palästinenser trugen im Februar 2004 während einer Kundgebung an der Mauer im Dorf Abu Dis im arabischen Ost-Jerusalem die Fahnen der jeweils anderen und demonstrierten so gegen ein umstrittenes Bauprojekt der israelischen Regierung (Foto: Jim Hollander/picture alliance/dpa).
Druck- und Buchbindearbeiten: CPI books GmbH Leck
ISBN 978-3-96488-154-0

Inhalt

Kapitel 1
Vorbemerkung: Ein zweiter Historikerstreit?!

»Woran erkenne ich«, so die Autorin Karin Wetterau im ersten Kapitel »Neuer Antisemitismus – ein neuer Historikerstreit?« ihres im Herbst 2020 erschienenen Buches, »latenten, subtilen Antisemitismus, der vorgibt, keiner zu sein, und wie lässt er sich wirksam bekämpfen? Darüber«, so Wetterau weiter, »ist ein Streit entbrannt, der sich vor allem auf den sogenannten israelbezogenen oder antiisraelischen Antisemitismus fokussiert. Ausgehend von der Annahme, traditioneller Antisemitismus tarne sich derzeit vornehmlich als Kritik an Israel, geraten Kritiker:innen der israelischen Politik schnell unter Antisemitismusverdacht, während der traditionelle rechte und rechtsradikale Antisemitismus aus dem Blickfeld gerät.« (Wetterau 2020: 15f.)

Doch war Karin Wetterau nicht die Einzige, die einen Vergleich mit dem »Historikerstreit« zwischen Ernst Nolte und Jürgen Habermas anstellte. Das tat auch der im hier verhandelten Zusammenhang noch bedeutsam werdende US-amerikanische Holocaustforscher Michael Rothberg, der am 23. September 2020 unter anderem schrieb: »Ein Sprung ins Jahr 2020, und der intellektuelle und politische Kontext hat sich erneut dramatisch verändert. Obwohl das Holocaust-Gedenken seinen Status als Prüfstein der amerikanischen, israelischen, deutschen und europäischen politischen Kultur behalten hat, koexistiert es nun auf unbehagliche Weise mit einem neuen, globalen Rechtsruck. Der Brexit, die Wahl von Trump, der Aufstieg der AfD, die anhaltende Herrschaft Netanjahus über die israelische Politik und die offen revisionistischen Regierungen in Polen und Ungarn sind nur einige der jüngsten Erscheinungen, die zeigen, wie sehr sich der Kontext verändert hat, in dem wir heute über die Bedeutung der Vergangenheit nachdenken.« (Rothberg 2020a)

Die Debatte um die im Frühjahr 2020 unter anderem auch vom Antisemitismusbeauftragten der Bundesregierung, Felix Klein, unterstützte Ausladung des afrikanischen Philosophen Achille Mbembe von der ohnehin wegen Corona abgesagten Ruhrtriennale hat den deutschen Blätterwald in einer Art und Weise umgetrieben wie zuletzt nur im sogenannten Historikerstreit zwischen Jürgen Habermas und Ernst Nolte der Jahre 1986/87 (siehe dazu Piper 1987). Ging es damals um die Frage, ob und wieweit der Nationalsozialismus mitsamt der Judenvernichtung eine verständliche Abwehrreaktion wider den »Bolschewismus« war, so geht es dieses Mal um Israel und den Zionismus. Genauer: Um die Frage, ob es zulässig ist, Israel und den Zionismus – zumal die mehr als 50 Jahre währende Besatzungsherrschaft im Westjordanland – als »kolonialistisch« zu bezeichnen, mehr noch: die Besatzungsherrschaft zur »Apartheid« und damit für rassistisch zu erklären.

Gegenwärtig – beim Abfassen dieser Zeilen im Frühjahr 2021 – haben Hunderte internationaler Wissenschaftlerinnen und Wissenschaftler mit guten Gründen eine Resolution gegen den ansonsten renommierten britischen Philosophen David Miller verfasst, da dieser den Zionismus grundsätzlich – von seinen Anfängen her – für rassistisch erklärt hat.[1] Eine in der Tat letzten Endes antisemitische Meinung.

Freilich war die Ausladung Mbembes im Frühjahr 2020 keineswegs der Höhepunkt der damaligen Debatte – im Oktober 2020, ein halbes Jahr später, ereignete sich in Berlin ein Vorfall, den sich so auch die pessimistischsten Beobachter nicht hatten vorstellen können. In Berlin-Weißensee residiert eine Kunsthochschule, an der auch Israelis – unter ihnen die Meisterschülerin Yehudith Yinhar – studieren, Studierende, das ist in diesem Fall von Bedeutung, die allesamt jüdisch sind. Aus Gründen und Motivlagen, auf die hier nicht weiter einzugehen ist, sind diese in Berlin lebenden jüdischen Studierenden zum Schluss gekommen, dass der Zionismus keine tragfähige Grundlage für die Zukunft des Staates Israel ist, weshalb sie auf einer Website einen Workshop zum Thema »School for Unlearning Zionism« anboten. Das wurde ihnen kurz nach Veröffentlichung von der Hochschulleitung unter Berufung auf den im Mai 2019 vom Deutschen Bundestag gefassten Anti-BDS-Beschluss (wonach BDS antisemitisch ist) untersagt (siehe Berliner Zeitung vom 11.10.2020). Ohne jede Rücksprache mit den Veranstaltern teilte Leonie Baumann, die Rektorin der Kunsthochschule, den Veranstaltern – Studierenden und Lehrenden der Kunsthochschule – mit, dass die Veranstaltung nicht stattfinden könne, sie von der Website der Hochschule getilgt, die Finanzierung gestrichen werde und daher die Verträge mit möglichen Referenten ungültig seien. Diese Maßnahme wurde sowohl

---

[1] Miller, D., We must resist Israel's War on British universities; electronicintifada.net/content/we must resist -israels-war-british-universities/32391 [Zugriff am 23.2.2021]. Dagegen: recentstatementsbyprofdavidmillerconcerningbristoluniversity.wordpress.com/?contact-form-id=8&contact-form-sent=584&contact-form-hash=2e2685b6e7aa33b90d3fecb14be08f2338d0a173&_wpnonce=3f71068e6a#contact-form-8

von dem ehemaligen Bundestagsabgeordneten der Grünen und früheren Vorsitzenden der deutsch-israelischen Parlamentariergruppe Volker Beck (siehe Jüdische Allgemeine vom 9.10.2020) als auch von der israelischen Botschaft in Berlin unterstützt, handele es sich doch bei dem geplanten Programm um einen Fall von »umarmendem Antisemitismus« (Twitter Web App vom 9.10.2020, 12:59 Uhr).

Nicht zuletzt schloss sich dem die dem Kampf gegen Rassismus und Antisemitismus gewidmete Amadeu Antonio Stiftung an (so Maximilian Kirstein am 9.10.2020 auf der Homepage der Stiftung) – und das, es muss noch einmal wiederholt werden, dem Umstand zum Trotz, dass Veranstalter und Referenten israelische Jüdinnen und Juden waren. Auf die irritierte Rückfrage verschiedener Leserinnen und Leser der Homepage der Amadeu Antonio Stiftung – sie wiesen darauf hin, dass es sich ja um ein Projekt jüdischer Israelis handele – antwortete die Stiftung so:

»Wenn wir es richtig verstanden haben, bezieht sich Ihre Frage und Empörung vor allem auf die Nennung dieser Veranstaltungsreihe in einer Chronik mit neonazistischen und rechten antisemitischen Vorfällen. Chroniken vereinen zwangsläufig sehr unterschiedliche Ereignisse in zeitlich manchmal zufälliger Reihenfolge, die meist nur ein bestimmtes Merkmal teilen. Die Chronik antisemitischer Vorfälle der Amadeu Antonio Stiftung bildet also Fälle ab, die antisemitisch sind oder zumindest mit gutem Grund als antisemitisch bezeichnet werden können, auch wenn sie sich in Intensität, Reichweite, Akteur:innen, Ziel und Wirkung unterscheiden können. Dadurch werden Zusammenhänge und Verbindungslinien sichtbar, die wichtig sind, um das Phänomen zu dokumentieren und zu verstehen. Die Ereignisse werden damit aber nicht gleichgesetzt.

Was die Begründung unserer Einschätzung angeht, so berufen wir uns beim Führen der Chronik antisemitischer Vorfälle auf die Definition der IHRA, die unter anderem auch die Delegitimierung des Staates Israel sowie die Anwendung von Doppelstandards, die an Israel angelegt werden, als Antisemitismus einstuft. Die von vielen geteilte Kritik an der Veranstaltungsreihe ›School for Unlearning Zionism‹ bezieht sich genau auf diese Argumentationsmuster, beispielsweise die einseitige Darstellung des Nahostkonflikts. Dabei ist es wichtig zu sehen, dass nicht unbedingt die Motivation antisemitisch sein muss, die verwendeten Stereotype, Erzählungen und Fokussierungen allerdings genau so wirken. Einer Delegitimierung Israels wird hier Vorschub geleistet. Das ist insbesondere in Deutschland, ja in Berlin ein gefährliches Unterfangen, das unserer Meinung nach dokumentiert werden muss.

Mit vielen Grüßen das Team der Bildungs- und Aktionswochen gegen Antisemitismus«[2]

Von nicht zu unterschätzender Bedeutung ist hier die Berufung auf die entsprechende Antisemitismusdefinition der IHRA (der International Holocaust Researchers Association), auf die im Folgenden noch einzugehen ist, die aber im Falle des oben dokumentierten Programms noch nicht einmal zutrifft – wird dem Staat Israel doch weder die Existenzberechtigung abgesprochen noch er gar mit dem Nationalsozialismus gleichgesetzt. Auf jeden Fall stellte die Kunsthochschule am 13. Oktober fest, dass sie lediglich die Finanzierung der geplanten Veranstaltung ablehnte, jedoch nicht in die akademische Freiheit der Lehrenden und Lernenden eingreifen wolle:

»Die weißensee kunsthochschule berlin hält sich an den Bundestagsbeschluss ›Der BDS-Bewegung entschlossen entgegentreten – Antisemitismus bekämpfen‹ vom 15.5.2019 (veröffentlicht als Drucksache 19/10191) und an die Entschließung der Hochschulrektorenkonferenz-Mitgliederversammlung vom 19.11.2019 ›Kein Platz für Antisemitismus‹. Die besagte Veranstaltung wird nicht aus öffentlichen Mitteln finanziert. Veranstaltungen und sonstige Aktivitäten werden von den Lehrenden der weißensee kunsthochschule berlin selbstständig und in Eigenverantwortung im Rahmen ihrer Wissenschaftsfreiheit konzipiert und durchgeführt. Bestandteil wissenschaftlicher und künstlerischer Ausbildung ist die Auseinandersetzung mit unterschiedlichen politischen und gesellschaftlichen Positionen. Seitens der Hochschule findet auch keine Überprüfung von Referent_innen hinsichtlich ihrer persönlichen oder politischen Einstellungen statt, die eingeladen werden.«[3]

Man bemerke, diese Erklärung bezieht sich darauf, dass der Deutsche Bundestag im Mai 2019 einen Beschluss gefasst hat, wonach die an vielen – vor allem angelsächsischen – Universitäten gut etablierte gewaltfreie palästinensische BDS-Bewegung als antisemitisch eingestuft wurde. Der Frage, ob und wie antisemitisch diese in Deutschland quantitativ zu vernachlässigende Bewegung tatsächlich ist, hat die Wochenzeitung Die ZEIT am 10. Juni 2020 auf den Seiten 43 und 44 unter dem Titel »Was ist BDS?« einen langen, differenzierten Artikel gewidmet, in dem sie auf die vor allem im linksliberalen Milieu herrschende Sympathie für diese Bewegung eingegangen ist. Freilich: Auch der ZEIT-Au-

[2] Ich danke Emily Dische-Becker für das Überlassen dieses Schreibens.

[3] Stellungnahme zur Veranstaltung »School of Unlearning Zionism« in der Kunsthalle der weißensee kunsthochschule berlin/13.10.2020

tor Thomas E. Schmidt vermied es schließlich, die Frage eindeutig zu beantworten, und plädierte für Diskussionsfreiheit. Er ergänzte damit eine andere Analyse, die den Ursprung der ganzen Debatte im akademischen Milieu des Westens ortete (Jessen 2020). Aus israelischer Perspektive wiederum versuchte der Soziologe Natan Sznaider (2020) beide Narrative, Zionismus hier und postkoloniale Theorie dort, als partikuläre Sichtweisen zu charakterisieren, die gleichsam nach Drehbuch zusammenprallen müssen: Antisemitismus versus Rassismus.

All dem war eine andere, die deutsche Öffentlichkeit umtreibende kulturpolitische Auseinandersetzung ein Jahr früher vorangegangen. Es war die israelische Regierung des Jahres 2019 in Gestalt von Premier Netanyahu, die in einem bekannt gewordenen Brief an Kanzlerin Merkel gegen die Jerusalem-Ausstellung des Jüdischen Museums Berlin protestierte, weil dort die Zentralität Jerusalems für das Judentum und den Staat Israel nicht gebührend gewürdigt worden sei – was in der Folge dazu führte, dass der Zentralrat der Juden in Deutschland dem Direktor Peter Schäfer das Vertrauen entzog und ihn so zu seinem Rücktritt zwang: dulde er doch in der Akademie des Jüdischen Museums BDS-nahe Positionen. Die in diesem Zusammenhang immer wieder erwähnte, 2005 von Palästinensern, die dem bewaffneten Kampf abgeschworen hatten, gegründete BDS-Bewegung, die an US-amerikanischen Campussen Furore macht, in Deutschland jedoch kaum Anhänger hat, wurde in dem Bundestagsbeschluss vom Mai des Jahres 2019 als antisemitisch bezeichnet.

Dem hielt im Oktober 2019 kein Geringerer als der Professor für Jüdische Geschichte an der Wake Forest University in North Carolina, Barry Trachtenberg (2019), entgegen, dass die Panik angesichts der BDS-Bewegung von der wirklichen antisemitischen Bedrohung durch Neonazis nur ablenke. All dies ereignete sich nach dem antisemitischen Anschlag von Halle, der zehn Tage vorher verübt worden war.

Ende März des Jahres 2021 verabschiedete nun zuallerletzt eine internationale Gruppe von etwa 110 namhaften Wissenschaftlerinnen und Wissenschaftlern – darunter sehr viele jüdische Koryphäen ihrer Fächer – eine »Jerusalem Declaration on Antisemitism« (jerusalemdeclaration.org), die präzise richtigstellte, welche Formen antiisraelischen Widerstands *nicht antisemitisch* sind, nämlich u.a.:

»12. […] Den Zionismus als eine Form des Nationalismus zu kritisieren oder abzulehnen, oder für eine Vielzahl von konstitutionellen Regelungen für Juden und Palästinenser in dem Gebiet zwischen dem Jordan und dem Mittelmeer zu plädieren. Es ist nicht antisemitisch, Regelungen zu unterstützen, die allen Bewohnern ›zwischen dem Fluss und dem Meer‹ volle Gleichberechtigung zugestehen, ob in zwei Staaten, einem binationalen Staat, einem einheitlichen demokratischen Staat, einem Bundesstaat oder in welcher Form auch immer.

13. [...] Daher ist es, auch wenn es umstritten ist, an und für sich nicht antisemitisch, Israel mit anderen historischen Fällen zu vergleichen, einschließlich Siedlerkolonialismus oder Apartheid.

14. Boykott, Desinvestition und Sanktionen sind alltägliche, nicht gewaltsame Formen des politischen Protests gegen Staaten. In diesem Fall sind sie nicht an und für sich antisemitisch.«[4]

Indes: Selbst eine annäherungsweise Verwendung des Begriffs »Apartheid« für die Verhältnisse nicht im Kernland Israel, aber in der West Bank gilt in weiten Teilen der öffentlichen Debatte ebenfalls als antisemitisch.[5] Mit Recht wird dabei darauf hingewiesen, dass weder im Zionismus noch in der israelischen Staatsdoktrin jemals von einer biologischen Minderwertigkeit der Araber die Rede war. Wie schon erwähnt, hat es auch ein System der wirtschaftlichen Ausbeutung wie in Südafrika im Mandatsgebiet oder in Israel nie gegeben. Ein wörtlicher Bezug auf die Anti-Apartheidskonvention, seit 1998 Teil des Völkerstrafrechts, ist schon deshalb umstritten, weil sie sich speziell gegen rassische Diskriminierung richtet. Fasst man Apartheid aber weiter als politische, soziale und wirtschaftliche Dominanz – kombiniert mit Formen von Unterdrückung, Diskriminierung und Separation, die sich auch gegen anders

---

[4] Englisch- oder französischsprachige Dokumente und Zitate habe ich der besseren Lesbarkeit halber ins Deutsche übersetzt; in der Regel wird der Originaltext in Fußnoten wiedergegeben.

»Israel and Palestine: examples that, on the face of it, are not antisemitic. [...]

12. [...] Criticizing or opposing Zionism as a form of nationalism, or arguing for a variety of constitutional arrangements for Jews and Palestinians in the area between the Jordan River and the Mediterranean. It is not antisemitic to support arrangements that accord full equality to all inhabitants ›between the river and the sea‹ whether in two states, a binational state, unitary democratic state, federal state or in whatever form.

13. [...] Thus, even if contentious, it is not antisemitic, in and of itself, to compare Israel with other historical cases, including settler-colonialism or apartheid.

14. Boycott, divestment, and sanctions are commonplace, non violent forms of political protest against states. In the case they are not, in and of themselves, antisemitic.«

[5] Einen kurzen, aber reichhaltigen Überblick über die kontrovers geführte internationale Debatte bietet gaz.wiki/wiki/de/Israel_and_apartheid.

als rassisch definierte Großgruppen richtet –, dann kann man den Begriff sehr wohl auf die Zustände in der West Bank anwenden.

Die Darstellung dieses Streits und die Bewertung der in ihm vorgebrachten Positionen geschieht – einschließlich dieser Vorbemerkung – in insgesamt sieben Kapiteln. So geht es im *zweiten Kapitel* um eine genaue Darstellung, worum es sich bei der durch einen Bundestagsbeschluss für antisemitisch erklärten, gewaltfreien BDS-Bewegung überhaupt handelt. Das *dritte Kapitel* widmet sich der Vorgeschichte der aktuellen Auseinandersetzung, nämlich dem Streit um die Jerusalemausstellung des Jüdischen Museums Berlin. Darauf folgend geht das *vierte Kapitel* auf Person und Werk des – wie der Autor dieser Zeilen meint – zu Unrecht des Antisemitismus geziehenen Philosophen Achille Mbembe ein. Das *fünfte Kapitel* versucht dann eine Geneaologie des modernen Rassismus bis hin zur antisemitischen Vernichtungspolitik der Nationalsozialisten aus der Geschichte neuzeitlicher Sklaverei, während das *sechste Kapitel* zu rekonstruieren versucht, was »Zionismus« überhaupt ist und ob Behauptungen, er sei eine Spielart von »Kolonialismus«, zutreffen können. Das letzte *siebte Kapitel* erörtert abschließend, aus welchen – sogar im engeren Sinne religiösen Gründen – die postkoloniale Kritik an Israel und dem Zionismus die Debatte in Deutschland besonders heftig werden ließ.

Kapitel 2
Die BDS-Bewegung und ihre Geschichte

Gemäß eigener Auskunft wurde die Bewegung am 9. Juli 2005 durch den Zusammenschluss von 170 palästinensischen Gruppen gegründet – am ersten Jahrestag der Erklärung des Internationalen Gerichtshofs, dass die Errichtung einer Grenzbarriere in der Westbank völkerrechtswidrig sei. Wann genau die Bewegung tatsächlich gegründet wurde, ist jedoch nach wie vor strittig. Allgemeine Übereinstimmung scheint darin zu bestehen, dass sie eine Reaktion auf die zweite Intifada, die »El Aksa Intifada« war, die am 28. September des Jahres 2000, nach dem Scheitern der Oslo-Verhandlungen in Camp David begann. Dieser Aufstand dauerte alles in allem fünf Jahre, bis schließlich 2005 Ariel Scharon von israelischer Seite und Mahmud Abbas seitens der Palästinenser in Scharm al Sheikh offiziell einen Waffenstillstand schlossen.

In der Folge baute der israelische Staat im Westjordanland jenen Grenzzaun (siehe hierzu Schäuble 2008), der auch ein Motiv für die Gründung von BDS war. Mitbeteiligt waren die »General Union palästinensischer Studenten«, Teile der Muslim Bruderschaft in den USA und der »Palestine Solidarity Campaign«. Das »BDS National Committee« wurde förmlich auf der ersten BDS-Konferenz in Ramallah im November 2007 etabliert. Unter Bezug auf eine Reihe von UN-Beschlüssen nutzte das Komitee die Semantik der Kampagnen gegen die ehemalige südafrikanische weiße Minderheitenherrschaft, was die Vermutung unterstreicht, dass BDS seinen Ursprung auf der »UN Conference against Racism« im Jahre 2001 hatte.[6]

Die BDS-Bewegung wurde auch von dem israelischen Staatsbürger Omar Barghouti mitgegründet. Als Kind einer palästinensischen Familie 1964 in Quatar geboren, wuchs er zunächst in Ägypten auf, um 1982 in die USA zu gehen, wo er elf Jahre lebte und einen MA in Elektronik an der Columbia Universität erwarb. 1993 siedelte er nach Israel über, heiratete und erwarb einen weiteren MA im Fach Ethik an der Universität Tel Aviv – was eine Petition zur Folge hatte, ihn aus der

---

[6] Der englischsprachige Wikipedia-Eintrag, auf den hier ausnahmsweise verwiesen werden soll, enthält eine Fülle derartiger Hinweise: en.wikipedia.org/wiki/Boycott,_Divestment_and_Sanctions

Universität zu entfernen, eine Petition, die zwar 184.000 Israelis unterschrieben, der aber gleichwohl nicht entsprochen wurde. 2016 wurde Barghoutis Genehmigung, frei zu reisen – er lebte inzwischen in Ramallah – vom israelischen Innenministerium mit der Begründung nicht verlängert, er agitiere gegen Israel. In einer E-Mail an die linksliberale, regierungskritische Tageszeitung Haaretz schrieb Barghouti in dieser Angelegenheit: »Die Weigerung, mein Reisedokument jetzt zu verlängern, ist also eindeutig politisch. [...] Sie verweigert mir nicht nur meine Bewegungsfreiheit. Sie wird von Rechtsexperten als ein erster Schritt zum Entzug meiner permanenten Aufenthaltsgenehmigung gesehen, eine eindeutig politische und rachsüchtige Maßnahme, die keine rechtliche Grundlage hat.«[7]

2017 reiste er schließlich in die USA, wo er an der Yale University den »Ghandi Peace Award« entgegennehmen konnte, um nach seiner Rückkehr nach Israel wegen erheblicher Steuerhinterziehung inhaftiert zu werden. Barghouti, der strikt für Gewaltfreiheit im Widerstand wirbt, tritt weder für einen palästinensischen Nationalstaat noch für einen binationalen Staat ein, sondern für einen säkularen Staat Israel als Staat aller seiner Bürger. Was ihn und seine Positionen indes des Antisemitismus verdächtig macht, ist unter anderem die auch Mbembe vorgeworfene Behauptung, Israel sei ein Apartheidstaat: »Israels legalisiertes System der Diskriminierung als Apartheid zu bezeichnen – wie es von Tutu, Jimmy Carter und sogar einem ehemaligen israelischen Generalstaatsanwalt getan wurde –, setzt Israel nicht mit Südafrika gleich. Keine zwei unterdrückerischen Regime sind identisch. Vielmehr wird behauptet, dass Israels Verleihung von Rechten und Privilegien nach ethnischen und religiösen Kriterien der von der UN angenommenen Definition von Apartheid entspricht.«[8]

---

[7] »Refusing to renew my travel document now is therefore clearly political... It does not just deny me my freedom of movement. It is seen by legal experts as a first step toward revoking my permanent residency, a clearly political and vindictive measure that has no legal basis.« (J. Khoury and The Associated Press [10.5.2016]: »Israel Bars BDS Founder Omar Barghouti From Travel Abroad«; www.haaretz.com/israel-news/israel-bars-bds-founder-from-travel-abroad-1.5381908)

[8] »Characterising Israel's legalised system of discrimination as apartheid – as was done by Tutu, Jimmy Carter and even a former Israeli attorney general – does not equate Israel with South Africa. No two oppressive regimes are identical. Rather, it asserts that Israel's 'bestowal of rights and privileges according to ethnic and religious criteria fits the UN-adopted definition of apart-

Besonders in die Kritik gerieten auch Barghoutis Vergleiche israelischer Kontrollpraktiken mit Maßahmen der Nationalsozialisten gegen die Juden: »Viele der Methoden der kollektiven und individuellen ›Bestrafung‹ palästinensischer Zivilisten durch junge, rassistische, oft sadistische und stets unnachgiebige israelische Soldaten an den Hunderten von Kontrollpunkten, die die besetzten palästinensischen Gebiete übersäen, erinnern an die üblichen Nazipraktiken gegen die Juden.«[9]

Nicht nur auf US-amerikanischen Campussen gewann diese Bewegung eine beachtliche Anhängerschaft, Jahre später fand sich auch in der Bundesrepublik Deutschland eine – wenn auch sehr kleine – Unterstützungsgruppe zusammen, die am 20. Juni 2015 – vier Jahre vor dem Anti-BDS-Beschluss des Deutschen Bundestages – erklärte:

»Israels Apartheids- und Kolonialpolitik muss gestoppt werden durch Boykott, Desinvestment und Sanktionen (BDS) | Schließt Euch der weltweiten gewaltfreien BDS-Bewegung an.

Dieser Aufruf richtet sich an die deutsche Zivilgesellschaft, vor allem an die hiesigen Religionsgemeinschaften, Gewerkschaften, Berufs- und Wirtschaftsverbände sowie an alle Gruppen und Personen, die sich dem Frieden und den Menschenrechten verpflichtet fühlen. Wir unterstützen daher den Aufruf der palästinensischen Zivilgesellschaft aus dem Jahr 2005 zur gewaltfreien und weltweiten BDS-Bewegung (www.bds-kampagne.de), die durch Boykott, Desinvestment (Kapitalentzug) und Sanktionskampagnen Israel veranlassen will, seine Kolonialpolitik aufzugeben. Ziele dieser Bewegung sind:

1. Beendigung der Besatzung und Kolonialisierung des 1967 besetzten arabischen Landes und Niederreißen der Mauer.
2. Anerkennung der Grundrechte der arabisch-palästinensischen Bürger:innen Israels auf vollständige Gleichberechtigung.
3. Achtung, Wahrung und Unterstützung des Rechts der palästinensischen Flüchtlinge, wie in UN-Resolution 194 festgelegt, auf Rückkehr zu ihren Wohnstätten und Schadensersatz bei Verlust oder Be-

---

heid.« (O. Barghouti, »Besieging Israel's siege«, in: The Guardian [12.8.2010]. London; www.theguardian.com/commentisfree/2010/aug/12/besieging-israel-siege-palestinian-boycott)

9 »Many of the methods of collective and individual ›punishment‹ meted out to Palestinian civilians at the hands of young, racist, often sadistic and ever impervious Israeli soldiers at the hundreds of checkpoints littering the occupied Palestinian territories are reminiscent of common Nazi practices against the Jews.« (O. Barghouti, »The Pianist« Of Palestine, auf: Zmag/Countercurrents.org [30.11.2004]; www.countercurrents.org/pa-barghouti301104.htm)

schädigung ihres Eigentums oder auf Entschädigung für den Fall, dass sie nicht zurückkehren wollen.

Die israelische Regierung betreibt eine völkerrechtswidrige und kolonialistische Politik zu Lasten der PalästinenserInnen, die sie sowohl in Israel als auch in den Besetzten Gebieten Palästinas unter Apartheid leiden lässt.«[10]

Gegen diese politische Haltung sowie die Organisationen, die sie sich zu eigen machten, sowie vor allem gegen die palästinensische Bewegung BDS selbst erließ der Deutsche Bundestag einen in der Geschichte des deutschen Parlaments einmaligen Beschluss. Wie lautete dieser Beschluss, wie und warum kam er zustande?

»Antrag der Fraktionen CDU/CSU, SPD, FDP und Bündnis 90/Die Grünen. Der BDS-Bewegung entschlossen entgegentreten – Antisemitismus bekämpfen

Der Bundestag wolle beschließen:

I. Der Deutsche Bundestag stellt fest: Der Deutsche Bundestag bekennt sich unabänderlich zu seinem Versprechen, Antisemitismus in allen seinen Formen zu verurteilen und zu bekämpfen und bekräftigt ausdrücklich den beschlossenen Antrag der Fraktionen CDU/CSU, SPD, FDP und Bündnis 90/Die Grünen ›Antisemitismus entschlossen bekämpfen‹ vom 17. Januar 2018.«

---

[10] bds-kampagne.de/aufruf/deutschlandweiter-bds-aufruf/ Der Aufruf endet mit folgenden Worten: »Wir sind der Überzeugung, dass auch die deutsche Zivilgesellschaft aufgerufen ist, sich wesentlich stärker als bisher an der weltweiten BDS-Kampagne zu beteiligen, ähnlich wie es in anderen europäischen und außereuropäischen Ländern der Fall ist. Deutschland fördert eine stark privilegierte wirtschaftliche, militärische und wissenschaftliche Zusammenarbeit mit Israel und begründet diese mit seiner besonderen historischen Verantwortung. Doch solange Israel diese Zusammenarbeit auch zu Menschen- und Völkerrechtsverletzungen gegen die PalästinenserInnen missbraucht, macht sich unser Land dieser Verletzungen mitschuldig. Verantwortungsvoller Umgang mit unserer Geschichte bedeutet für uns, sich dieser die palästinensischen Grundrechte missachtenden Zusammenarbeit zu widersetzen. Das ist eine für uns maßgebliche Schlussfolgerung aus der deutschen Geschichte. In diesem Engagement sehen wir uns auf der Grundlage der von palästinensischer Seite initiierten und weltweit vorangetriebenen BDS-Bewegung auch durch das Engagement jüdischer Gruppen in Israel und im Ausland bestärkt. Wir, die Unterzeichnenden dieses Aufrufes, fordern hiermit weitere Gruppen und Personen der deutschen Zivilgesellschaft dazu auf, sich der internationalen BDS-Kampagne anzuschließen.«

Unter Bezug auf die »Arbeitsdefinition der Internationalen Allianz für Holocaustgedenken«[11] erläutert das deutsche Parlament:

»Seit Jahren ruft die ›Boycott, Divestment and Sanctions‹-Bewegung (abgekürzt BDS) auch in Deutschland zum Boykott gegen Israel, gegen israelische Waren und Dienstleistungen, israelische Künstlerinnen und Künstler, Wissenschaftlerinnen und Wissenschaftler sowie Sportlerinnen und Sportler auf. Der allumfassende Boykottaufruf führt in seiner Radikalität zur Brandmarkung israelischer Staatsbürgerinnen und Staatsbürger jüdischen Glaubens als Ganzes. Dies ist inakzeptabel und scharf zu verurteilen. Die Argumentationsmuster und Methoden der BDS-Bewegung sind antisemitisch. Die Aufrufe der Kampagne zum Boykott israelischer Künstlerinnen und Künstler sowie Aufkleber auf israelischen Handelsgütern, die vom Kauf abhalten sollen, erinnern zudem an die schrecklichste Phase der deutschen Geschichte. ›Don't Buy‹-Aufkleber der BDS-Bewegung auf israelischen Produkten wecken unweigerlich Assoziationen zu der NS-Parole ›Kauft nicht bei Juden!‹ und entsprechenden Schmierereien an Fassaden und Schaufenstern. Der Deutsche

---

[11] »Laut Arbeitsdefinition der Internationalen Allianz für Holocaust-Gedenken«, so die Bundestagsresolution, »ist Antisemitismus eine bestimmte Wahrnehmung von Juden, die sich als Hass gegenüber Juden ausdrücken kann. Antisemitismus richtet sich in Wort oder Tat gegen jüdische oder nichtjüdische Einzelpersonen und/oder deren Eigentum sowie gegen jüdische Gemeindeinstitutionen oder religiöse Einrichtungen. Darüber hinaus kann auch der Staat Israel, der dabei als jüdisches Kollektiv verstanden wird, Ziel solcher Angriffe sein. Es gibt keine legitime Rechtfertigung für antisemitische Haltungen. Das entschiedene, unbedingte Nein zum Hass auf Jüdinnen und Juden gleich welcher Staatsangehörigkeit ist Teil der deutschen Staatsräson. Antisemitismus hat sich in seinen mörderischen Folgen als die verheerendste Form gruppenbezogener Menschenfeindlichkeit in der Geschichte unseres Landes und in ganz Europa erwiesen und ist heute noch eine Bedrohung sowohl für Menschen jüdischen Glaubens als auch für unsere freiheitlich-demokratische Grundordnung. Es ist nicht hinnehmbar, dass der Antisemitismus in den vergangenen Jahren zugenommen hat und die jüdische Gemeinschaft zunehmend verunsichert ist. Wer Menschen wegen ihrer jüdischen Identität diffamiert, ihre Freizügigkeit einschränken will, das Existenzrecht des jüdischen und demokratischen Staates Israel oder Israels Recht auf seine Landesverteidigung in Frage stellt, wird auf unseren entschiedenen Widerstand stoßen. Durch eine besondere historische Verantwortung ist Deutschland der Sicherheit Israels verpflichtet. Die Sicherheit Israels ist Teil der Staatsräson unseres Landes. Wir halten an der Zweistaatenlösung fest, wie sie der Sicherheitsrat der Vereinten Nationen in zahlreichen Resolutionen bekräftigt hat: einen jüdischen demokratischen Staat Israel und einen unabhängigen, demokratischen und lebensfähigen palästinensischen Staat.«

Bundestag verurteilt alle antisemitischen Äußerungen und Übergriffe, die als vermeintliche Kritik an der Politik des Staates Israel formuliert werden, tatsächlich aber Ausdruck des Hasses auf jüdische Menschen und ihre Religion sind, und wird ihnen entschlossen entgegentreten.

II. Der Deutsche Bundestag begrüßt, dass zahlreiche Gemeinden bereits beschlossen haben, der BDS-Bewegung oder Gruppierungen, die die Ziele der Kampagne verfolgen, die finanzielle Unterstützung und die Vergabe von kommunalen Räumen zu verweigern.

III. Der Deutsche Bundestag beschließt,

1. erneut jeder Form des Antisemitismus schon im Entstehen in aller Konsequenz entschlossen entgegenzutreten und die BDS-Kampagne und den Aufruf zum Boykott von israelischen Waren oder Unternehmen sowie von israelischen Wissenschaftlerinnen und Wissenschaftlern, Künstlerinnen und Künstlern oder Sportlerinnen und Sportlern zu verurteilen;

2. Räumlichkeiten und Einrichtungen, die unter der Bundestagsverwaltung stehen, keinen Organisationen, die sich antisemitisch äußern oder das Existenzrecht Israels in Frage stellen, zur Verfügung zu stellen. Der Deutsche Bundestag fordert die Bundesregierung auf, keine Veranstaltungen der BDS-Bewegung oder von Gruppierungen, die deren Ziele aktiv verfolgen, zu unterstützen;

3. seine Unterstützung für die Bundesregierung und den Beauftragten für jüdisches Leben in Deutschland und den Kampf gegen Antisemitismus sowohl in der Prävention als auch in der entschiedenen Bekämpfung von Antisemitismus und jeglichem Extremismus unvermindert fortzusetzen;

4. keine Organisationen finanziell zu fördern, die das Existenzrecht Israels in Frage stellen;

5. keine Projekte finanziell zu fördern, die zum Boykott Israels aufrufen oder die die BDS-Bewegung aktiv unterstützen;

6. Länder, Städte und Gemeinden und alle öffentlichen Akteurinnen und Akteure dazu aufzurufen, sich dieser Haltung anzuschließen.

Berlin, den 15. Mai 2019

Ralph Brinkhaus, Alexander Dobrindt und Fraktion

Andrea Nahles und Fraktion

Christian Lindner und Fraktion

Katrin Göring-Eckardt, Dr. Anton Hofreiter und Fraktion«[12]

---

[12] Deutscher Bundestag, Drucksache 19/10191 19. Wahlperiode

»Der Bundestag« so das offizielle Protokoll »hat am Freitag, 17. Mai 2019, einen gemeinsamen Antrag von CDU/CSU, SPD, FDP und Bündnis 90/Die Grünen mit dem Titel ›BDS-Bewegung entschlossen entgegentreten – Antisemitismus bekämpfen‹ (19/10191) angenommen. Für den Antrag stimmten die CDU/CSU, SPD, FDP, große Teile von Bündnis 90/Die Grünen und der fraktionslose Abgeordnete Mario Mieruch. Dagegen stimmten große Teile der Linksfraktion und Teile der Grünen-Fraktion. Enthalten haben sich die AfD-Fraktion sowie Teile der Linksfraktion und Teile der Grünen-Fraktion.«

Wie kam dieser Beschluss zustande? Auf jeden Fall spielte der 2018 zum Antisemitismusbeauftragten der Bundesregierung ernannte Karrierediplomat Felix Klein hierbei von allem Anfang an eine entscheidende Rolle.[13] So trat Klein, soweit sich die »Geschehnisse nachträglich rekonstruieren lassen, schon früh für den Kampf gegen BDS ein – im Einklang mit den zuständigen Stellen der israelischen Regierung. Bereits am 29.11.2018 diskutierte Klein in Frankfurt a.M. gemeinsam mit dem Mitarbeiter des unter Geheimhaltung agierenden Ministeriums für strategische Angelegenheiten Tzahi Gavrieli »Strategien gegen BDS«. In dieser Diskussion erklärte Felix Klein, dass er der israelischen Regierung mit »Gegenangriffen« auf BDS behilflich sein möchte (Jüdische Stimme für einen gerechten Frieden in Nahost, 7.7.2019). Zudem nahm Felix Klein Kontakt zu Gilad Erdan auf.

Gilad Erdan aber, seit Langem die rechte Hand Sharons und Netanjahus, ist seit den 1990er Jahren ein erklärter Gegner jeder Zwei-Staatenregelung. Er wirkte gleichzeitig als US- und UN-Botschafter Israels und hat als Minister für strategische Angelegenheiten schon 2015 die Kritik an der israelischen Besatzungspolitik zur strategischen Bedrohung für Israel und BDS zum Zentrum von internationalen Aktivitäten gegen Israel erklärt (vgl. Jerusalem Post, 25.5.2015). Die von Erdan international orchestrierte Kampagne zielt darauf ab, Kritiker der israelischen Regierungspolitik pauschal als antisemitisch zu diskreditieren und einzuschüchtern (vgl. hierzu Asseburg 2019).

Anfang 2019 konnte Felix Klein sein gegenüber dem israelischen Regierungsvertreter in Frankfurt a.M. öffentlich gemachtes Versprechen wahrmachen. Hatte doch die FDP einen Antrag auf Verbot der Unterstützung der BDS-Bewegung für den Bundestag geplant und hierzu

[13] Für wertvolle Hinweise danke ich Hajo Funke; siehe hierzu auch Teil 1: »Antisemitismus? Ein Beitrag zur Sache« seines neuen Buches (Funke 2021: 15ff.).

Vertreter aller Bundestagsfraktionen eingeladen, die Debatte jedoch der »WerteInitiative«, einer NGO für »deutsch-jüdische Positionen«, übertragen. In ihr trat Felix Klein auf und warb für eine Verurteilung der BDS-Bewegung als antisemitisch. Die »WerteInitiative«, deren Impuls, in Sachen Antisemitismus zivilgesellschaftlich vorzugehen, durchaus beachtenswert ist, ist gleichwohl eine Initiative mit doppelten Standards. So will sie Moscheen und muslimische Verbände verbieten, schließen oder strafrechtlich verfolgen, die »nicht ohne Wenn und Aber hinter Demokratie und Menschenrechten« stehen. Im Übrigen hatte der nordrhein-westfälische FDP-Kulturpolitiker Lorenz Deutsch schon im März einen Offenen Brief an die Intendantin der Ruhr Festspiele, Stefanie Carp, gerichtet, in dem er forderte, Mbembe seines vorgeblichen Antisemitismus wegen als Eröffnungsredner wieder auszuladen.

Nach der Besprechung der »WerteInitiative« mit Felix Klein folgte der Entwurf einer Anti-BDS-Entschließung durch die Fraktion der FDP im März des Jahres, gefolgt von einem Antrag der AfD-Fraktion, die BDS-Bewegung ganz zu verbieten. Im Wissen darum, dass diese beiden Fraktionen ihre Anträge öffentlichkeitswirksam propagieren würden, legten die Fraktionen der regierenden Großen Koalition von CDU/CSU und SPD einen minder scharfen Entwurf vor und fragten die Fraktionen von FDP und Grünen, ihn mitzutragen. Die Fraktion der Linken wurde seitens der CDU/CSU aus grundsätzlichen Erwägungen nicht gefragt, die rechtspopulistische bis rechtsextremistische AfD ohnehin nicht. Während die Fraktion der Linken einen eigenen Entwurf einbrachte, war die Fraktion der Grünen gespalten: 28 Mitglieder votierten für den Regierungsentwurf, 19 waren für einen eigenen Entwurf und sechs Parlamentarier:innen enthielten sich bei der entsprechenden Fraktionssitzung. Die Befürworter:innen eines eigenen Entwurfs der Grünen-Bundestagsfraktion argumentierten mit dem Hinweis, dass der Staat Israel die Diskussion nicht bestimmen dürfe sowie mit dem Hinweis auf einen Stadtratsbeschluss der Stadt München, der die Meinungsfreiheit in kommunaler Hinsicht stark einschränke. Könne man doch nicht über BDS diskutieren, ohne auch die damals schon bekannt werdenden Annexionspläne der israelischen Regierung im Westjordanland zu erwähnen.

Die Ziele des BDS sind, wie die Mitarbeiterin der renommierten Bundesstiftung »Wissenschaft und Politik« Muriel Asseburg feststellt, durch das Völkerrecht gedeckt: »Obwohl alle drei Ziele der BDS-Bewegung im Völkerrecht verankert sind (insbesondere Resolution 194 der UN Generalversammlung, Resolution 242 des UN-Sicherheitsrates, Internationaler Pakt über bürgerliche und politische Rechte, 4. Genfer Konvention) werden auch diese zunehmend als antisemitisch – und damit als illegitim – eingestuft.« (Asseburg 2020: 290)

Nach der Abstimmung erklärte die Vorsitzende der Grünen-nahen Heinrich Böll Stiftung, Barbara Unmüßig, warum der Beschluss zu weit ging: »Die meisten zivilgesellschaftlichen Gruppen in Palästina haben 2005 den BDS-Aufruf unterzeichnet. Viele auch deshalb, weil sie damals den Ausbruch einer dritten Intifada verhindern wollten. Anstatt gewaltsam gegen die israelische Besatzung vorzugehen, haben sie sich für einen friedlichen und gewaltlosen Widerstand entschlossen. Darunter sind Frauengruppen, mit denen wir für Gleichberechtigung kämpfen, Beduinen, mit denen wir für das Recht auf Wasser streiten, Jugendgruppen, die wir zu kritischem Denken animieren wollen. Mit all diesen Gruppen setzen wir uns mit der völkerrechtswidrigen israelischen Besatzung auseinander – aber selbstverständlich auch immer mit den Menschenrechtsverletzungen der Palästinensischen Autonomiebehörde. [...] Wir fürchten eine Pauschalverurteilung unserer palästinensischen Partner, die nun mit Antisemiten gleichgesetzt werden. Der Bundestagsbeschluss stärkt rechte israelische Lobbygruppen, die alles tun werden, uns das Leben schwer zu machen. Wenn am Ende der Spielraum für den Dialog mit zivilgesellschaftlichen Gruppen in Israel, Palästina und Jordanien immer kleiner wird, erweist uns der Bundestag damit einen Bärendienst. Leider haben sich manche Abgeordnete offenbar keine Gedanken darüber gemacht, was der Beschluss im Nahen Osten selbst auslöst.« (Unmüßig 2019)

Bemerkenswert ist jedoch vor allem, welche maßgeblichen Politiker:innen der Großen Koalition sich entweder enthielten oder sich hinterher von dem Beschluss distanzierten, etwa der CDU-Außenpolitiker Norbert Röttgen. Mehr noch: Im selben Monat wandten sich mehr als 240 jüdische und israelische Wissenschaftler:innen in einem offenen Brief an das deutsche Parlament und die deutsche Öffentlichkeit, um vor diesem Beschluss zu warnen – ein Vorgang, dessen Veröffentlichung in den Mitteilungen des Jüdischen Museums Berlin schließlich zum erzwungenen Rücktritt seines Direktors Peter Schäfer führte. Das war der Wortlaut der Erklärung:

»Ein Aufruf an deutsche Parteien, den BDS nicht mit Antisemitismus gleichzusetzen

Mai 2019

Wir, jüdische und israelische Wissenschaftlerinnen und Wissenschaftler, von denen viele zur jüdischen Geschichte und zum Antisemitismus forschen, sind besorgt über den Anstieg des Antisemitismus auf der ganzen Welt, auch in Deutschland. Wir sehen alle Formen von Rassismus und Bigotterie als eine Bedrohung an, die bekämpft werden muss, und ermutigen die deutsche Regierung und das Parlament, dies zu tun. Gleichzeitig möchten wir vor einem parallelen Trend warnen: der wachsenden Tendenz, Unterstützer der palästinensischen Menschenrechte als antisemitisch zu bezeichnen. Dieser Trend eskaliert nun auch in Deutschland. [...] Aber BDS als solches ist nicht antisemitisch. Wir verteidigen daher das Recht jeder Einzelperson oder Organisation, es zu unterstützen [...]. Wir fordern auch alle deutschen Parteien auf, NGOs, die BDS unterstützen, nicht von der deutschen Finanzierung auszuschließen. Wie auch von der Europäischen Union bestätigt, sind Äußerungen und Handlungen im Zusammenhang mit BDS durch die Meinungs- und Vereinigungsfreiheit geschützt, wie sie in der Charta der Grundrechte der EU verankert sind.«[14]

Die Auseinandersetzung gewann weiter an akademischem Niveau, als geraume Zeit später nicht wenige – wieder und zumal jüdische und israelische Wissenschaftler:innen sich gegen die Ausladung des postkolonialen Philosophen Achille Mbembe von der Ruhrtriennale wandten und sogar den Rücktritt des Antisemitismusbeauftragten Felix Klein verlangten, der sich dieser Forderung angeschlossen hatte. Andere, etwa

[14] »A CALL TO GERMAN PARTIES NOT TO EQUATE BDS WITH ANTI-SEMITISM

May 2019

We, Jewish and Israeli scholars, many of whom research Jewish history and anti-Semitism, express concern about the rise in anti-Semitism around the world, including in Germany. We view all forms of racism and bigotry as a threat that must be fought and encourage the German government and parliament to do so. At the same time, we wish to sound alarm about a parallel trend: the growing tendency of labeling supporters of Palestinian human rights as anti-Semitic. This trend is now escalating in Germany. [...] But BDS as such is not anti-Semitic. We therefore defend the right of any individual or organization to support it [...]. We also call on all German parties not to exclude NGOs that endorse BDS from German funding. As also confirmed by the European Union, statements and actions in the context of BDS are protected by freedom of expression and freedom of association, as enshrined in the Charter of Fundamental Rights of the EU.« de.scribd.com/document/410142758/Statement-by-Jewish-and-Israeli-Scholar

der Journalist Harry Nutt, wandten sich dagegen, auf eine Rücktrittsforderung durch eine weitere zu reagieren.[15]

Auf jeden Fall hatte Felix Klein im Radiosender Deutschlandfunk Kultur vom 21.4.2020 gesagt: »Er (Mbembe) bezeichnet Israel mehrfach in seinen Schriften als Projekt, also das israelische Projekt. Israel ist ein völkerrechtlich anerkannter Staat, der auch viele Kriege hat durchstehen müssen, die, wenn sie verloren gegangen wären, das Land in seiner Existenz bedroht hätten. Da muss man also besonders vorsichtig formulieren. Das erwarte ich auch von einem Philosophen aus Afrika, der eigentlich, wenn er einen wissenschaftlichen Text schreibt, auch Platz hat und genügend Möglichkeiten, das klarzustellen. Es ist gut, dass wir die Debatte darüber führen, was noch zulässige Kritik am Handeln des Staates Israel ist und wo die Kritik über das Ziel hinaus schießt, wo wird sie dann antisemitisch. Sie wird nach der Definition der Internationalen Allianz für Holocaustgedenken dann antisemitisch, wenn Israel delegitimiert, wenn es dämonisiert wird oder wenn doppelte Standards angelegt werden in der Beurteilung des israelischen Regierungshandelns im Vergleich zum Handeln anderer Länder. Diese Definition ist für mich maßgeblich, und wenn ich diese Kriterien an den Text von Herrn Mbembe anlege, dann komme ich zu dem Ergebnis: Hier geht vieles durcheinander und hier müssen wir doch mal ganz klare Linien einziehen, um zu sehen, was ist zulässig und wo sind Aussagen problematisch.«[16]

Am prominentesten äußerte sich die israelische Soziologin Eva Illouz am 7. Mai 2020 in der ZEIT, »Die Doppelmoral macht mir Sorgen«, und kritisierte, dass die Art und Weise, wie Felix Klein vorging, dem Kampf gegen Antisemitismus abträglich sei. In der Sache selbst machte Illouz wörtlich deutlich: »BDS will das Ende der Besatzung und das Rückkehrrecht der Palästinenser – mehr als die Hälfte der Israelis will das Ende der Besatzung, wenn auch nicht das Recht auf Rückkehr [...]. Natürlich kann ich dem Rückkehrrecht nicht zustimmen, aber trotzdem ist diese Forderung nicht antisemitisch. Sie ist legitim, wie es auch legitim ist, ihr zu widersprechen. Ich bin mir sicher, dass es beim BDS auch einige Antisemiten gibt. Aber die gibt es auch bei den Sozialdemokraten.«

---

15 »Es ist wenig sinnvoll, den Kasus Mbembe durch einen Kasus Klein zu ersetzen.« Frankfurter Rundschau vom 9./10.5.2020, S. 35

16 Deutschlandfunk Kultur: Die Causa Achille Mbembe. Schwere Vorwürfe und Streit um einige Textpassagen. René Aguigah im Gespräch mit Felix Klein und Andrea Gerk.

Diese und andere Kritiker:innen Kleins wiederum attackierte der Kommentator der WELT, Alan Posener, auf seinem Blog »starke-meinungen.de«. Seine Polemik (Posener 2020) galt insbesondere dem Chefkorrespondenten des Deutschlandfunks Stefan Detjen, der Klein deutlich kritisiert hatte. Im Gegenzug war es nicht zuletzt die Frankfurter Allgemeine Zeitung (FAZ) in Gestalt ihres Feuilletonredakteurs Jürgen Kaube, die sich gegen Mbembe wandte – habe dieser doch zu Unrecht abgestritten, der BDS-Bewegung nahezustehen. Insbesondere hielt Kaube Mbembe in der Sache zu Recht vor, die »Besetzung Palästinas zum größten moralischen Skandal unserer Zeit« (Kaube 2020b) erklärt zu haben.

Doch war dies nicht die erste Einlassung des FAZ-Feuilletonisten. Schon zuvor hatte er gegen Mbembe schwerwiegende Vorwürfe erhoben. So habe dieser die »Besetzung palästinensischer Gebiete« als eine »ganz einseitige Sache der Gewaltausübung« bezeichnet, jedoch die Angriffe arabischer Staaten auf Israel unterschlagen. Zudem sehe er die israelische Gewalt für dramatischer an als die Gewalt der Buren im Apartheidstaat Südafrika. »Das, ›so Mbembe‹, scheint nicht weniger zu behaupten, als dass die Palästina-Politik Israels aus den Erfahrungen des Holocaust wie aus alttestamentarischen Quellen zu verstehen sei.« (Kaube 2020a)

Aber auch abwägendere Stimmen wie der Politologe Claus Leggewie hielten Mbembe vor, »eine missliche, ja verheerende Opferkonkurrenz provoziert« zu haben (Frankfurter Rundschau vom 15.5.2020). Tatsächlich hat Mbembe im Vorwort zu dem 2015 erschienenen Sammelband »Apartheid Israel« geschrieben: »Die Besetzung Palästinas ist der größte moralische Skandal unserer Zeit, eine der unmenschlichsten Grausamkeiten des Jahrhunderts, in das wir gerade eingetreten sind, und der größte Akt von Feigheit des letzten halben Jahrhunderts.«[17]

Diese durchaus bestreitbare Äußerung erklärt immerhin, was nach Mbembe unter »our times« zu verstehen ist: die Zeit von 2000 bis 2015 bzw. der Zeitraum von 1965 bis 2015 – eine Gleichsetzung mit der NS-Zeit lässt sich dem nicht entnehmen, wohl aber die Vernachlässigung der Genozide in Ruanda 1994 (siehe Harding 1998) bzw. des Wütens der Roten Khmer gegen das eigene Volk in Kambodscha (siehe Kiernan 1996), die das israelische Besatzungsregime im Westjordanland quantitativ und qualitativ ums Ganze übertrafen – um nur die bekanntesten Fälle

[17] »The occupation of Palestine is the biggest moral scandal of our times, one of the most dehumanizing ordeals of the century we have just entered, and the biggest act of cowardice of the last half-century.« (Mbembe 2015: VII/VIII)

zu nennen. In dieser Richtung argumentiert auch der Frankfurter Friedensforscher Gert Krell, der in einem bereits veröffentlichten, nun überarbeiteten Aufsatz Mbembe zwar nicht des Antisemitismus zeiht, ihn sogar gegen Felix Klein verteidigt, aber doch auf das Schärfste kritisiert.

Nur mit viel Wohlwollen kann man also sagen, dass Mbembe noch die Grenze zur Dämonisierung wahrt. Das gilt vor allem dann, wenn man in Rechnung stellt, dass er Israel nicht prinzipiell singularisiert, sondern genauso scharf und gnadenlos kritisiert wie auch die anderen westlichen Demokratien. Freilich gibt es von Mbembe, der ohnehin gerne in Superlativen redet, auch Äußerungen zu Israel, die es als einen besonderen Übeltäter herausstellen. Man kann die israelische Besatzung als einen großen Skandal bezeichnen, aber doch nicht als die »unmenschlichsten Torturen des Jahrhunderts, in das wir gerade eingetreten sind, und der größte Akt der Feigheit des letzten halben Jahrhunderts«. Da gäbe es eine Reihe von anderen Kandidaten wie den schon erwähnten Völkermord in Ruanda, den Krieg zwischen Iran und Irak, den Krieg zwischen den USA plus Verbündeten gegen den Irak, den anhaltenden Bürgerkrieg in Syrien mit russischer und iranischer Beteiligung, die chinesischen Umerziehungslager gegen die Uiguren oder den Terror des Islamischen Staates.[18]

Am 12. Mai jedenfalls beantwortete Mbembe die an ihn gerichteten Vorwürfe in einer eher predigerhaften Weise in einem »Brief an die Deutschen« (taz vom 12.5.2020: 11). Im Anschluss daran entspann sich zumal in der taz eine rege Debatte über die Problematik postkolonialer Kritik – so forderte etwa Charlotte Wiedemann, eurozentrische Geschichtsbilder zu überwinden (taz vom 13.5.2020: 12), während Ingo Elbe eben die postkolonialen Studien zu einem Teil des Problems erklärte – gebe es doch »bei einer enormen Anzahl prominenter Vertreter des Faches, von Edward Said [...] bis Etienne Balibar, keine massiven Probleme bei der theoretischen Bestimmung und politischen Bewertung des Antisemitismus, des Holocaust und Israels« (taz vom 14.5.2020: 15).

Eine neuere Einführung in postkoloniale Theorie, die zugleich eine Einführung in das Werk zentraler Theoretiker:innen darstellt, bestimmt »Postkolonialismus« als »eine Widerstandsform gegen koloniale Herrschaft und ihre Konsequenzen«, der es darum geht, »die Brüche und Widersprüche der Dekolonisierungsprozesse herauszuarbeiten« (Mar Castro Varela/Dhawan 2015: 16). Dem entspricht eine soziologische

---

[18] So die Argumentation von Krell in einem überarbeiteten, so noch nicht publizierten Text (Krell 2021). Zuerst erschienen in: Benz (Hrsg.) 2020: 299-320.

Vertiefung dieses Ansatzes, der zugleich dessen Potenziale als politisches Projekt auslotet (Ha 2010: 259-280). Tatsächlich bewertet der überwiegende Teil postkolonialer Theoretiker:innen, nicht zuletzt an US-amerikanischen Universitäten, die Staatsgründung Israels als nur unter kolonialen Bedingungen möglich.

Weiterhin will ich versuchen, einen Überblick über das, was überhaupt »postkoloniale« Theorie heißt, zu geben und die Stimmigkeit der durchaus ganz unterschiedlichen Ausprägungen dieses Theorieansatzes vor allem mit Blick auf den Israel/Palästinakonflikt zu analysieren. Wirklich manifesten Antisemitismus sehe ich – das sei an dieser Stelle vorweggenommen – bei nur einer Theoretikerin, der an der Rutgers University lehrenden und forschenden Jasbir Puar. Sie unterstellt dem israelischen Staat mit seiner relativen Toleranz gegenüber gleichgeschlechtlichen Verbindungen »Homonationalism« – also eine letztlich reaktionäre Verwendung progressiver Haltungen zum Zwecke des Unterminierens traditioneller muslimischer Gesellschaften (Puar 2007).

Im politischen Berlin war es schließlich das GRÜNE-Mitglied im Auswärtigen Ausschuss des Deutschen Bundestages, Kirsten Kappert-Gonther, die festhielt, dass die Verdienste des postkolonialen Diskurses nicht geschmälert werden, wenn Folgendes festgehalten wird: »Die kritische Aufarbeitung des kolonialen Erbes und die Überwindung von Kolonialitäten brauchen nicht den Rekurs auf Israel. Die wiederkehrenden polemischen Versuche, Israel als ›Siedlerkolonie‹ oder ›rassistischen Apartheidstaat‹ zu delegitimieren und zu dämonisieren, sind historisch falsch und ihnen muss aufs Schärfste widersprochen werden. Der Staat Israel wurde 1948 als Refugium einer ethnisch-religiösen Gruppe gegründet, die in Europa über Jahrhunderte unterdrückt, verfolgt und während der Schoah industriell vernichtet wurde. Lange gab es die jüdische Präsenz in Palästina; ›Eretz Israel‹ ist die uralte Heimstätte der JüdInnen, aus der sie mehrfach vertrieben wurden. Ein ›arabisches Land Palästina‹ gab es nicht. Durch die Gleichsetzung werden reale Siedlerkolonien von Kolonialmächten relativiert, wie sie etwa in Namibia (›Deutsch-Südwestafrika‹) und Südafrika aufgebaut wurden und dort das Ziel der Unterwerfung und Ausbeutung der Bevölkerung verfolgten.« (taz vom 9.6.2020: 12)

Ganz offensichtlich erwies sich in den Jahren 2018 und 2019 die Diskussion um Israel bzw. um »israelbezogenen Antisemitismus« als ein Fokus der öffentlichen kulturpolitischen Debatte – einer Debatte mit durchaus unübersichtlichen Fronten, was sich auch am Streit um die Jerusalem-Ausstellung des Jüdischen Museums Berlin erwies.

Kapitel 3
Das Jüdische Museum Berlin und seine Ausstellung »Welcome to Jerusalem«

Im Jahr 2019 publizierte der in Berlin lebende israelische Übersetzer Yosef Bartal – er wirkte seit Längerem als Tourguide im Jüdischen Museum Berlin (JMB) – in der taz vom 29./30. Juni einen längeren Artikel unter der Überschrift »Warum ich als Guide gekündigt habe«, in dem es u.a. hieß: »Der erzwungene Rücktritt des Museumsdirektors Peter Schäfer, eines der führenden Judaisten der Welt, als Konsequenz einer aggressiven Kampagne, machte deutlich, dass die Bundesregierung nicht mehr daran interessiert ist, die künstlerische und wissenschaftliche Autonomie des Museums zu schützen.« (taz vom 29./30.6.2019: 19)

Worum ging es in diesem Fall? Die von Margret Kampmeyer kuratierte Ausstellung »Welcome to Jerusalem« wurde im Dezember 2017 eröffnet. Auf der einschlägigen Mitteilung des JMB war als Generalüberschrift zu lesen: »Synagogen, Kirchen und Moscheen prägen unser Bild von Jerusalem. Für Jüd*innen, Christ*innen und Muslim*innen aus aller Welt ist die ›heilige Stadt‹ ein wichtiges Zentrum ihres Glaubens. Gleichzeitig ist Jerusalem von außerordentlicher politischer Brisanz, da sowohl Israelis als auch Palästinenser*innen sie als ihre Hauptstadt beanspruchen.«

Die Ausstellung schloss am 1. Mai 2019 – nicht zuletzt nach heftigen Protesten aus dem Feld der internationalen Politik. Am 22. Dezember 2018 gab der israelische Botschafter in Deutschland, Jeremy Issacharoff, dem Radiosender Deutschlandfunk Kultur ein Interview, in dem er unter anderem mitteilte, dass der israelische Premier Netanyahu die deutsche Bunderegierung unter Kanzlerin Merkel dafür kritisiert hatte, das Jüdische Museum Berlin finanziell zu unterstützen, da dort eine propalästinensische Haltung vorherrsche. In diesem Zusammenhang war auch zu erfahren, dass im Oktober des Jahres, während der deutsch-israelischen Regierungskonsultationen der Bundesregierung ein Papier übergeben worden sei, in dem verschiedene Institutionen genannt wurden, »die gegen den Staat Israel und seine Legitimität« vorgingen.

Damit geriet auch der Direktor des Jüdischen Museums Peter Schäfer – er war im September 2014 als Nachfolger von Michael Blumenthal zum Direktor ernannt worden – zunehmend unter Druck. Sowohl die Jüdische Gemeinde zu Berlin in Gestalt ihres Antisemitismusbeauftragten Sigmount Königsberg als auch nichtjüdische Bundestagsabgeordnete wie der GRÜNEN-Politiker Volker Beck kritisierten, dass die Frage der israelischen Eroberung Ostjerusalems im Sommer 1967 unter Ausblendung der damaligen arabischen, jordanischen Aggression behandelt worden sei. Der Druck erhöhte sich, als bekannt wurde, dass Schäfer schon am 19. März des Jahres 2019 den Kulturattachee der iranischen Botschaft in Berlin, Sayed Ali Moujani, offiziell empfangen hatte, um von ihm Bildmaterial zum iranischen Judentum entgegenzunehmen. Dieser Besuch wurde mit Fotografien auf der Homepage der iranischen Botschaft dokumentiert – Berichte, die bald auf Betreiben Schäfers wieder entfernt wurden. Schäfer selbst räumte später ein, dass sein Empfang Moujanis ein Fehler gewesen sei.

Nachdem im Mai des Jahres der Deutsche Bundestag beschlossen hatte, dass die gewaltfreie palästinensische Boykottbewegung BDS als antisemitisch einzustufen sei, wurde bekannt, dass eine nachgeordnete Kraft des Jüdischen Museums eine Twitter-Nachricht publizierte, wonach etwa 240 jüdische und israelische (!!!) Wissenschaftler:innen Peter Schäfer ihre Solidarität erklärten und mitteilten, dass der Bundestagsbeschluss im Kampf gegen Antisemitismus nicht hilfreich sei.

Es war wiederum die taz, die dies am 14.6.2019 kommentierte: »Doch so richtig in Rage brachte die Pro-Israel-Fraktion eine Ausstellung des Museums: ›Welcome to Jerusalem‹, eine faszinierende, facettenreiche Darstellung der Bedeutung Jerusalems für Juden, Christen und Muslime. Viel gelobt, viel besprochen, gut besucht – davon träumt jede Kuratorin und jeder Direktor. Doch den Kritikern ging es um alles. ›Die jüdische Perspektive auf Jerusalem‹ sei eindeutig ›zu kurz gekommen‹, sagt Schuster. Das gehe nicht an, ›wenn man sich Jüdisches Museum nennt‹. Den Höhepunkt erreichte die Debatte, als sich Israels Regierungschef Benjamin Netanjahu 2018 bei der Bundesregierung schriftlich über die Jerusalem-Ausstellung und ›antiisraelischen Aktivitäten‹ des Museums beschwerte. Muss das Jüdische Museum in Berlin der Regierung in Israel gefallen?«

Infolge dieser Vorgänge entzog der »Zentralrat der Juden in Deutschland« in Gestalt seines Vorsitzenden Josef Schuster dem Direktor des Jüdischen Museums sein Vertrauen. Der damit faktisch erzwungene Rücktritt Peter Schäfers mochte den Zentralrat der Juden angesichts seiner seit Jahren schwindenden Bedeutung mit einem Zuwachs an Selbstbewusstsein erfüllt haben, tatsächlich hat er einen Pyrrhussieg errungen. Denn es war dies auch ein Sieg über den Pluralismus innerhalb der jüdischen Gemeinschaft – national wie weltweit. Der Anlass der Rücktrittsforderung, der vom Museum mitgeteilte Tweet der »taz« über die Erklärung jüdischer und israelischer Wissenschaftler, dass BDS nicht antisemitisch sei, war tatsächlich alles andere als eine Solidaritätserklärung mit BDS, sondern allenfalls eine Richtigstellung, was unter »Antisemitismus« zu verstehen sei. Dass sich die Gelehrten damit in einen Gegensatz zu einer denkbar knappen Mehrheit von nichtjüdischen Abgeordneten des Deutschen Bundestages gesetzt haben, ist unbestreitbar – aber und warum soll ausgerechnet diesen Abgeordneten eine Deutungshoheit darüber zukommen, was »antijüdisch« und damit eben auch, was »jüdisch« ist?

Zu den Unterzeichner:innen der Erklärung, die zum Rücktritt Schäfers führte, gehörten keineswegs nur – wie ein Kommentator meinte – die »üblichen Verdächtigen«, sondern vielmehr die Koryphäen ihres Faches: die schon erwähnte Soziologin von Liebe und Sexualität, Eva Illouz aus Jerusalem; der in Berkeley forschende Daniel Boyarin, dem eine neue Sicht auf die Entstehung des Christentums zu verdanken ist; der in Jerusalem wirkende Professor Amos Goldberg, dessen Werk über das Schreiben von Tagebüchern während des Holocaust zustimmendes Aufsehen erregt hat, sowie – unter vielen anderen – der emeritierte Tel Aviver Rechtsphilosoph Chaim Gans, dem wesentliche Einsichten über die rechtlichen Bedingungen der zionistischen Staatsgründung zu verdanken sind (siehe Gans 2008). Vier von 240, die sich eben nicht mit BDS solidarisierten, sondern lediglich feststellten: »Die Unterzeichner dieser Erklärung haben zu BDS unterschiedliche Meinungen: Einige mögen BDS unterstützen, andere lehnen es aus verschiedenen Gründen ab. Wir alle lehnen jedoch die trügerische Behauptung ab, dass die BDS-Bewegung als solche antisemitisch sei, und wir verteidigen das Recht jeder Person oder Organisation, sie zu unterstützen.«

Doch sollte es dabei nicht bleiben: Am 18. Juni 2019 erklärten laut Jewish Telegraphy Agency 45 akademische Talmudgelehrte (!), initiiert von Ishay Rosen Zvi von der Universität Tel Aviv sowie Moulie Vidas, er lehrt Talmud in Princeton, ihre Solidarität mit Peter Schäfer und ließen erhebliche Besorgnis über das damit in Deutschland einziehende politische Klima erkennen: »Wir sind zutiefst besorgt«, so die 45 talmudgelehrten Unterzeichner, »über die zunehmende Zensur der freien Meinungsäußerung und die schrumpfende Möglichkeit, die Regierungspolitik zu kritisieren oder gar in Frage zu stellen, die sich in diesen jüngsten Entwicklungen manifestieren«.[19]

---

[19] »We are deeply concerned about the growing censorship of free speech and the shrinking possibility of criticizing or even questioning government policies which are manifested in these recent developments.«

Festzuhalten bleibt, dass der Zentralrat der Juden mit seinem Misstrauen gegenüber Peter Schäfer zu Protokoll gegeben hat, dass ihm die Meinung mehr oder minder uninformierter Bundestagsabgeordneter wichtiger ist als die Überzeugung weltweit als Gelehrte ausgewiesener Frauen und Männer. Das widerspricht der Tradition der jüdischen Gelehrtenkultur ebenso wie es doch dem nahekommt, was man früher als »Hofjudentum« bezeichnet hat.

In diesem Kontext hat der Historiker Michael Wolffson im Berliner »Tagesspiegel« vom 19.9.2019 anlässlich des vom Zentralrat der Juden erzwungenen Rücktritts von Peter Schäfer zu entfalten versucht, worin die spezifischen Schwierigkeiten eines »Jüdischen Museums« im Nachkriegsdeutschland im Unterschied etwa zu einem Museum des »Deutschen Judentums« bestehen. Er fragte: »Grenzt man Deutschlands Juden durch ein gesondertes Jüdisches Museum nicht von der deutschen Allgemeinheit, ›den‹ Deutschen, aus? Stößt oder verstößt man sie also, zumindest symbolisch, nicht wieder hinter Ghettomauern?«

Wolffsons Hauptargument in diesem Kontext ist die Tatsache des Holocaust, der Shoah, also jenes genozidalen Massenmordes, den nazistische, aber auch nicht-nazistische Deutsche sowie ihre europäischen Kollaborateure an sechs Millionen europäischer Juden arbeitsteilig verübten. Danach, so lässt sich Wolffson verstehen, ist in einem dem jüdischen Schicksal gewidmeten Museum eine gleichsam naive Bezugnahme auf universalistische Prinzipien sowie unterschiedliche Formen der Diskriminierung, die nicht nur Jüdinnen und Juden betreffen, nicht mehr möglich. Die Frage, um die es daher systematisch gehen muss, sei, ob es – wie Wolffson zu meinen scheint – geradezu einen Kategorienfehler darstellt, nach der Shoah jüdische Interessen in Deutschland mit universalistischen Prinzipien zum Schnitt oder auch nur ins Gespräch zu bringen.

Das gilt demnach auch und gerade, wenn unter universalistischen Prinzipien Antisemitismus und Islamophobie – ohne sie direkt gleichzusetzen – gleichwohl miteinander verglichen werden. Gewiss: Die von einem ehemaligen Direktor des Zentrums für Antisemitismusforschung, von Wolfgang Benz, vorgenommene vorurteilstheoretisch begründete Gleichsetzung von Antisemitismus hier und Islamophobie dort (Benz 2010 und 2011) war angesichts der völlig unterschiedlichen historischen Dynamiken dieser Weltanschauungen einfach falsch – was aber anderseits kaum heißen kann, dass abwehrende Ressentiments gegen Prozesse der Immigration, der gelingenden oder misslingenden Integration sowie der Neuprägung des Glaubens (»Reformjudentum« hier, »Euroislam« dort) nicht mit erheblichem Erkenntnisgewinn zu beobachten und zu untersuchen wären.

Tatsächlich war es ja der auf Veranlassung des Zentralrats der Juden in Deutschland zurückgetretene Direktor des Jüdischen Museums, Peter Schäfer selbst, der einmal – politisch ungeschickt – dieser Tendenz zu einer gewissen Islamophobie nachgegeben hat. So sollte der schwule palästinensische, der Glaubensgemeinschaft der Quäker angehörige, in den USA lehrende Professor Sa'ed Atshan am 4. Juli 2017 in der Akademie des Jüdischen Museums einen Vortrag zum Thema »Beeing queer in Palestine« halten. Der Vortrag wurde kurz zuvor abgesagt, weil der Referent im Verdacht stand, BDS nahezustehen – was tatsächlich nie hieb- und stichfest belegt wurde. Nach den Gründen gefragt, sagte Peter Schäfer dem Berliner »Tagesspiegel« am 13. Juni 2019: »Anscheinend hat sich Sa'ed Atshan bei bestimmten Veranstaltungen in den USA nicht deutlich genug vom BDS distanziert. [...] Ich habe den Vortrag im Einvernehmen mit dem Referenten bei uns im Haus abgesagt – er fand ja dann andernorts statt –, weil ich befürchtete, dass er zu einer Pro-und-Contra-BDS-Veranstaltung umfunktioniert werden könnte.«

Die Einladung dieses Wissenschaftlers wurde der damaligen Mitarbeiterin des Jüdischen Museums Yasemin Shooman angelastet. Der Enkelin eines von den Nationalsozialisten Verfolgten wurde vorgehalten, 2018 den bereits erwähnten angeblichen BDS-Aktivisten Sa'ed Atshan eingeladen zu haben. Der derzeitige Professor am Swarthmore College hat das Buch »Queer Palestine and the Empire of Critique« (Stanford 2020) publiziert, im Mai 2020 erschien der gemeinsam mit Katharina Galor – sie lehrt als biblische Archäologin an der Brown University – verfasste Band »The Moral Triangle: Germans, Israelis, Palestinians« (Durham 2020).

Tatsächlich wurde Atshan 2018 auf Druck der israelischen Botschaft wieder ausgeladen. Die Süddeutsche Zeitung kommentierte diesen Vorgang am 15. Juli des Jahres 2018 so: »Tatsächlich hat Sa'ed Atshan, ein offen schwul lebender christlicher Palästinenser, immer mal wieder Israels Besatzungspolitik kritisiert. Aber ein führendes, aktives Mitglied der umstrittenen BDS-Bewegung war er nie. Hätte die Botschaft sich ein bisschen mehr Mühe gegeben, hätte sie in zahlreichen Vorträgen Atshans, die frei zugänglich im Internet zu finden sind, einen sehr ausgewogen argumentierenden palästinensischen Quäker kennenlernen können, der nicht zu Gewalt aufruft gegen Israel, sondern die Notwendigkeit gewaltlosen Protestes betont. Atshan spricht sich auch explizit für die Bekämpfung des Antisemitismus aus, fordert absolute Gewaltfreiheit und plädiert für Dialog.«

Doch waren dies nicht die einzigen Schritte in der McCarthyistischen Kampagne gegen das Jüdische Museum – sie setzte sich auch noch knapp ein Jahr später fort. So beschuldigten etwa die Autoren Clemens Heni und Michael Kreutz sowohl die ehemalige Programmdirektorin Cilly Kugelmann als auch die bereits genannte ehemalige Leiterin der Akademie am Jüdischen Museum, Yasemin Shooman, am 2. Februar 2020 im Berliner »Tagesspiegel«, die »Delegitimation des jüdischen und demokratischen Staates gesellschaftsfähig« gemacht zu haben. Als Beweis für diese ebenso falsche wie rufschädigende Behauptung soll u.a. die Einladung des »antiisraelischen Aktivisten Brian Klug« dienen. Klug lehrt Philosophie in Oxford, war Mitgründer des »Jewish Forum for Justice and Human Rights« sowie 2006 Mitglied der »British All-Party Parliamentary Inquiry to Antisemitism«. Tatsächlich widersprach Klug 2004 der Meinung, dass Kritik an israelischer Politik eine neue Form des Antisemitismus sei.

Es war kein Geringerer als der Antisemitismusexperte der Kritischen Theorie, Detlef Claussen, der Klugs am 8. November 2013 im Jüdischen Museum gehaltenen Vortrag so kommentierte: »Die öffentliche Debatte über Antisemitismus, die Brian Klug zu Recht fragen lässt ›What do we mean by antisemitism?‹ wird erschwert durch die Inflationierung des Ausdrucks Antisemitismus. Weil der Antisemitismus öffentlich global delegitimiert ist, aber dennoch weit verbreitet, möchte kaum jemand in der Öffentlichkeit als Antisemit erscheinen. Aber es gibt viele, die den Antisemitismusvorwurf benutzen, um jemanden um seinen moralischen Kredit zu bringen. Als besonderes Schlachtfeld instrumentalisierter Antisemitismusvorwürfe können die Debatten um den Nah-Ost-Konflikt gelten. Dieser Konflikt ist im Kern ein politischer und man kann ihn nur politisch begreifen und politisch lösen.« (Claussen 2013: 3f.)

Schließlich warfen Heni und Kreutz der Akademieleiterin Shooman vor, in ihrer Dissertation Kritik an Islamismus und muslimischem Antisemitismus als »politisch rechts« etikettiert zu haben – eine Behauptung, die nicht zutrifft, da Shooman ausdrücklich festgestellt hat, dass sich Antisemitismus nicht auf Rechtextremismus reduzieren lasse, sondern auch ein »Phänomen der Mitte der Gesellschaft« sei. Des Weiteren wurde Shooman dafür kritisiert, den österreichischen Islamwissenschaftler Farid Hafez eingeladen zu haben, der seinerseits »einen führenden BDS-Kader«, Hatem Bazian, in den wissenschaftlichen Beirat des »Jahrbuchs für Islamophobieforschung« berufen habe. Damit folgen Heni/Kreutzer dem McCarthyistischen »Argument« der Kontaktschuld. Um wen geht es?

Farid Hafez, Jahrgang 1981, lehrte u.a. Politikwissenschaft an der Donau-Universität Krems, war Gastlektor an der University of Istanbul, der State Islamic University Jakarta, der Columbia University in New York; er gehört darüber hinaus der Affiliated Faculty des »Islamophobia Research and Documentation Project« an der University of California, Berkeley, an und war Gastdozent an vielen US-amerikanischen Universitäten. Bekannt wurde er dadurch, dass er dem ungarischen Premier Orbán Antisemitismus und Islamophobie vorwarf, sowie durch seine umstrittene Behauptung, die Muslimbrüderschaft sei demokratisch.

Und Hatem Bazian? Er ist Professor für Islamisches Recht und Theologie am Zaytuna College, dem ersten akkreditierten muslimischen Liberal Arts College in den USA, und war neben vielen anderen Gastprofessuren 2016/17 Fulbright Professor in den »Departments of Near Eastern and Asian American and Asian Diaspora Studies« in Berkeley. 2016 publizierte er das Buch »Palestine ... it is something colonial« (Bazian 2016) – eine Studie, die das zionistische Vorhaben zutreffend als das letzte koloniale Projekt Großbritanniens analysiert. Einen hieb- und stichfesten Nachweis, dass Bazian im BDS führend ist, konnten Heni/Kreutzer nicht erbringen; auch wenn es zutrifft, dass er Gründer und Vorsitzender der Students for Justice in Palestine (SJP) sowie der American Muslims for Palestine (AMP) war.

Aber wie dem auch sei: Yasemin Shooman wurde vorgeworfen, einen österreichischen Professor eingeladen zu haben, der ein Jahrbuch herausgibt, in dessen Beirat ein weiterer Professor sitzt, dem eine unbewiesene BDS-Mitgliedschaft nachgesagt wird. Das ist keine Kritik an israelbezogenem Antisemitismus, sondern paranoide Diffamierung. Des Weiteren hielten die Publizisten Heni/Kreutzer dem Autor Max Czollek vor, ebenso wie die israelische Soziologin Stavit Sinai Stipendiaten des jüdischen »Ernst Ludwig Ehrlich Studienwerks« gewesen zu sein. Habe Stavit Sinai doch 2017 eine Veranstaltung mit der liberalen israelischen Abgeordneten Aliza Lavie und einer Holocaustüberlebenden mit dem Zwischenruf, dass Israel »Crimes against humanity« begehe, gestört. Dr. Stavit Sinai, ihrerzeit Alumna am Fachbereich »Soziologie und Geschichte« der Universität Konstanz, publizierte 2019 eine bahnbrechende Kritik am Werk eines der wichtigsten – nicht nur israelischen – Soziologen: »Sociological Knowledge and Collective Identity: S.N. Eisenstadt and Israeli Society«.

Im Unterschied zu allen anderen kritisierten Personen unterstützt Stavit Sinai tatsächlich BDS. Deshalb sei diese Erörterung mit einem Zitat zweier, nun wirklich über jeden Verdacht erhabener Autoren beendet. Am 6. Juni 2019 schrieben der ehemalige israelische Botschafter Shimon Stein und der weltbekannte Historiker des Antisemitismus Moshe Zimmermann im »Tagesspiegel«: »So sind Juden, die den Beschluss des Bundestags [zum BDS, M.B.] kritisieren, nicht weniger jüdisch als ihre Widersacher. Ihr Recht auf Meinungsfreiheit zu beschneiden, ihre Warnung zum Anlass zu nehmen, um den Schluss zu ziehen ›Es reicht endgültig‹ – das ist kein Beitrag zum Kampf gegen Antisemitismus, sondern eine Gefahr für die Meinungsfreiheit in Deutschland und nur ein Beispiel dafür, wie historische Traumata in eine Sackgasse führen können, statt einen Ausweg aus der Wiederholungsgefahr zu bieten.«

Tatsächlich sind sich jüdische und israelische Wissenschaftler:innen und Intellektuelle alles andere als einig darüber, wie die durch den Holocaust bewirkte Gründung des Staates Israel im Rahmen der ganzen jüdischen Geschichte – auch der Juden in deutschen Ländern seit dem vierten Jahrhundert – zu verstehen ist. Dass die Sicherheit des Staates Israel zur Staatsraison der Bundesrepublik gehört, hat nicht nur die Kanzlerin immer wieder betont. Ob zu diesem Bekenntnis der Sicherheit auch ein Bekenntnis zur gegenwärtigen Staatsform und der gegenwärtigen Grenzziehung gehört, muss demgegenüber offenbleiben.

Ebenso muss offenbleiben, welches Verhältnis die in Deutschland lebenden und in Gemeinden verfassten Jüdinnen und Juden zum Staat haben und haben sollten. Tatsächlich sehen viele von ihnen im Staat Israel den letzten möglichen Zufluchtsort in Fällen der Verfolgung, während andererseits doch nicht ganz wenige unter ihnen entschiedene deutsche Verfassungspatrioten sind. Und ebenfalls nicht ganz wenigen misshagt die rechtspopulistische und eine Zweistaatenlösung praktisch verunmöglichende Politik der Regierung Netanyahu. Gewiss: Jüdische Stimmen, die die israelische Regierungspolitik kritisieren, sind von den Folgen dieser Kritik womöglich weniger betroffen als Bürger:innen des Staates Israel, gleichwohl muss auch für die jüdische Gemeinschaft ein Pluralismus gelten, dass es hier kein Denk- und Äußerungsverbot gibt, nach dem Mitglieder, die BDS zwar verurteilen, aber nicht für antisemitisch halten, deshalb ausgegrenzt werden. Einen weiteren Höhepunkt dieser immer häufiger auftretenden Form eines neuen McCarthyismus der Kontaktschuld stellt die seit der Ausladung des afrikanischen Philosophen Achille Mbembe von der Ruhrtriennale 2013 entbrannte Debatte über das Werk des Philosophen dar: Eine Debatte, die zugleich den Blick der »postkolonialen Theorie« auf den Zionismus und die Staatsgründung Israels betrifft. Darauf ist zurückzukommen.

Beinahe ein Jahr nach den Auseinandersetzungen über die Jerusalem-Ausstellung des Jüdischen Museums im Frühjahr 2020 forderte dann der der dortigen FDP angehörige NRW-Abgeordnete Lorenz Deutsch, Achille Mbembe das Eröffnungsreferat bei der Ruhrtriennale der Ruhrfestspiele zu entziehen. Bereits 2017 hatte deren Intendantin Stefanie Carp Kritik auf sich gezogen, als sie bei der damaligen Ruhrtriennale eine Musikband nicht ausgeladen hatte, von der bekannt war, dass sie BDS unterstützte. Begründet wurde diese Forderung 2020 mit Verbindungen Mbembes zu BDS sowie seiner Kritik an der israelischen Besatzungspolitik, die er als schlimmer denn die südafrikanische bezeichnet habe und tatsächlich auch hat. Dieser Forderung schloss sich der Antisemitismusbeauftragte der Bundesregierung Felix Klein ebenso an wie der Vorsitzende des Zentralrats der Juden Josef Schuster.

So forderte Schuster gemäß der »Neuen Osnabrücker Zeitung« vom 25.4.2020: »Der Zentralrat der Juden in Deutschland kritisiert die Intendantin der Ruhrtriennale, Stefanie Carp, scharf. Der ›Neuen Osnabrücker Zeitung‹ sagte Zentralratspräsident Josef Schuster: ›Ich habe keinerlei Verständnis für die Einladung von Achille Mbembe als Eröffnungsreferent der Ruhrtriennale – auch wenn die Veranstaltung wegen Corona mittlerweile abgesagt ist‹. Mbembe vertrete die Auffassung, Israel verhalte sich heute schlimmer als Südafrika zur Zeit der Apartheid. ›Das ist historisch falsch und nicht zu akzeptieren. Damit unterstützt er indirekt die BDS-Bewegung‹, sagte Schuster. Zudem läsen sich einige Stellen in seinen Schriften so, als betrachte der Historiker den Umgang Israels mit den Palästinensern in gewisser Weise als schlimmer als die Schoah. ›Damit disqualifiziert er sich‹, so Schuster.«

Die Art und Weise der Diskussion um die Jerusalem-Ausstellung des Jüdischen Museums Berlin sowie um die BDS-Bewegung ähnelt in ihrer Form und Struktur exakt dem, was in den 1950er Jahren in den USA als »McCarthyismus« bezeichnet wurde. McCarthyismus – so der in diesem Fall treffende Eintrag bei Wikipedia – sei ein für die demagogische Kommunistenjagd der frühen 1950er Jahre benutzter Begriff, »bei der die hysterischen Ängste der Bevölkerung ausgenutzt worden seien, um Unschuldige oder relativ harmlose Andersdenkende zu verfolgen; er wird assoziiert mit Verschwörungstheorien und einer ›Herrschaft des Terrors‹, in der auf schlüssige Beweisführung kein Wert mehr gelegt worden sei«.

Genau dies war 2019/2020 in Deutschland, in Berlin zu erleben: Die Wiedergeburt einer spezifischen Form des McCarthyismus in der Folge des Rücktritts des Direktors des Jüdischen Museums sowie des Bundestagsbeschlusses vom 17. Mai 2019 gegen die Bewegung »BDS«. Aktuell zeigte sich, dass die Springerpresse, wie eh und je, derlei Tendenzen nachgibt. So schrieb Jacques Schuster – er moderiert im Centrum Judaicum eine Veranstaltung zum Thema »Jüdische Museen« – am 28.6.2019 in einem Artikel in der »Welt« über die ehemalige Programmdirektorin des Jüdischen Museums: »Kugelmann, der Mitarbeiter im Museum nachsagen, sie stehe einigen Ideen der antiisraelischen Boykottbewegung BDS nahe, hat auch einen Teil der vergangenen Konferenzen und Diskussionsforen inhaltlich vorbereitet.«

Ist es in einer Situation, in der Direktoren zurücktreten, Mitarbeiter kündigen und im Jüdischen Museum allgemeine Unsicherheit um sich greift, politisch sinnvoll und journalistisch-ethisch angebracht, Gerüchte sowie Meinungen vom Hörensagen zu verbreiten? Die Sätze des Redakteurs der »Welt« gleichen strukturell den Aussagen des Direktors: Beide Male wird unter Berufung auf nicht näher genannte und wohl auch gar nicht bekannte Quellen ein Verdacht erhoben, der für die Betroffenen in jeder Hinsicht bedrohlich ist. Dabei geht es weder um Informantenschutz noch darum, jemandem Schmierenjournalismus vorzuwerfen, sondern darum, auf ein weiteres Beispiel für den Verfall liberaler Öffentlichkeit hinzuweisen.

Der Hinweis, der Vorwurf, jemand »stehe« einer Politik, einer Haltung, einer Meinung »nahe«, ist schnell erhoben und kaum belegpflichtig – »man wird ja noch mal sagen dürfen ...« Das Perfide des neuen BDS-bezogenen »McCarthyismus« besteht darin, dass er sich wegen des darin enthaltenen Antisemitismusvorwurfs kaum ausweisen muss und zudem eine kaum widerlegbare Strategie enthält: den Vorwurf der Kontaktschuld! In einem kulturellen Milieu mit hoher Kommunikationsdichte ist nämlich so gut wie niemand vor diesem Vorwurf gefeit: Wer kennt nicht Leute, deren politische Ansichten sie oder er gar nicht teilt, mit denen er oder sie aber gleichwohl verkehrt?

Es war übrigens kein Geringerer als Martin Buber, der in seinem Buch »Zionismus und Nationalismus« von 1929 sagte, dass für das jüdische Volk der »sacro egoismo« des üblichen Nationalismus nicht gelte – eine Aussage, die er nie zurückgenommen hat und im Gegenteil in seiner Schrift »Ein Land und zwei Völker« auch noch nach dem Krieg vertreten hat.

Sind die zentralen Forderungen von BDS ein Fall von israelbezogenem Antisemitismus? Also »1. Beendigung der Besatzung und Kolonialisierung des 1967 besetzten arabischen Landes und Niederreißen der Mauer. 2. Anerkennung der Grundrechte der arabisch-palästinensischen BürgerInnen Israels auf vollständige Gleichberechtigung. 3. Achtung, Wahrung und Unterstützung des Rechts der palästinensischen Flüchtlinge, wie in UN-Resolution 194 festgelegt, auf Rückkehr zu ihren Wohnstätten und Schadensersatz bei Verlust oder Beschädigung ihres Eigentums oder auf Entschädigung für den Fall, dass sie nicht zurückkehren wollen.«

Zur Beurteilung dessen kommt alles auf den Wortlaut der ersten Forderung an: Während in der deutschsprachigen Erklärung klar von dem »1967 besetzten Land« die Rede ist, weicht die englische Fassung vom 9. Juli 2005 hiervon ab: »1. Ending its occupation and colonization of all Arab lands and dismantling the Wall. 2. Recognizing the fundamental rights of the Arab-Palestinian citizens of Israel to full equality; and 3. Respecting, protecting and promoting the rights of Palestinian refugees to return to their homes and properties as stipulated in UN resolution 194.« (bdsmovement.net/cal) Insbesondere die ursprüngliche erste Forderung zog den Vorwurf auf sich, ein Fall von »israelbezogenem Antisemitismus« zu sein. Vor einer Prüfung der Berechtigung dieses Vorwurfs sei aber Genealogie und Inhalt des «israelbezogenen Antisemitismus« nachgegangen. Worum handelt es sich?

Der israelische Autor Joseph Croitoru hat der Beantwortung dieser Frage in der »Süddeutschen Zeitung« (21.7.2020, S. 11) eine gründliche Analyse gewidmet: »Was ist Antisemitismus?«. Demnach entstand eine erste Arbeitsdefinition 2004/2005 – sie wurde von der »Europäischen Stelle zur Beobachtung von Rassismus und Fremdenfeindlichkeit« (EUMC) erarbeitet. Diese englische Definition verlor ihre Kraft mit der Auflösung der EUMC im Jahre 2007. Bei der Formulierung dieser Definition war ein US-amerikanischer Anwalt, Kenneth Stern, federführend – er verließ 2014 das American Jewish Committee (AJC) und leitet derzeit das »Bard Zentrum für Hass Studien« in New York. Croitoru berichtet, dass Kenneth Stern in seinem Buch »The Conflict over the Conflict: The Israel/Palestine Campus Debate« (2020) daran erinnert habe, dass es nicht darum ging, Personen als antisemitisch abzustempeln, sondern darum, Behörden der Strafverfolgung eine Arbeitshilfe zur Verfügung zu stellen. Nach 2005 waren das American Jewish Committee sowie das 2008 von ihm gegründete »European Forum on Antisemitism« an der Durchsetzung der dort enthaltenen Definition beteiligt – eine Definition, die in 32 Sprachen übersetzt wurde und auf Deutsch so lautete: »Der Antisemitismus ist eine bestimmte Wahrnehmung von Juden, die sich als Hass gegenüber Juden ausdrücken kann. Der Antisemitismus richtet sich in Wort und Tat gegen jüdische und nicht-jüdische Einzelpersonen und/oder deren Eigentum sowie gegen jüdische Gemeindeinstitutionen oder religiöse Einrichtungen ...«

Dem folgte die für die hier behandelte Debatte entscheidende Anmerkung, die im englischen Original so lautete: »In addition, such manifestations could also target the state of Israel, conceived as Jewish collectivity.« Man beachte die überaus vorsichtige Wortwahl der im Konjunktiv gehaltenen Bestimmung: Die Rede ist von »Manifestationen« und nicht – wie Croitoru feststellt – von »Angriffen – wie in der deutschen Übersetzung des AJC. Am Ende stellte dann 2018 die »International Holocaust Remembrance Alliance« (IHRA) ihre Definition vor – jene Definition, auf die sich dann auch der Deutsche Bundestag in seinem BDS-Beschluss vom Mai 2019 stützte.

Indes sah sich sogar die IHRA genötigt, festzustellen, dass Kritik an Israel, die mit der an anderen Ländern vergleichbar ist, nicht als antisemitisch bezeichnet werden kann. Croitoru bemerkt, dass das Kabinett der Großen Koalition bei der Vorlage des Bundestagsbeschlusses Unstimmigkeiten der Textgrundlage in Kauf genommen habe, was ihn zu folgender Schlussfolgerung motiviert: »Auch scheinen die ›Beispiele‹ implementiert worden zu sein, ohne dass dies durch den Kabinettsbeschluss gedeckt war. Zu den ›Beispielen‹ zählt bekanntlich auch der umstrittene, sich auf Kritik an Israel beziehende ›3-D-Test‹ (Dämonisierung, Delegitimierung, Doppelstandards), der gerne auch von staatlicher Seite gegen ›Israelkritiker‹ ins Feld geführt wird. So auch im Fall Achille Mbembe.« (Croitoru 2020: 11)

So wurde Mbembe, dem dieser »Antisemitismus« vorgehalten und dem deswegen die Ehre, bei der Ruhrtriennale 2020 den Eröffnungsvortrag zu halten, abgesprochen wurde, wieder ausgeladen. Die nicht gehaltene Rede ist inzwischen unter dem Titel »Was wirklich zählt« Monate später in der »Süddeutschen Zeitung« vom 8. August 2020 publiziert worden – insgesamt eher weitschweifige Überlegungen zu Corona und den gesellschaftlichen Folgen.

Bei alledem ist es doch ein erheblicher Unterschied, ob es der BDS-Kampagne lediglich um die Räumung des seit 1967 besetzten Landes geht oder wie es ungenau im englischen Ursprungstext heißt: »Ending its occupation and colonization of all Arab lands and dismantling the Wall«. Und zwar deswegen, weil die Rede von »all Arab lands« sich auf sämtliche von der zionistischen Bewegung wie auch immer erworbenen Ländereien Palästinas seit dem späten 19. Jahrhundert beziehen könnte. Andererseits ergibt eine genaue Analyse des zweiten Teils des Satzes, dass es darum nun doch nicht gehen kann. Denn welchen Sinn sollte es haben, den Trennzaun abzureißen, wenn ohnehin die jüdische Besiedlung des Landes, »its occupation«, zur Gänze beendet werden soll?

So gut wie völlig unbekannt ist, dass in gewisser Weise wesentliche Ziele von BDS auch und gerade vom israelischen Parlament – und zwar zur Regierungszeit eines erklärten Rechtszionisten, nämlich Menachem Begins – akzeptiert worden sind. Das wurde aber gerade jüngst von dem in den USA lebenden israelischen Philosophen Omri Boehm nachgewiesen. So kann Boehm (2020), der sich selbst als entschieden liberalen Zionisten versteht, zeigen, dass der Gedanke einer Rückkehr der 1948 jedenfalls ins Westjordanland vertriebenen Palästinenser von Menachem Begin, einem rechtszionistischen Untergrundkämpfer der Mandatszeit und Schüler des brillanten 1880 geborenen und 1940 verstorbenen Wladimir Jabotinky, dem Begründer des »Rechtszionismus«, gefasst wurde. Einen solchen Plan hatte detailliert der erste rechtszionistische Premier Israels und Friedensnobelpreisträger entworfen.

1977 jedenfalls entwickelte Begin auf Drängen des ägyptischen Präsidenten Anwar el Sadat und des US-Präsidenten Jimmy Carter einen Vorschlag, der 21 Punkte enthielt: unter anderem die Abschaffung der Militärverwaltung in Judäa, Samaria und Gaza zugunsten eines Selbstverwaltungsgremiums der arabischen Einwohner, das eigenständige Behörden von der Erziehung über das Gesundheitswesen bis zur Justiz schaffen soll. Vor allem aber wurde den arabischen Einwohnern der eroberten Gebiete die Möglichkeit eingeräumt, zu israelischen Bürgern zu werden. So heißt es in Artikel 15 des Plans von 1977: »Einwohner Judäas, Samarias und des Gaza-Distrikts, die sich gemäß der ihnen gewährten Option für die israelische Staatsangehörigkeit entscheiden, wird in Übereinstimmung mit dem Wahlrecht die Ausübung des aktiven und passiven Wahlrechts für die Knesset zustehen.« (Zitiert nach Boehm 2020: 207)

Zudem wurde den arabischen Einwohnern – und das war im Rahmen zionistischer Bodenpolitik wahrhaft revolutionär – zugestanden, »in Israel Land zu erwerben und sich dort niederzulassen«. Nichts anderes fordert die heute als antisemitisch verketzerte BDS-Bewegung. Tatsächlich legte Menachem Begin den nach internationalen Beratungen leicht veränderten Vorschlag 1977 der Knesset vor. Nach Aufhebung der Fraktionsdisziplin wurde Begins Vorschlag mit 64 Ja-Stimmen, acht Nein-Stimmen und 40 Enthaltungen angenommen – wurde also Gesetz. Damit wurde eine Utopie Wirklichkeit, die Wladimir Jabotinsky bereits 1906 (!) skizziert hatte, ging es ihm doch staatstheoretisch um die Differenz von »Autonomie« und »Föderation«: »Autonomie und

Föderation unterscheiden sich durch die Art ihres Zustandekommens scharf voneinander: Im ersten Fall gibt der Staat einen Teil seiner Souveränitätsrechte auf und überträgt sie einem der Teile, aus denen er sich zusammensetzt. Das nennt man Autonomie.« (Zitiert nach ebd.: 218)

Es war der eher konservative jüdische Philosoph Emil Fackenheim (1972), der immer wieder auf ein elftes Gebot hinwies: Hitler nicht nachträglich Recht zu geben – was jedoch nicht nur für die Existenz eines jüdischen Gemeinwesens, sondern auch für das Verständnis von (politischer) Moral gilt. Das gilt auch für durchaus wünschenswerte, streitige öffentliche Debatten – ja, auch um Israel und das Judentum.

Bisher war die oben analysierte Form des »McCarthyismus« auf das Themenfeld Israel/BDS/Antisemitismus begrenzt – dort ist ihm entgegenzutreten; vor allem ist aber auch darauf zu achten, dass das Beispiel nicht Schule macht. Wenn doch, wäre damit die mühsam errungene liberale öffentliche Kultur der Bundesrepublik Deutschland tatsächlich an ihr Ende gekommen und die von vielen prognostizierte »illiberale« Demokratie – wenn auch nicht so wie in Ungarn – bereits eingetreten. Diese liberale Kultur geriet bereits durch die Verhinderung der Key Note von Achille Mbembe bei der Ruhrtriennale stark unter Bedrängnis.

Kapitel 4
Achille Mbembe, die Angriffe auf ihn und sein Werk

Aber worum geht es bei Achille Mbembe, jenem der Nähe zu BDS geziehenen Philosophen mitsamt seiner Haltung zum Palästinaproblem, seiner Philosophie sowie der Haltung der postkolonialen Theorie im Ganzen zum Zionismus? Und vor allem: Wer ist dieser afrikanische Philosoph, dem in einer bisher nicht gekannten Weise Antisemitismus vorgeworfen wurde?

Der 1957 in Malambe, Kamerun, geborene Achille Mbembe ist Professor für soziale und ökonomische Forschung an der südafrikanischen Universität Witwaterstrand. Dem Volk der Bassa entstammend, erhielt er zunächst in einem Internat eine katholische, von Dominikanern getragene Erziehung, um 1978 in der Hauptstadt Kameruns, Yaounde, sein Studium aufzunehmen und um während des Studiums für die Organsiation christlicher Jugend »Jeunesse Étudiante Chrétienne« und deren Zeitschrift »Au Large« zu wirken – eine Aktivität, die bis 1982 Streiks gegen das Regime des damaligen Präsidenten des Landes, Ahmadou Ahidio und dessen Nachfolger Paul Biya motivierte. Zudem war er an Alphabetisierungskampagnen der ländlichen Bevölkerung im Norden Kameruns führend beteiligt.

Sein Studium führte ihn schließlich nach Frankreich, wo er 1989 einen Ph.D. in Geschichtswissenschaft an der Pariser Sorbonne sowie einen DEA in politischer Wissenschaft am ebenfalls in Paris befindlichen »Institut d'études politiques« erwarb. Nach einer Zeit als Assistenzprofessor an der New Yorker Columbia Universität von 1989 bis 1991 war er 1991/92 »Senior Research Fellow« am Brookings Institut in Washington, D.C., um anschließend bis 1996 als »Associate Professor« für Geschichte an der University of Pennsylvania zu wirken. Danach war Mbembe »Exekutivdirektor« des »Council for the Development of Social Science Research in Africa« in Dakar im Senegal und darüber hinaus Gastprofessor an den Universitäten Yale und Berkeley.

Für sein Werk und seine Aktivitäten hochgeschätzt, erhielt er zumal in Deutschland viele Ehren und Auszeichnungen, so im Jahre 2015 den Münchner »Geschwister-Scholl-Preis« für sein 2014 auf deutsch erschienenes Buch »Kritik der Schwarzen Vernunft«. 2017 wurde er Mitglied der »American Academy of Arts and Sciences« und konnte 2018 den

Ludwigshafener »Ernst-Bloch-Preis« entgegennehmen. Noch im selben Jahr erhielt er den renommierten »Gerda-Henkel-Preis« für Historische Geisteswissenschaften – eine Entwicklung, die zunächst 2019 mit der »Albertus Magnus Professur« der Universität zu Köln endete und schließlich mit der Einladung zur Eröffnungsrede bei der Ruhrtriennale 2020 ihren Abschluss finden sollte.

Auf Deutsch erschienen bis dahin drei Übersetzungen bereits auf Französisch publizierter Bücher im renommierten Suhrkamp Verlag: 2014 die »Kritik der schwarzen Vernunft«, 2016 der »Ausgang aus der langen Nacht. Versuch über ein entkolonisiertes Afrika« sowie schließlich 2017 seine »Politik der Feindschaft« – alle von Michael Bischoff luzide vom Französischen ins Deutsche übersetzt. Dieser Autor ein »israelbezogener Antisemit«?

Der bereits am Zustandekommen der BDS-Resolution des Deutschen Bundestages wesentlich beteiligte Antisemitismusbeauftragte der Bundesregierung, Felix Klein, war und ist davon nach wie vor überzeugt: »Natürlich«, so Klein in einem Gespräch mit der ZEIT, »habe ich mich mit seinem Werk auseinandergesetzt und bin beispielsweise auf seinen Aufsatz *The society of enmity* gestoßen. Dort findet man alle Merkmale des israelbezogenen Antisemitismus: Israel wird dämonisiert, es wird ein doppelter Maßstab angelegt, und das Land wird als Ganzes delegitimiert. 2015 hat Herr Mbembe ein Vorwort für das Buch ›Apartheid Israel‹ verfasst, in dem er argumentierte, Israel sei schlimmer als das südafrikanische Apartheidregime. Der Erlös des Buches ging an eine BDS-Gruppierung. Für mich ist die Angelegenheit leider eindeutig. Und ich wundere mich, dass es Leser dieser Schriften gibt, die das anscheinend einfach ausblenden.« (Die ZEIT, Ausgabe 22, vom 20.5.2020)

Diese Antwort von Klein beweist, dass er diesen Text nicht vor sich hatte – dazu später mehr. Zuvor aber ist auf andere Vorwürfe einzugehen: etwa, dass Mbembe an der Ausladung einer israelischen Wissenschaftlerin beteiligt war, sodann, dass er BDS nah sei und dieser Organisation Geld gespendet hätte sowie, dass er sich in seinem auch auf Deutsch erschienenen Buch »Politik der Feindschaft« antisemitisch geäußert habe.

Bei der von ihm angeblich mitbetriebenen Ausladung einer israelischen Wissenschaftlerin ging es um die ihrerzeit in Göttingen forschende Shifra Saguy. Im Mai 2020 gab Saguy der WELT auf die Frage, ob sie als Israelin auf Mbembes Betreiben von einer Konferenz über den Nahostkonflikt wieder ausgeladen worden sei, Folgendes zu Protokoll: »Man hatte mich 2018 nach Stellenbosch eingeladen, gemeinsam mit meinen Studenten und Kollegen – Deutsche, Israelis und Palästinenser. Es gab sehr viel Lärm um unsere Teilnahme und Protestbriefe. Die Organisatorin bekam Angst, dass die Veranstaltung von Demonstrationen überschattet werden würde. Sie hat uns nicht direkt ausgeladen, aber plötzlich war unser Panel aus dem Programm verschwunden. Dann hieß es, wir sollten besser an einem anderen Ort auftreten. Offensichtlich waren wir nicht mehr erwünscht, also entschieden wir uns, nicht hinzureisen. Ich war unheimlich frustriert und wütend.« (Die WELT vom 14.5.2020)

Soweit ich sehe, ist das allein kein Nachweis dafür, dass Mbembe aktiv an dieser Ausladung beteiligt war. Des Weiteren ging es um folgende Äußerungen in Mbembes Buch »Politik der Feindschaft«, in dem zu lesen ist: »Im Übrigen dient die israelische Besetzung der palästinensischen Gebiete als Versuchslabor für eine Reihe von Techniken der Kontrolle, Überwachung und Trennung, die inzwischen weltweite Verbreitung finden. Dazu gehören Maßnahmen wie die regelmäßige Abriegelung oder die Begrenzung der Zahl der Grenzübertritte von Palästinensern nach Israel und in die Siedlungen, die regelmäßige Verhängung von Ausgangsperren in den palästinensischen Enklaven, die Überwachung der Bewegungen oder die vollständige Abschließung ganzer Städte.« (Mbembe 2017: 84)

Als Beleg für diese Behauptungen führt Mbembe in den dazu gehörigen Fußnoten ausschließlich (!) israelische Autoren an: in diesem Fall Eyal Weizman mit seinem 2009 auf Deutsch publizierten Buch »Sperrzonen. Israels Architektur der Besatzung« sowie einen Aufsatz von Amira Hass »Israel's Closure Policy. An Ineffective Strategy of Containment and Oppression« im »Journal of Palestinian Studies« (Jg. 31, Nr. 3, 2002, S. 5-20). Als weitere Belege werden Äußerungen im Buch »Politik der Feindschaft« angeführt, dass derlei Maßnahmen »in mancherlei Hinsicht an das berüchtigte Modell der Apartheid mit ihren Bantustans genannten riesigen Reservoiren billiger Arbeitskraft« erinnern lassen. Es seien – so Mbembe – derlei Maßnahmen »schlimmer als die vergleichsweise primitiven Maßnahmen, die das südafrikanische Apartheidregime von 1948 bis 1980 ergriff«. All dies zeuge von einer »fanatischen Zerstörungsdynamik, die darauf abzielt, das Leben der Palästinenser in einen Trümmerhaufen und einen zur Entsorgung bestimmten Berg aus Müll zu verwandeln. In Südafrika erreichten die Trümmerberge niemals solche Ausmaße.« (Mbembe 2017: 86)

Als Beleg für diese in der Tat sehr harten Vorwürfe führt Mbembe wieder eine israelische Autorin an: Ariella Azoulay mit ihrem 2015 in New York erschienenen Buch »Civil Imagination. A political Ontology of Photography«. Die 1962 in Tel Aviv Geborene war damals »Professor of Modern Culture and Media at the Department of Comparative Literature at Brown University«, sie begann ihre akademische Lehrtätigkeit 1999 an der religiösen Bar-Ilan Universität in Tel Aviv. Bei alledem hebt Mbembe – und das wurde ihm besonders zum Vorwurf gemacht – immer wieder hervor, dass im Afrika der Apartheid »die Dialektik der Nähe, Distanz und Kontrolle niemals die in Palästina zu beobachtenden kritischen Schwellen« (ebd.) erreicht. Mehr noch: In einer globalgeschichtlichen Überlegung betrachtet Mbembe das afrikanische Apartheidsregime und den an den europäischen Juden von Deutschland begangenen Holocaust in einer Perspektive: »Das Apartheidregime in Südafrika und – in einer ganz anderen Größenordnung und in einem anderen Kontext – die Vernichtung der europäischen Juden sind zwei emblematische Manifestationen dieses Trennungswahns.« (Ebd.: 89)

Nimmt man dann jedoch zur Kenntnis, dass Mbembe an anderer Stelle das israelische Besatzungsregime im Westjordanland für schlimmer als die Apartheid hält, so fragt man sich tatsächlich, ob er damit nicht auch das israelische Regime für eine Manifestation des auch von den Nationalsozialisten betriebenen Trennungswahns hält und er damit die Motive israelischer Besatzungspolitik hier und nationalsozialistischer, vernichtender Rassenpolitik dort in Eines setzt. Und wenn das der Fall wäre – wäre dies nicht ein klarer Fall von israelbezogenem Antisemitismus?

Um Mbembes Annahme zu verstehen, wird es unumgänglich sein, sich mit der ganz anderen postkolonialen Perspektive zu befassen. Doch soll zuvor noch einmal auf den nicht zuletzt von Felix Klein genannten, angeblich BDS-nahen Sammelband »Apartheid Israel. The Politics of an Analogy« (Soske/Jacobs 2015) eingegangen werden, zu dem Mbembe das vergleichsweise kurze Vorwort beigesteuert hat. Dort ist in der Tat zu lesen, dass Mbembe mit Blick auf das besetzte Palästina bereit ist, darauf zu wetten: »Es ist schlimmer als die südafrikanischen Bantustans. [...] Es ist zwar keine Apartheid im südafrikanischen Stil. Es ist viel tödlicher. Es sieht aus wie High-Tech-Jim-Crow-Apartheid. Die Verweigerung der Staatsbürgerschaft (gegen jene), die nicht wie wir sind.«[20] Aber dann folgt jener Satz, den keiner von Mbembes Kritikern zur Kenntnis nehmen wollte: »Israel hat ein Recht darauf, in Frieden zu leben. Aber Israel wird nur durch Frieden in einem konföderalen Arrangement ge-

[20] »It is worse than the South African Bantustans [...] To be sure, it is not apartheid, South African style. It is far more lethal. It looks like high-tech Jim Crow apartheid. The refusal of citizenship who are not like us.«

sichert werden, das gegenseitige Residenz, wenn nicht sogar die Staatsbürgerschaft anerkennt.« (Mbembe 2015: VIII)[21]

Das jedenfalls sind keine Sätze, die man von einem erklärten Antisemiten erwarten würde – beinhalten sie doch nicht mehr und nicht weniger als ein Bekenntnis zu Israels Existenzrecht –, infrage steht allenfalls, ob die Art und Weise, wie Mbembe Israels Besatzungsherrschaft in der Westbank in Zusammenhang mit der südafrikanischen Apartheid bringt, als eine Form der Dämonisierung zu bezeichnen wäre. Bei der Klärung dieses Vorwurfs geht es sowohl um die Sache selbst als auch – und nicht zuletzt – um den theoretischen Hintergrund, auf dem Mbembe seine Behauptungen aufstellt. Deren Stichhaltigkeit ist jedoch nicht ohne einen genauen Blick auf sein bisheriges theoretisches Werk zu klären, das jedenfalls in deutscher Sprache in insgesamt vier Büchern vorliegt: »Postkolonie. Zur politischen Vorstellungskraft im gegenwärtigen Afrika« (2016b), »Politik der Feindschaft« (2017), »Kritik der schwarzen Vernunft« (2014), »Ausgang aus der langen Nacht. Versuch über ein entkolonisiertes Afrika« (2016a).

Hält man sich an die Reihenfolge der französischsprachigen Veröffentlichungen, so lag als erstes der »Ausgang aus der langen Nacht« vor. In diesem Buch geht es unter immer wiederkehrendem Bezug auf den ersten radikalen Kritiker des vor allem französischen Kolonialismus, auf Frantz Fanon (1925-1961) und dessen Hauptwerk »Die Verdammten dieser Erde« (Fanon 1966), also um einen nicht mehr europäisch verengten, nicht mehr nur theoretisch universalistischen, sondern wahrhaft kosmopolitischen Begriff der Welterschließung: »... der Zugehörigkeit zur Welt, des Bewohnens der Welt, der Schaffung der Welt oder auch der Bedingungen, unter denen wir Welt erschaffen und uns zu ihren Erben machen.« All dies – so Mbembe – »bildet den Kern des antikolonialistischen Denkens und des Entkolonialisierungsbegriffs.« (Mbembe 2017: 86)

Unter Bezug auf den französischen Lyriker Paul Valéry (1871-1945) sowie den Begründer der Phänomenologie, den Philosophen Edmund Husserl (1859-1938), die beide die Deckungsgleichheit von Vernunft und Universalismus behaupteten und somit Europa zu einer philosophischen Aufgabe machten, unterscheidet Mbembe drei Varianten dieses europäischen Universalismus: als erstes eine Kluft zwischen jenen politisch-kulturellen Räumen, die dem Universalitätsanspruch offen ge-

[21] »Israel is entitled to live in peace. But Israel will be safeguarded only by peace in a confederal arrangement that recognizes reciprocal residency, if not citizenship.«

genüberstehen, und jenen, die sich auf ihre Einmaligkeit zurückziehen; als zweites zwei Formen des Rationalitätsprinzips, von denen die eine nur ein anderer Name für »Totalitarismus« sei. »Die dritte«, so Mbembe schließlich, »verkehrt den europäischen Universalitätsanspruch in imperiale, koloniale oder neokoloniale Herrschaft.« (Ebd.) Die dritte Variante trägt mithin zur radikalen Abtrennung Europas von den nicht-weißen Völkern bei: »Hier wird Alterität also im Sinne von geistigen, geographischen und auf die Rasse bezogenen *Grenzen* verstanden.« (Ebd.)

Unter Bezug auf den Philosophen Jacques Derrida und dessen Erläuterungen des Begriffs »Europa« versucht Mbembe dann den Gedanken eines Europa ohne Eurozentrismus zu konkretisieren, eines Europa, das einerseits Philosophie, Aufklärung, Revolution und Menschenrechte hervorgebracht habe, andererseits »aber auch aus seinen dunkelsten, schuldbeladensten und reumütigsten Erinnerungen (die Völkermorde, die Shoah, die Kolonialismen, der nationalsozialistische, faschistische und stalinistische Totalitarismus [...] und aus diesen beiden Gedächtnissen, den besten und den schlechtesten Erinnerungen politische Kraft ziehen würde« (ebd.: 93).

Mbembes scharfe, postkoloniale Kritik an Israel und seinem Besatzungsregime im Westjordanland wirft natürlich die Frage nach seiner persönlichen Beziehung zum Staat Israel auf – ein Thema, das ebenfalls im Mai 2020 in der deutschen Presse ausführlich erörtert wurde. Demnach befand sich Mbembe nur einmal, im Jahr 1992, in Israel. Eingeladen von der Hebräischen Universität besuchte der junge, damals 35 Jahre alte Wissenschaftler das Land, um auf Einladung der Hebräischen Universität Jerusalem an einer Tagung über afrikanische Zivilgesellschaften teilzunehmen – bevor er eine Stelle an der University of Pennsylvania antrat. Er publizierte seine in Israel gemachten Erfahrungen kurz darauf unter dem Titel »Israël, les Juifs et nous« in der Kameruner Tageszeitung »Le Messager« im April 1992 (siehe Thomas Weber, »Opfer werden zu Verfolgern«, in der FAZ vom 9.5.2020). Wer nun aber meint, dass die Pointe dieses Beitrages in einer postkolonialen Kritik des israelischen Staates gipfelt, irrt. Denn: Im Endeffekt vergleicht Mbembe die den Holocaust überlebt habenden Juden Israels mit den das Kolonialzeitalter überlebt habenden afrikanischen Schwarzen, denen er vorhält – jedenfalls was die Regierungen ihrer Staaten betrifft –, aus den Erfahrungen von Unterdrückung und Erniedrigung nichts gelernt zu haben; ebenso wenig wie die Juden, die in ihrem nach dem Holocaust gegründeten Staat Israel ebenfalls – mindestens mit Blick auf die Palästinenser und Palästina – eine Staatsform der Repression ausübten.

Diese Sichtweise sollte 2020 der bereits erwähnte, in New York forschende und lehrende, jüdische und israelische Philosoph Omri Boehm in seinem Buch »Israel – eine Utopie« gleichermaßen vertreten, wenn er immer hervorhob, dass die Staatsideologie Israels ein »Holocaust Messianismus« sei, der das Leiden der anderen systematisch ausblende (Boehm 2020: 71). Des Weiteren geht es Mbembe in der darauffolgenden Untersuchung um Form und Inhalt eines vor allem von den Kolonialisierten – in seinem Falle Afrikas – entfalteten (philosophischen) Bewusstseins – eine Untersuchung, die sich noch einmal dem zuwendet, was gemeinhin als »Rassismus« bezeichnet wird. Gehe es doch dem Rassismus darum, »sobald sich ein authentisches menschliches Gesicht zeige«, er darum bemüht sei, »es in den Hintergrund zu drängen oder mit einem Schleier zu verhüllen« (Mbembe 2017: 71). Das heißt aber nichts anderes, als dass der Rassismus vor allem darin besteht, »an die Stelle von etwas anderem eine andere Realität zu setzen« (ebd.). Womit die Rasse ein Ort der »Realität und der Wahrheit ist – der Wahrheit der Erscheinungen« (ebd.: 72). Unter Bezug auf Michel Foucault und dessen Begriff der Macht hält Mbembe endlich fest, dass die Tötungsfunktion des Staates im Modus der Biomacht nicht anders als durch Rassismus gesichert werden könne. Aus diesen grundsätzlichen Annahmen heraus versucht er zusammenfassend zu artikulieren, was nach wie vor die philosophischen Konnotationen des Begriffs, des Namens »Afrika« sind: »... nichts anderes als diese Art und Weise, die politische Frage der Austrocknung des Lebendigen zu benennen und politisch die Härte, Trockenheit und Rauheit des Lebens oder auch die sichtbaren, aber undurchsichtigen und blinden Formen zu untersuchen, die der Tod heute im wechselseitigen Verkehr der Lebenden angenommen hat« (ebd.: 109).

Daraus aber folgt, dass eine philosophische Kritik der Moderne unabgeschlossen bleiben muss, solange nicht verstanden ist, dass diese Moderne mit dem Erscheinen des Rasseprinzips »und der langsamen Umwandlung dieses Prinzips in die privilegierte Matrix der Herrschaftstechniken zusammenfällt ...« (ebd.: 111) – heute wie damals!

Auch in einem seiner letzten, beim Abfassen dieser Zeilen noch nicht ins Deutsche übersetzten Bücher »Necropolitics« (2019), in dem Mbembe den anregenden Versuch unternimmt, Michel Foucaults Theorie der »Biopolitik« als einer besonderen Form der Machtausübung eine komplementäre Theorie der »Todespolitik« an die Seite zu stellen, kommt Israel/Palästina wieder eine herausragende Rolle zu. Demnach fungiert die israelische Besetzung des Westjordanlandes als ein Laboratorium für Techniken der Kontrolle und Überwachung, die zukunftsweisend für andere Orte des Planeten seien. »Solche Praktiken erinnern auf vielfältige Weise an das geschmähte Modell der Apartheid, mit seinen Bantustans, riesigen Reservoirs billiger Arbeitskräfte, seinen weißen Zonen, seinen multiplen Rechtsprechungen und mutwilliger Gewalt.« (Mbembe 2019: 44)[22]

Unter Berufung auf Fanon will Mbembe dann an dieser Besatzungspolitik das Hauptcharakteristikum dessen, was er als »Nekropolitik« bezeichnet, verdeutlichen: Geht es doch um die Dynamik territorialer Fragmentierung – eine Strategie, zu deren Erläuterung er sich der Studien des israelischen Wissenschaftlers Eyal Weizman bedient, der diese Fragmentierungsstrategien als eine Form »vertikaler Souveränität« bezeichnet (Weizman 2002). Daher belegt das Beispiel Palästina für Mbembe mit Weizman die Besonderheit spätmoderner Kolonialherrschaft: »(D)isziplinarisch, biopolitisch und nekropolitisch. Die Kombination der drei gewährt der Kolonialmacht die absolute Herrschaft über die Bewohner des besetzten Gebietes. Der Belagerungszustand ist selbst eine militärische Institution. Er ermöglicht eine Modalität des Tötens, die nicht zwischen dem äußeren und dem inneren Feind unterscheidet. Ganze Bevölkerungen sind das Ziel des Souveräns. Belagerte Dörfer und Städte werden abgeschottet und von der Welt isoliert. Das tägliche Leben ist militarisiert. Lokale Militärkommandanten haben die Ermessensfreiheit zu entscheiden, wen sie wann erschießen. Die Bewegung zwischen den territorialen Zellen erfordert formale Genehmigungen. Lokale zivile Institutionen werden systematisch zerstört. Die belagerte Bevölkerung wird ihrer Einkommensmöglichkeiten beraubt. Zu den offenen Exekutionen kommt das unsichtbare Töten hinzu.« (Mbembe 2019: 82)[23]

---

[22] »Such practices variously recall the reviled model of apartheid, with its Bantustans, vast reservoirs of cheap labor, its white zones, its multiple jurisdictions and wanton violence.«

[23] »(D)isciplinary, biopolitical, and necropolitical. The combination of the three grants the colonial power absolute domination over the inhabitants of the occupied territory. The state of siege is itself a military institution. It allows for a modality of killing that does not distinguish between the external and the internal enemy. Entire populations are the target of the sovereign. Besieged villages and towns are sealed off and isolated from the world. Daily life is militarized. Local military commanders have the discretionary freedom to decide whom to shot and when. Movement between the territorial cells requires formal permits. Local civil institutions are systematically destroyed. The besieged

Kenner:innen der Ideologiegeschichte des 20. Jahrhunderts wird nicht unverborgen bleiben, dass all dies wesentliche Eigenschaften von Carl Schmitts »Ausnahmezustand« sind. Darüber hinaus hat sich Mbembe keineswegs nur auf Eyal Weizman bezogen, sondern auch auf die bahnbrechende Arbeit der US-amerikanischen Sozialwissenschaftlerin Wendy Brown, die in ihrem Buch »Mauern. Die neue Abschottung und der Niedergang der Souveränität« immer wieder auf den Fall des von Israel besetzten Westjordanlandes Bezug nimmt (siehe Brown 2018: 188f.).

Bei alledem geht es Mbembe keineswegs nur um eine Kritik der israelischen Besatzungsherrschaft. Tatsächlich ist nämlich der als Antisemit angegriffene Mbembe der Überzeugung, dass auch der moderne Antisemitismus im Zusammenhang mit dem transatlantischen Sklavenhandel entstanden ist – er führt hierzu eine 1984 erschienene französische Studie von Pierre Pluchon an: »Nègres et Juifs au XVIII siècle. Le racisme au siècle des Lumières« (Pluchon 1984) – darauf ist zurückzukommen. Entscheidend an Mbembes Argumentationsgang ist jedenfalls sein Versuch, sowohl den Begriff »Afrika« als auch den Begriff »Neger« im Kontext der europäischen Expansion seit dem 15. Jahrhundert zu verorten. So verweist er etwa auf Friedrich Schellings »Einleitung in die Philosophie der Mythologie«, gemäß der der Begriff »Rasse« vor allem zur Bezeichnung nichteuropäischer Völkerschaften verwendet werde (Mbembe 2014; er bezieht sich auf Schelling 1856: 98).

Tatsächlich geht der Begriff »Rasse« bis in die Antike zurück, um vor allem im mittelalterlichen, multireligiösen Spanien an Gewicht zu gewinnen (Hannaford 1996). Weltbild und Geschichte jenes Deutungsmusters, das wir als »Rassismus« bezeichnen, ist jedenfalls seit Langem bestens belegt (Ward/Lott 2002). Bei alledem darf freilich nicht vergessen werden, dass die Versklavung von Schwarzen keineswegs nur eine Praxis von Großbritannien, den USA und Frankreich gewesen ist, sondern auch sehr wesentlich von muslimischen Gesellschaften betrieben wurde – ein bisher noch zu wenig bekanntes Thema, das aber dringend der weiteren Vertiefung bedarf, wäre doch der transatlantische Sklavenhandel ohne arabisch-muslimische Sklavenhändler in Afrika überhaupt nicht möglich gewesen (N'Diaye 2010).

In seinen systematischen Überlegungen erwähnt Mbembe nicht zuletzt Hegel – wenn auch nicht direkt –, wenn er feststellt, dass der Name

---

population is deprived of their means of income. Invisible killing is added to outright executions.«

»Neger« stets in einem Zusammenhang mit einer Unterwerfungsbeziehung stehe: »Im Grunde gibt es den ›Neger‹ nur in der Beziehung zu einem ›Herrn‹.« (Mbembe 2014: 280) Aus der Kritik dieser Gedankenfigur erschließt Mbembe eine andere Form der Anerkennung, als sie in Hegels Dialektik von Herr und Knecht postuliert wird: »Sich von anderen berühren zu lassen – oder schutzlos einer anderen Existenz ausgesetzt zu sein –, ist der erste Schritt hin zu jener Form von Anerkennung, die sich kaum in das Paradigma des Herrn und des Knechts oder in die Dialektik der Ohnmacht und der Allmacht oder auch des Kampfes, des Sieges und der Niederlage sperren lässt. Im Gegenteil, die daraus resultierende Beziehung ist eine der Sorge und Fürsorge. Die Verwundbarkeit zu erkennen und zu akzeptieren – oder auch einzugestehen, dass das Leben stets Gefahren bis zum Tod ausgesetzt ist –, bildet den Ausgangspunkt für jede Entwicklung einer Ethik, deren Ziel« – hier bezieht sich Mbembe wiederum auf Frantz Fanon – »in letzter Instanz die Menschlichkeit ist« (Mbembe 2017: 214).

Bei alledem ist Mbembe – anders als man auf den ersten Blick meinen könnte – Fanon gegenüber keineswegs unkritisch. Bereits in seinem im Jahr 2000 auf Französisch, freilich erst 2016 auf Deutsch erschienenen Buch »Postkolonie. Zur politischen Vorstellungskraft im gegenwärtigen Afrika« setzt er sich deutlich von Fanon ab, der doch tatsächlich einmal geschrieben hat: »Das Leben kann für den Kolonisierten nur aus der verwesenden Leiche des Kolonialherren entstehen.« (Zitiert nach Mbembe 2016b: 20) Mbembe lässt keinen Zweifel daran, dass eine Politik des Lebens, die vom Töten des Kolonialherren abhängig ist, Probleme bereiten muss – Probleme, von denen einige unlösbar sind. Denn: »Um diese Fanonsche Sackgasse zu umgehen«, so Mbembe, »die Zirkulation und den verallgemeinerten Austausch des Todes als Bedingung für den Aufstieg zur Humanität, so legt *Postkolonie* nahe, muss untersucht werden, inwieweit dem Tod auszuliefern tatsächlich der Kern jeder echten Politik des Lebens und mithin der Freiheit wäre.« (Ebd.: 21)

Mit alledem steht Achille Mbembe in einer ganzen, hierzulande zwar publizierten, gleichwohl weitestgehend unbekannten Tradition afrikanischer Philosophie. So erschien 2015 ein Band über postkoloniale Positionen afrikanischer, politischer Philosophie, in dem Mbembe einen Beitrag zu »Afropolitanismus« leistete (in: Dübgen/Skupien 2015: 330-337). Ein Hauptmotiv dieses höchst instruktiven Sammelbandes besteht darin, den von der europäischen Aufklärung proklamierten Universalismus und Kosmopolitismus zu transformieren, »den Kosmopolitismus zu transzendieren, und dabei dem existenziellen Versprechen zu folgen, ein dörfliches Zusammenleben innerhalb eines sich entfaltenden, komplexen Pluriversums des Da-Seins zu erschaffen« (Ramose 2015 in: ebd.: 339).

Nicht nur in einem Aufsatz zum »Afropolitanismus« legt Mbembe dagegen Wert auf die Unterscheidung von »afrikanisch« und »schwarz« und trifft damit nicht zuletzt Ansätze, die seit Beginn des 20. Jahrhunderts als »afro-amerikanische« Philosophie den Versuch unternehmen, sich Rechenschaft über die komplexe Konstellation von Befreiung hier sowie Klassen- und »Rassen«-Strukturen dort abzulegen (Harris 1983). Dass »schwarze« Philosophie und afrikanische Philosophie keineswegs miteinander identisch sind, zeigt auch die 1991 erschienene Anthologie »Philosophy from Africa« (Coetzee/Roux 1991), in der es nicht nur um eine Kritik an der »Ethnophilosophy«, d.h. Versuchen geht, mündliche Überlieferungen tribaler Gesellschaften so zu lesen, wie die klassische Philosophie sich etwa den Sprüchen der Vorsokratiker annäherte, sondern auch welche Rolle normative Universalien in diesem Denken spielten (Coetzee 1991). Dem ist die Philosophie im angelsächsischen Raum schon deutlich früher nachgegangen.

So warf bereits Charles W. Mills in »Contract & Domination« (Pateman/Mills 2007) sowie vor allem seinem 2017 erschienenen Werk »Black Rights/White Wrongs. The Critique of Racial Liberalism« (Mills 2017), einen bewusst »schwarzen« Blick auf den Universalismus der Aufklärung, in einem Werk, in dem er Kant des strukturellen Rassismus zeiht sowie den Versuch unternimmt, auch John Rawls' »Theory of Justice« einen systematisch, unentdeckten »weißen« Bias nachzuweisen. Tatsächlich liegen auch in allerjüngster Zeit Versuche vor, den Universalismus zu entkolonialisieren (Khader 2019).

Daher sind vor diesem Hintergrund sogar die Menschenrechte – zumal in ihrer durch die Deklaration von 1948 positivierten Form – nicht vor Kritik gefeit. Jetzt freilich wird die Kritik an ihnen nicht mehr unmittelbar durch den Hinweis auf ihre auch bürgerliche Grundierung geführt, sondern vor dem Hintergrund der Globalisierung und damit auch der Kolonialisierung mit dem Hinweis auf ihre Relativität; mehr noch mit dem Hinweis, dass sie nicht selten das Entstehen neuer, dekolonialer Formen des Zusammenlebens verhindern. Das war nicht nur der Einwand von Gayatri Chakravorty Spivak (Spivak 2009, siehe auch Ehrmann 2009). Diese Kritik wird gegenwärtig vor allem in Lateinamerika geübt, wo einzelne Staaten, etwa Bolivien, auf regionaler Ebene mit der Positivierung eines neuen, aus traditionalen Quellen gespeisten Rechts experimentieren. Gegen eine menschenrechtlich begründete Kritik an derlei neuen, traditionalen und somit partikularistischen Rechtsformen sind sie in »postkolonialer« Perspektive gerechtfertigt worden, etwa von dem argentinischen Literaturwissenschaftler Walter D. Mignolo.[24]

Indem Mignolo aus einer starken gerechtigkeitstheoretischen Perspektive darauf hinweist, dass ohnehin alle Teilnehmer an politischen Diskursen Menschen sind, schließt er, dass es keine ausdifferenzierten Autoritäten für das, was Rechte der Menschen sind, geben kann – bzw. dass diese ausdifferenzierten Autoritäten Kontexten entstammen, die alles andere als uninteressiert oder gar herrschaftsfrei sind. Daher fordert nicht nur er einen »Epistemischen Ungehorsam« (Mignolo 2012). Auch Mbembe setzt sich mit den systematischen Grundlagen des universalistischen, westlichen Denkens auseinander – unter der Frage, ob überhaupt und wenn, wie dieser Universalismus zugleich in Theorie und Praxis Rassismus hervorbrachte.

Am vorläufigen Ende der Debatte versuchte Mbembe endlich, dem deutschen Publikum mitzuteilen, worum es ihm eigentlich ging. In seinem »Brief an die Deutschen« fragt er – mit Blick auf das Christentum, in dessen Geist er erzogen wurde –, was es heißen könne, in den Mythen und Traditionen anderer zu leben. Er fragt in diesem Sinn mit Blick auf den Holocaust das jüdische und das deutsche Volk: »Wir müssen uns heute fragen, ob das Leiden eines Volkes diesem Volk alleine gehört und nur es selbst sich darauf beziehen darf. Ist es möglich, die Gesamtheit der Erinnerung der Welt zu teilen, und unter welchen Bedingungen? Diese Fragen habe ich Anfang der 2000er Jahre in Südafrika vorgefunden, ebenso jene der Vergebung, der Wiedergutmachung und Versöhnung. Sie beschäftigen mich bis heute.« (taz vom 12.5.2020: 11)

---

[24] »In de-colonial thinking, peace, a peaceful world, a peaceful society, requires two main conditions: 1) To de-link from capitalist economy, organized societies, nationally and internationally; 2) To accept [...] that indeed the vast majority of marginal human beings are human as well as the privileged economic and political elites, nationally and internationally. If these two conditions are fulfilled, no one in particular will speak for the human because the human will just be taken for granted. And in such societies, there will be no need for rights, because there will be no perpetrators violating human and the life rights, in which case the victim is the life of the planet. That is to say, the life of all, including the species described as humanity. The concept of human, as it has been articulated in Western discourse since the sixteenth century – from Francisco de Vitoria to John Locke to the Universal Declaration of Human Rights – went hand in hand with Frances Bacon's conceptualization of Nature as something that has to be controlled and dominated by man.« (Mignolo 2009)

Das lenkt den Blick auf die Philosophie der Aufklärung und des Idealismus: Auch und gerade sie, so die postkoloniale Perspektive, ist von strukturellem Rassismus und seinen Konsequenzen nicht frei. Westliche Gesellschaften und ihre Politiken sehen sich heute den Menschenrechten verpflichtet und haben sich im Krieg um Kuweit und gegen den Irak, im Krieg gegen Kosovo und seit der Intervention im Krieg gegen Afghanistan immer wieder auf sie berufen. Wie selbstverständlich nehmen wir die Erfahrungen und das Erbe jener Massenvernichtung, die sich in den Bränden des 9. November 1938 als brennendes Ganzopfer, als »Holocaust« ankündigten und die in den Gaskammern und Krematorien von Auschwitz und Treblinka endeten, als Teil unserer eigenen westlichen Zivilisation, als jene zentrale Erfahrung an, die unsere Lebensform und unser politisches Handeln legitimiert.

Es könnte jedoch sein, dass wir darüber vergessen, dass sich die industrielle Massenvernichtung schon Jahre früher in Europas Kolonien, in den Ländern des Südens ankündigte. Wie sich sinnvoll, ohne die Leiderfahrungen der einen unter Bezug auf die Leiderfahrungen der anderen zu vernachlässigen, über das singuläre Menschheitsverbrechen der Shoah nachdenken lässt, hat schon Jahre vor der Mbembe-Debatte der US-amerikanische Historiker Michael Rothberg – er lehrt vergleichende Literaturwissenschaft und Holocauststudien an der UCLA – in einem in Deutschland lange viel zu wenig bekannten Buch (Rothberg 2009) gezeigt. Im Zuge der deutschen Debatte hat er sich in einer Zeitschrift des Goethe-Instituts geäußert und u.a. geschrieben: »Meiner Theorie der multidirektionalen Erinnerung liegt die Annahme zugrunde, dass [...] der Vorgang des Erinnerns nicht der Logik des Nullsummenspiels folgt. Vielmehr entwickeln sich alle Erinnerungskulturen dialogisch, durch Anleihen, Aneignungen, Gegenüberstellungen und Wiederholungen anderer Geschichten und anderer Erinnerungstraditionen. [...] Zum Teil können wir in der Mbembe-Debatte die bereits bekannte Tatsache beobachten, dass sich mit der Globalisierung des Holocaust-Gedenkens dieses Gedenken auch zu einer Plattform entwickelte, auf der andere Erinnerungen an Gewalterfahrungen zum Ausdruck gebracht werden konnten. Dies bezieht sich insbesondere auf die Zeit der Sklaverei und des Kolonialismus.« (Rothberg 2020b)[25]

Rothbergs Ansatz, den Holocaust mit der Geschichte von Kolonialismus und Sklaverei in Beziehung zu setzen, ist in den letzten 20 Jahren vor allem von einem deutschen sowie einem US-amerikanischen His-

[25] Für den Hinweis auf diesen Text danke ich Gottfried Kössler.

toriker entfaltet worden. So hat vor allem Jürgen Zimmerer in seinem Buch »Von Windhuk nach Auschwitz. Beiträge zum Verhältnis von Kolonialismus und Holocaust« (Zimmerer 2011) eine Summe seiner einschlägigen Forschungen vorgelegt, während Dirk A. Moses schon 2002 erste Überlegungen zu diesem Thema angestellt hat (Moses 2002), um einige Jahre später gar einen Sammelband zum selben Thema zu publizieren (Moses 2008). Zuletzt gar brachte Dirk Moses zur Erklärung des Holocaust den von Saul Friedländer übernommenen Begriff des »Erlösungsantisemitismus« ins Spiel (Moses 2010).

Dabei soll gleichwohl nicht unterschlagen werden, dass dieser Ansatz in jüngster Zeit einer ebenso gründlichen wie scharfen Kritik unterzogen wurde: Mit Steffen Klävers Studie »Decolonizing Auschwitz. Komparativ-postkoloniale Ansätze in der Holocaustforschung« (Klävers 2019) liegt nicht nur eine zuverlässige Darstellung dieser Ansätze vor, sondern auch eine Reihe begründeter Einwände: So sei die Ableitung der »Nürnberger Gesetze« aus den Mischehenverboten der deutschen Kolonien nicht wirklich nachgewiesen, die Differenz von kolonialem Rassismus und Antisemitismus nicht adäquat berücksichtigt und – vor allem – der Millenarismus des nationalsozialistischen Antisemitismus nicht angemessen gefasst worden (ebd.: 131). Gleichwohl – auch das weist Klävers nach – sind in den NS-Antisemitismus mitsamt seiner Vernichtungspolitik im weitesten Sinne koloniale Erfahrungen mit eingeflossen: Sei es die bei manchen antisemitischen Ideologen vorherrschende Wahnidee, Deutsche seien ein von den Juden kolonisiertes Volk bzw. Juden seien ebenso fremdartig und abstoßend wie manche in den Kolonien wahrgenommene Eingeborene (ebd.: 100f.). Klävers schließt sein wichtiges Werk mit einem kritischen Blick auf Formen postkolonialer Kritik am Staat Israel – etwa Achille Mbembes –, um zu folgendem Resümee zu kommen: »Da der Holocaust einen der Gründe für die Staatsgründung als Schutzraum für Jüdinnen und Juden weltweit vor Vernichtung darstellt, läge in der Normalisierung der Spezifika des Holocaust möglicherweise auch eine Normalisierung dieser besonderen Funktion des Staates Israel und damit eine Delegitimierung seiner Gründung.« (Ebd.: 226)

Obwohl ich Klävers kritische Hinweise sehr wohl zur Kenntnis nehme, bin ich gleichwohl der Überzeugung, dass eine notwendige Bedingung des nationalsozialistischen Vernichtungsantisemitismus die »Rassifizierung« der Juden im späten 19. Jahrhundert gewesen ist. Ende des 19. Jahrhunderts, anlässlich der »Gründerkrise«, entstanden im Deutschen Reich verschiedenste Gruppierungen und Parteien, die ihr wichtigstes Ziel darin sahen, gegen die Juden zu agitieren. Die modernsten unter ihnen verabschiedeten sich dabei vom traditionell kirchlichen Antijudaismus und stellten sich – vermeintlich naturwissenschaftlich aufgeklärt – auf den Boden von Rassen- und Sprachwissenschaft.

Im Jahr 1879 prägt der Journalist Wilhelm Marr zum ersten Mal den Begriff »Antisemitismus« mit dem ausdrücklichen Interesse, die Frage der Juden nicht mehr vom »confessionellen Standpunkt« aus zu betrachten. Der bedeutende nationalliberale Historiker Heinrich von Treitschke nahm das Thema auf, verknüpfte es mit der Angst vor Einwanderung und provozierte so den »Berliner Antisemitismusstreit«. In einem berüchtigt gewordenen Aufsatz aus dem Jahr 1879 – er erschien in den »Preußischen Jahrbüchern« – schrieb Treitschke: »Über unsere Ostgrenze aber dringt Jahr für Jahr aus der unerschöpflichen polnischen Wiege eine Schaar strebsamer hosenverkaufender Jünglinge herein, deren Kinder und Kindeskinder dereinst Deutschlands Börsen und Zeitungen beherrschen sollen; die Einwanderung wächst zusehends, und immer ernster wird die Frage, wie wir dies fremde Volksthum mit dem unseren verschmelzen können.« Daher fordert Treitschke weiter von »unseren israelitischen Mitbürgern« einfach: »Sie sollen Deutsche werden, sich schlicht und recht als Deutsche fühlen – unbeschadet ihres Glaubens und ihrer alten heiligen Erinnerungen, die uns allen ehrwürdig sind; denn wir wollen nicht, daß auf die Jahrtausende germanischer Gesittung ein Zeitalter deutsch-jüdischer Mischcultur folge.«

Dabei wusste der Bildungsbürger Heinrich von Treitschke, dass man sich mit pöbelnden Judenfeinden zwar nicht gemein machen darf, es aber auf jeden Fall sinnvoll sein kann, ihre Wut als Anlass zu nutzen, ein angebliches Tabu zu knacken, um ein kollektives »Wir« zu konstituieren: »Die natürliche Reaction des germanischen Volksgefühls hat zum mindesten das unfreiwillige Verdienst, den Bann einer stillen Unwahrheit von uns genommen zu haben; es ist schon ein Gewinn, daß ein Uebel, das Jeder fühlte und Niemand berühren wollte, jetzt offen besprochen wird. Täuschen wir uns nicht: [...] Bis in die Kreise höchster Bildung hinauf, unter Männern, die jeden Gedanken kirchlicher Unduldsamkeit oder nationalen Hochmuths mit Abscheu von sich weisen würden, ertönt es heute wie aus einem Munde: Die Juden sind unser Unglück.« (Zitiert nach Krieger 2003: 10-16)

Nicht zuletzt des seinerzeit allemal auch bildungsbürgerlich getragenen Judenhasses in Deutschland wegen hat sich auch ein nicht geringer Teil der postkolonialen Kritik am Rassismus vor allem an deutschen Geistesgrößen wie Kant (siehe Bernasconi 2002 und Bonetto 2006) und

Hegel versucht – Philosophen, um deren Haltung zur Rassenfrage es im folgenden Kapitel gehen soll.

Vor dem Hintergrund dieses Problems wird die folgende Genealogie des Holocaust referiert, eine Genealogie, die freilich an einem Ort ansetzt, den man auf den ersten Blick nicht vermuten würde, der aber in der »Black-Lives-Matter«-Debatte intensiv erörtert wurde: Es geht um die Philosophie des Deutschen Idealismus und damit auch um den westlichen »Universalismus«. Es erweist sich im Rückblick, dass der so hochgelobte Universalismus mindestens eines Teils der Philosophie des deutschen Idealismus – genannt seien vor allem Kant und Hegel mit Blick auf die Juden, auf keinen Fall mit Blick auf die Schwarzen – *nicht* als universalistisch anzusehen ist. Das sei im Folgenden an der Haltung von Kant und Hegel zu den Schwarzen gezeigt.

Gegen den Vorwurf der Nichtberücksichtigung eines schwarzen Widerstandes wider Sklaverei und Entwürdigung ist noch nicht einmal Karl Marx gefeit, wie die Berliner Kulturwissenschaftlerin Iris Därmann wohlbegründet nachgewiesen hat. Im entsprechenden Kapitel ihres Buches – es trägt die Überschrift »›Schwarze‹ und ›weiße‹ Sklaverei in Karl Marx' Kritik des Amerikanischen Bürgerkrieges und der politischen Ökonomie« (Därmann 2020: 157-181) – hält sie Marx überzeugend vor, sich in keiner überzeugenden Weise mit dem schwarzen Widerstand gegen die US-amerikanische Sklaverei auseinandergesetzt zu haben. Habe er doch seine Leser aufgefordert, das eine Leid – das der Schwarzen – durch die »weiße Sklaverei« der Lohnarbeiter zu ersetzen. Zunächst aber geht es um den Rassismus bei auf den ersten Blick so universalistischen Denkern wie Kant und Hegel. Um zu zeigen, wie sehr diese Geistesgrößen bei aller Aufgeschlossenheit womöglich doch dem Rassismus anhingen, sei zunächst auf Kants entsprechende Haltung eingegangen, um sich dann Hegel zuzuwenden, der mindestens – was die Juden und das Judentum anging – für Emanzipation und Gleichberechtigung eintrat.

Kapitel 5
Der transatlantische Sklavenhandel, das Entstehen des modernen Rassismus und die Genealogie der Massenvernichtung

Wolfgang Reinhards Blick auf die Kolonisierten

Tatsächlich bezeichnete der Globalhistoriker Wolfgang Reinhard in »Die Unterwerfung der Welt« den Staat Israel als die letzte Siedlerkolonie des Westens – wenn auch zunächst mit einem Fragezeichen (Reinhard 2016: 1244-1252). Er tat dies in einem monumentalen Werk, das der europäischen Expansion im Ganzen galt: »Die Unterwerfung der Welt. Globalgeschichte der europäischen Expansion 1415-2015«. Dieser Band wird auf Jahre hinaus seinesgleichen suchen und für Jahrzehnte ein nur schwer überholbares Standardwerk bleiben. In dem insgesamt mehr als 1.630 Seiten starken Band, an dem in Zukunft niemand vorbeikommt, der sich zu Fragen des Kolonialismus äußern will, stellt er in einem souveränen, auktorialen Sprachstil historische Sachverhalte überzeugend dar. Zumal mit Blick auf gegenwärtige Entwicklungen müssen Reinhards schon im ersten Kapitel geschriebene Sätze aufmerken lassen: »Europa lässt sich weniger denn je territorial definieren, sondern nur prozessual als mentales, dabei aber durchaus reales Konstrukt mit unterschiedlichen Zugehörigkeiten. Von Anfang an war Europa mit dem Prozess der eigenen Expansion identisch.« (Ebd.: 17)

In diesem Prozess spielten die Flächen der Meere – des Mittelmeers, des Atlantiks und des Indischen Ozeans – von allem Anfang an eine entscheidende Rolle. Reinhard weist nach, dass der Anfang dieser Expansion ein Geschehen war, das auf unterschiedlichen, innerlich durchaus nicht zusammenhängenden Faktoren beruhte: der Nachfrage nach Zucker und Gewürzen, der Entwicklung nautischer Geräte und dem Studium des Klimas, vor allem der Winde sowie dem Entwurf und Bau von Segelschiffen, die es so in der Antike nicht gab. Erst das Zusammenwirken dieser Faktoren ermöglichte seit dem frühen 15. Jahrhundert – als nicht etwa die Spanier, sondern die Portugiesen entlang der afrikanischen Küste in den indischen Ozean segelten – jene Eroberungen mitsamt ihren Greueln, an die wir heute vor allem denken, wenn wir von »Kolonialismus« sprechen.

Dabei geht es nicht nur um die durch Waffengewalt und aus Europa eingeschleppten Infektionskrankheiten umgekommenen Millionen von

Indios in den spanischen Vizekönigreichen des südlichen Amerika, sondern auch um die Geschichte des nördlichen Atlantik. Er wird in der postkolonialen Geschichtsschreibung als »Black Atlantic« bezeichnet, weil dieses Meer die Bedingung der Möglichkeit der millionenfachen Versklavung schwarzer Afrikaner war. Reinhard referiert Studien, die von 12,6 Millionen über den Atlantik, 3,6 Millionen durch die Sahara, 2,3 Millionen über den Indischen Ozean, aber eben auch von 18,5 Millionen verschleppter schwarzer Menschen, also von insgesamt 37 Millionen Menschen in den Jahren 1500 bis 1900 ausgehen. Pointiert weist er, ohne Adorno und Horkheimer zu nennen, auf die zumal im Kolonialismus waltende »Dialektik der Aufklärung« hin: »Die Versklavung afrikanischer Plantagenarbeiter kann paradoxerweise sogar als Frucht des kulturell einzigartigen Freiheitswillens der Europäer betrachtet werden, und zwar nicht nur, weil dieser Freiheitswillen der eigenen Versklavung im Wege stand. Vielmehr gehörte zur europäischen Freiheit die uneingeschränkte individuelle Verfügung über das Eigentum.« (Ebd.: 455)

Als eine wesentliche Ursache des Sklavenhandels beobachtet Reinhard, dass dieser Freiheits- und Eigentumskultur noch keine Gleichheitskultur entsprach. Entsprechend gelingt ihm der Nachweis, dass nicht der Rassismus die Ursache des Sklavenhandels, sondern umgekehrt der Sklavenhandel die Ursache des Rassismus war – nämlich so, dass dem vereinzelten frühen Protest gegen diese unmenschlichen Praktiken vermeintliche »Argumente« entgegengesetzt werden sollten. Anders als andere Darstellungen übergeht Reinhard in diesem Zusammenhang weder die islamische Welt noch den Umstand, dass das Fangen und Verkaufen von Sklaven, Männern und Frauen, eine akzeptierte, gleichsam »normale« Praxis vieler tribaler Kulturen im westlichen Afrika war. Bei alledem ist erst in den letzten Jahren ins Bewusstsein gedrungen, dass die dritte, die politische Moderne beflügelnde, Revolution nach der nordamerikanischen Revolution und der Französischen Revolution 1789 die Revolution der Sklaven auf Haiti im Jahre 1793 war.

Wer heute von »Europa« spricht, bezieht sich in aller Regel auf das westliche Europa – hält man sich jedoch an die geografisch-politische Struktur des Kontinents insgesamt, so ist nicht zu übersehen, dass auch Russland, das im Laufe von Jahrhunderten Sibirien und die Kaukasusregion eroberte, eine expandierende Kolonialmacht war. Auch die USA, die sich selbst einer antikolonialen Revolution verdankten, waren eine Kolonialmacht im klassischen Sinne des Wortes – die Expansion von der Ostküste nach Westen, davon zeugen nicht nur die »Frontier-« und die oftmals genozidalen Indianerkriege, sondern vor allem der klassische

Kolonialkrieg gegen die 1902 von den Spaniern befreite philippinische Republik, die erst 1946 ganz in die Unabhängigkeit entlassen wurde.

Reinhards weitere Überlegungen über die Landnahme der Europäer auf dem afrikanischen Kontinent überzeugen zwar durch ihre Dokumentation und Präzision mit Blick auf Grenzziehungen, Bodenschätze und Erfindung von »Stämmen«, irritieren aber, weil die vom Deutschen Reich 1903 in Südwestafrika verübten genozidalen Verbrechen doch sehr vorsichtig angedeutet werden: »Auch wenn es sich dabei überwiegend um sogenannte Kollateralschäden brutaler Kriegführung und Unterdrückung handelte, so lassen sich doch vorübergehend völkermörderische Absichten der deutschen Führung durchaus nachweisen.« (Ebd.: 941f.; siehe auch Hochschild 2002)

Ähnlich vorsichtig äußert sich Reinhard über den inzwischen unbezweifelbaren Genozid an den Einwohnern des Kongo, seinerzeit eine Art Privatkolonie des belgischen Königs Leopold II. Schließlich geht es Reinhard um die Epoche der Weltkriege, die »orientalische Frage« und damit um den Niedergang des Osmanischen Reiches, um den Zweiten Weltkrieg im Fernen Osten sowie darauffolgend um die Unabhängigkeit Indiens – Darstellungen und Analysen, die umfassende ganze Monografien ersetzen. In diesem Zusammenhang fallen Beobachtungen zum Zionismus und zur Gründung des Staates Israel auf, die den Autor auch im Inhaltsverzeichnis nach deutlichen Formulierungen suchen lassen: »Israel – die letzte Siedlerkolonie des Westens?« (Reinhard 2016: 1319) Das Fragezeichen signalisiert, dass der Autor das Urteil über diese Annahme dem Leser überlassen will. Für einen Historiker plädiert er, was die Lösung des Israel/Palästinakonflikts angeht, für eine seiner Meinung nach zu Unrecht vergessene »Kultur des Vergessens«. »Was wäre«, so fragt Reinhard, »wenn junge Araber die Nakba [...] und junge Juden die Shoah [...] hinter sich ließen und eine gemeinsame Zukunft ihrer Vergangenheiten suchten?«

Damit leitet Reinhard zu seinen abschließenden, systematischen Überlegungen über, die durch seinen detaillierten Nachweis aller (!!!) einschlägigen Entwicklungen zu einer Kritik des postkolonialen Denkens in seiner naiven, rein moralistischen Form führen. Reinhard zieht eine Bilanz, die in der Behauptung besteht, dass es aus theoretischen wie empirischen Gründen unmöglich sei, nachprüfbare Aussagen darüber zu machen, »ob der europäische Kolonialismus für die Welt als Ganzes oder auch nur einen Teil von ihr gut oder schlecht gewesen ist«. Mehr noch, geht er doch – wohl wissend, dass ihm das als zynisch ausgelegt werden kann – soweit anzudeuten, dass sogar am transatlantischen Sklavenhandel »aus nüchterner wirtschafts- und sozialhistorischer Perspektive mögliche positive Gesichtspunkte ausgemacht« werden könnten. Nicht nur das: Entgegen einer naiven Sicht auf diese Geschichte als einer Geschichte von Opfern und Tätern, beharrt er darauf, dass gerade diese Perspektive rassistisch sei, würden doch die unterjochten Völker damit als Subjekte ihrer Geschichte negiert. Mehr noch: »Als handlungskompetente Individuen waren die Kolonisierten keine passiven Objekte der Geschichte und hilflosen Opfer der Kolonialherren.« Lasse sich doch mit guten Gründen behaupten, »dass westliche Kolonialherrschaft auf der Kollaboration von Kolonisierten beruht und anders überhaupt nicht möglich ist«.

Vermutlich liegt, wer sich bei dieser Argumentation an Hannah Arendts umstrittener Polemik gegen die Judenräte des NS-Systems erinnert fühlt, nicht ganz falsch. Der so festgestellten Kollaboration entspreche die Aneignung der Kategorien, der Werte und Prinzipien des westlichen Denkens durch die Kolonisierten oder doch wenigstens ihre herrschenden Schichten: »Neue wirtschaftliche Chancen wurden genutzt, Frauen fanden neue Rollen […], sogar eine erfolgreiche antikoloniale Bewegung und eine kritische postkoloniale Denkschule konnten entstehen.« (Ebd.: 1319)

Derlei Behauptungen müssten, wären sie nur so daher gesagt, umstandslos und zu Recht als eurozentrisch, wenn nicht gar rassistisch bezeichnet werden. Indes: Der so bilanzierende Autor hat seine Argumente für derlei Urteile detailliert und umfassend dargelegt; der von ihm selbst beobachtete Übergang der Kolonialgeschichte vom kommunikativen ins kulturelle Gedächtnis wird sich daran zu bewähren haben. Auf jeden Fall komme es darauf an, das problematische europäische Erbe reflexiv »zu bewältigen«, lasse sich auf Geschichte und ihren Missbrauch nur in genauer Kenntnis, die jener der »Geschichtspolitiker« überlegen ist, angemessen reagieren.

Unterdessen hat sich der 1937 geborene Wolfgang Reinhard selbst mit einem umstrittenen Beitrag zur deutschen Gedenkkultur heftiger Kritik ausgesetzt. So publizierte die FAZ am 10. Januar 2022 einen Tagungsbeitrag Reinhards für die Konrad-Adenauer-Stiftung in Sachsen, in dem er den Holocaust als erinnerungspolitische Identifikationsfigur von sakraler Bedeutung kritisierte, sich dabei nicht zu schade war, den rechtsextremen AfD-Politiker Björn Höcke zu zitieren und für ein »Recht auf Vergessen« zu plädieren. Dieser Beitrag wurde von Publizisten und Historikern wie Shimon Stein, Moshe Zimmermann, Norbert Frei sowie Alan Posener auf das Schärfste kritisiert.

Immanuel Kant als Rassetheoretiker?

Wie nur wenige Ereignisse hat die Tötung des Schwarzen George Floyd am 25.5.2020 in Minneapolis einen Mentalitätswandel im Hinblick auf Rassismus befördert. Floyd, der offensichtlich vorsätzlich von weißen Polizisten erstickt wurde, war der Anlass dafür, dass die aus den USA stammende Bewegung »Black Lives Matter« auch in anderen westlichen Staaten wie Deutschland und Frankreich an Zuspruch gewann, der sich nicht zuletzt in großen Protestdemonstrationen äußerte. Dieser Anlass führte des Weiteren dazu, dass auch und gerade linksliberale Publizist:innen in Deutschland anfingen, kritisch auf die eigene philosophische Tradition des Universalismus zu blicken.

So hielt etwa Frank Pergande, Autor der »Frankfurter Allgemeinen Sonntagszeitung«, Immanuel Kant am 21.6.2020 vor, »üble Rassetheorien« gepflegt zu haben. Am selben Tag mahnte außerdem ein Autor des Berliner »Tagesspiegel« eine »Kritik der weißen Vernunft« an. Nun haben schon die emigrierten Philosophen Theodor W. Adorno und Max Horkheimer – nicht zuletzt mit Bezug auf Kant – bereits 1947 eine »Dialektik der Aufklärung« aufgedeckt – allerdings, das ist einzuräumen, zwar mit Blick auf den Antisemitismus (Adorno/Horkheimer 1971: 151-186), aber eben nicht auf den gegen Schwarze gerichteten Rassismus.

Jedenfalls ist der 2020 an Kant gerichtete Vorwurf alles andere als unbegründet. Tatsächlich lesen wir in Kants 1775 gehaltener Vorlesung »Von den verschiedenen Racen der Menschen«: »... und kurz, es entspringt der Neger, der seinem Klima wohl angemessen, nämlich stark, fleischig, gelenk, aber unter der reichlichen Versorgung seines Mutterlandes faul, weichlich und tändelnd ist.« Mehr noch: 1775 ging Kant von einer weißen »Stammgattung« (»Weiße von brünetter Farbe«) aus, die sich in unterschiedlichen Klimazonen und durch »Vermischung« in vier »Rassen: ausdifferenzierten, 1.: ›Hochblonde (Nordl. Eur.) [...] von feuchter Kälte‹ 2.: ›Kupferrote (Amerik.) von trockner Kälte‹ 3: ›Schwarze‹ (Senegabmbia) von feuchter Hitze sowie 4.: ›Olivengelbe (Indianer) von trockner Hitze‹«. (Kant 1970a: 22f.)

Tatsächlich erstaunt diese Äußerung, galt doch Kant bisher nicht nur als der Philosoph von Aufklärung und Mündigkeit, sondern geradezu als einer der geistigen Väter des Grundgesetzes (vgl. Will 2004) – nicht zuletzt der zentralen Bedeutung des von ihm so stark gemachten Begriffs von der »Würde« des Menschen. Auch war es Kant, der als einer der Ersten diesen Begriff entfaltete, wenngleich es vor ihm ein Philosoph der italienischen Renaissance, Pico della Mirandola – er lebte von

1463 bis 1494 – war, der diesen Begriff politisch und philosophisch stark machte (Mirandola 1988).

Bei Kant lautet die entscheidende Formulierung: »Im Reich der Zwecke hat alles entweder einen Preis oder eine Würde. Was einen Preis hat, an dessen Stelle«, so Kant in der »Grundlegung zur Metaphysik der Sitten«, »kann auch etwas anderes gesetzt werden; was dagegen über allen Preis erhaben ist, das hat eine Würde« (Kant 1968a: 68; Sklaverei). Diese Würde kommt Menschen – und nur ihnen – deshalb zu, weil sie grundsätzlich einer autonomen moralischen Urteilsbildung fähig sind: »Autonomie ist also der Grund der Würde der menschlichen und jeder vernünftigen Natur.« (Ebd.: 69)

Wie vertragen sich die Äußerungen in seiner Vorlesung über die verschiedenen Menschenrassen mit diesem universalistischen Prinzip? Auf jeden Fall bestimmt Kant »Rasse« in diesem Text vor allem als »Hautfarbe«, um zugleich zu versichern: »... es gibt gar keine verschiedenen Arten von Menschen. Dadurch würde die Einheit des Stammes, woraus sie hätten entspringen können, abgeleugnet.« (Kant 1964: 75) Eine Überzeugung, die er schon früher ausführlich begründet hatte: »Eigenschaften, die der Gattung [Mensch, M.B.] selbst wesentlich angehören, mithin allen Menschen als solchen gemein sind, sind zwar unausbleiblich erblich; aber, weil darin kein Unterschied der Menschen liegt, so wird auf sie in der Einteilung der Rassen nicht Rücksicht genommen. Physische Charaktere, wodurch sich die Menschen (ohne Unterschied des Geschlechts) von einander unterscheiden, und zwar nur die, welche erblich sind, kommen in Betracht (s. § 3), um eine Einteilung der Gattung in Klassen darauf zu gründen. Diese Klassen sind aber nur als dann Rassen zu nennen, wenn jene Charaktere unausbleiblich (sowohl in eben derselben Klasse als in Vermischung mit jeder anderen) anarten. Der Begriff einer Rasse enthält also erstlich den Begriff eines gemeinschaftlichen Stammes, zweitens notwendig erbliche Charaktere des klassischen Unterschiedes der Abkömmlinge desselben voneinander. Durch das letztere werden sichere Unterscheidungsgründe festgesetzt, wornach wir die Gattung in Klassen einteilen können, die dann, wegen des ersteren Punktes, nämlich der Einheit des Stammes, keinesweges Arten, sondern nur Rassen heißen müssen. Die Klasse der Weißen ist nicht als besondere Art in der Menschengattung von der der Schwarzen unterschieden; und es gibt gar keine verschiedenen Arten von Menschen.« (Ebd.)

Aber sogar wenn Kant – jedenfalls kein »darwinistischer« – Rassist war, so ist gleichwohl zu fragen, wie er sich zum Institut der Sklaverei und zur europäischen Landnahme in den Ländern des Südens stellte, war doch auch Preußen – was wenig bekannt ist – am Sklavenhandel beteiligt. Ende des 17. Jahrhunderts wurde an der ghanaischen Küste die Festung »Groß Friedrichsburg« errichtet, preußische Sklavenschiffe sollen von dort bis zu 30.000 Menschen verschleppt haben. Eine bekannt gewordene Person dieser Herkunft war der Schwarze Anton Wilhelm Amo (1703-1753), der – in Ghana geboren – verschleppt und als Kind an den Herzog von Braunschweig verschenkt wurde. Nach Ausbildung und Studium wurde Amo 1729 mit einer inzwischen verschollenen Arbeit »Über die Rechtsstellung der Mohren in Europa« sowie 1734 mit einer ebenfalls lateinisch verfassten Dissertation über das Leib-Seele-Problem noch einmal in Wittenberg promoviert, um von 1736 bis 1739 an den Universitäten Halle, Wittenberg und Jena zu lehren. Nach rassistischen Angriffen kehrte Amo 1747 nach Ghana zurück, wo er 1753 starb (siehe dazu Martin 2001: 308-327).

Anton Wilhelm Amos Zeitgenosse Immanuel Kant setzte sich nicht explizit mit der Sklaverei auseinander, wohl aber mit jener Institution, die in Preußen als »Leibeigenschaft« bezeichnet wurde. In der »Metaphysik der Sitten« lehnte Kant Kriegsgefangenschaft als Grund für Leibeigenschaft grundsätzlich ab, umso mehr eine gar erbliche Leibeigenschaft, genauer »Sklaverei« der Nachkommen Kriegsgefangener (Kant 1968b: 472). Zuletzt hat Michael Wolff in der FAZ vom 9.7.2020 (»Kant war ein Anti-Rassist«) all jenen widersprochen, die Kant zum Rassisten machen wollten.

Die Debatte um Kant wurde vorläufig durch den Streit der Philosophen Marcus Willaschek und Michael Wolff beendet. So hatte Willaschek, immerhin Herausgeber des renommierten dreibändigen Kant-Lexikons (2015) in der FAZ in einem Artikel vom 23. Juni behauptet, dass Kants Sätze aus der »Physischen Geographie« über die »Neger« beweisen, dass er ein Rassist war. Dem hielt etwa vier Wochen später der Philosoph Michael Wolff quellenkritisch (FAZ vom 9.7.2020) entgegen, das von Willaschek inkriminierte Zitat sei ebenso wenig wie die »Physische Geographie« eine Schrift Kants. Vielmehr war dies eine Quelle, auf die sich Kant in einer Vorlesung stützte und die lediglich in einer Mitschrift überliefert wurde. Daher darf man, so Wolff, antirassistisch »Kants Verhalten eben darum nennen, weil er in Fragen der Moral Unterschiede zwischen bloß empirischen Merkmalen von Menschen nicht gelten lässt«. Dem entgegnete Willaschek endlich in derselben Zeitung, dass Kant sehr wohl ein Rassist gewesen sei: »Man tut Kant keinen Dienst, wenn man ihn auf jenes Podest der Unfehlbarkeit stellt, von dem ihn seine postkolonialen Kritiker stoßen wollen.« (FAZ vom 15.7.2020)

Zu berücksichtigen sind auf jeden Fall mehrdeutige Sätze Kants aus den nur nach Nachschriften erhaltenen Vorlesungen über physikalische Geographie: »Man kann sagen, daß es nur in Afrika und Neuguinea wahre Neger giebt. Nicht allein die gleichsam geräucherte schwarze Farbe, sondern auch die schwarzen, wollichten Haare, das breite Gesicht, die platte Nase, die aufgeworfenen Lippen machen das Merkmal derselben aus, ingleichen plumpe und große Knochen. In Asien haben die Schwarzen weder die hohe Schwärze noch wollichtes Haar, es sei denn, daß sie von solchen abstammen, die aus Afrika hergebracht worden. In Amerika ist kein Nationalschwarzer, die Gesichtsfarbe ist kupferfarbig, das Haar ist glatt; es sind aber große Geschlechter, die von afrikanischen Mohrensklaven abstammen.« (Kant 1968d: 312)

Was wollte Kant in diesem Zusammenhang mit »große Geschlechter« ausdrücken? Kant hatte zwar rassistische Vorurteile, war aber kein Rassist, der glaubte, dass »Rasseeigenschaften« angeboren und unveränderlich seien. Er war zudem ein Gegner von Leibeigenschaft wie Sklaverei und schon früh einer der schärfsten Kritiker der kolonialen Expansion europäischer Staaten. In der Wissenschaftssprache des späten 19. Jahrhunderts erweist sich Kant damit als »Lamarckist«, d.h. als jemand, der davon ausgeht, dass die Eigenschaften von menschlichen Großgruppen nicht unveränderlich in deren Genen liegen, sondern durch die klimatischen Umstände geschaffen und weitervererbt werden können – heute gilt diese Sichtweise als »Epigenetik«.

So bleibt die Frage, ob sich Kant überhaupt, und wenn ja wie, zur europäischen Landnahme in Übersee, also zu dem, was heute als »Kolonialismus« bezeichnet wird, gestellt hat. Hier geht die vor allem in den letzten Jahren lebhaft geführte angelsächsische Debatte von einem Lernprozess des Königsbergers aus (hierzu McCarthy 2009, Kleingeld 2012 und Flikschuh/Ypi 2014). In einem seiner Alterswerke, der Schrift »Zum ewigen Frieden« von 1791, sprach er sich klar gegen alle Formen der Landnahme aus. Zwar votierte er für ein »Hospitalitätsrecht«, »welches aber, d.i. die Befugnis der fremden Ankömmlinge, sich nicht weiter erstreckt als auf die Bedingungen der Möglichkeit, einen Verkehr mit den alten Einwohnern zu versuchen«. Kant geht mit den »gesitteten« handeltreibenden Staaten Europas streng ins Gericht: gehe doch »die Ungerechtigkeit, die sie in dem Besuche fremder Länder und Völker beweisen, bis zum Erschrecken weit« (Kant 1970b: 213). Insbesondere Großbritannien gerät hier in den Blick: »In Ostindien [...] brachten sie, unter dem Vorwand bloß beabsichtigter Handelsniederlagen, fremde Kriegsvölker hinein, mit ihnen aber Unterdrückung der Eingeborenen, Aufwiegelung der verschiedenen Staaten desselben zu ausgebreiteten Kriegen, Hungersnot, Aufruhr, Treulosigkeit, und wie die Litanei aller Übel, die das menschliche Geschlecht drücken, weiter lauten mag.« (Ebd.: 215)

Kant war also kein Rassist, wohl aber – auf jeden Fall, seiner Freundschaft mit Moses Mendelssohn zum Trotz – ein Antijudaist, wenn nicht gar gelegentlich ein Antisemit – ein Thema, das jedoch an dieser Stelle nicht weiter zu vertiefen ist, da sich der Autor dieser Zeilen dazu an anderer Stelle ausführlich geäußert hat (Brumlik 2002b: 27-74).

Georg Wilhelm Friedrich Hegels Haltung zur Sklaverei und zu Schwarzen

Spiegelbildlich verkehrt verhielt es sich mit Hegel, dessen Werk ohne den Bezug auf Kant überhaupt nicht zu verstehen ist. Hegel erwies sich indes im Laufe seines Lebens, was Juden und Judentum betrifft, als ausgesprochen lern- und einsichtsfähig. Umso mehr erstaunt sein wirklich durch nichts zu relativierender Rassismus Schwarzen und Afrikanern gegenüber.

Was Hegels Haltung zum jüdischen Volk angeht, so lässt sich inzwischen nachweisen, dass jedenfalls der junge Hegel in seinen Fragmenten über Volksreligion und Christentum dem jüdischen Volk nur wenig Achtung entgegenbrachte, wenngleich er um eine »objektive« Einschätzung bemüht war: »Das große Trauerspiel des jüdischen Volkes ist kein griechisches Trauerspiel, es kann nicht Furcht noch Mitleiden erwecken, denn beide entspringen nur aus dem Schicksal des Fehltritts eines schönen Wesens; jenes kann nur Abscheu erwecken. Das Schicksal des jüdischen Volkes ist das Schicksal Macbeths, der aus der Natur selbst trat, sich an fremde Wesen hing und so in ihrem Dienste alles Heilige der menschlichen Natur zertreten und ermorden, von seinen Göttern […] endlich verlassen und an seinem Glauben selbst zerschmettert werden musste.« (Hegel 1970a: 297)

Zudem spitzte Hegel, seit 1801 als Professor in Jena, seine Kritik noch weiter zu, indem er den jüdischen Glauben als Inbegriff eines knechtischen Gottesverhältnisses fasste: »Die Wurzel des Judentums ist das Objektive, d.h. der Dienst, die Knechtschaft eines Fremden.« (Ebd.: 298) Am Ende eines langen Denkweges schließlich, in seinen religionsphilosophischen Vorlesungen, gehalten in Berlin, galt ihm das Judentum dann als die »Religion der Erhabenheit« (Hegel 1970e: 50f.). Dieser Perspektivenwechsel hatte sich bereits in seiner Heidelberger Zeit angedeutet, als er sich mit einem frühantisemitischen Kollegen, dem selbsternannten Kantianer Jakob Friedrich Fries, kritisch auseinandergesetzt hatte – und zwar so heftig, dass er diesen Kollegen in der Vorrede zu seiner

Rechtsphilosophie der Seichtigkeit zieh (Hegel 1970b: 18). Dem entsprach, dass er im § 209 der Rechtsphilosophie den Juden die bürgerliche Gleichberechtigung zusprach: »Es gehört der Bildung, dem Denken als Bewusstsein des Einzelnen in Form der Allgemeinheit, daß Ich als allgemeine Person aufgefaßt werde, worin Alle identisch sind. Der Mensch gilt so, weil er Mensch ist, nicht weil er Jude, Katholik, Protestant, Deutscher, Italiener usf. ist.« (Ebd.: 360)

Gleichwohl erwächst aus Hegels früher Theorie des Judentums ein Problem, hieß es doch in den Frankfurter Frühschriften: »Die Wurzel des Judentums ist das Objektive, d.h. der Dienst, die Knechtschaft eines Fremden.« Nimmt man darüber hinaus zur Kenntnis, dass die in der »Phänomenologie des Geistes« entfaltete Dialektik von Herrschaft und Knechtschaft endlich dazu führt, dass »der Knecht« im Dienste des Herren schlussendlich zum Sieger der Geschichte wird, so erweist sich das Verhältnis der Religionen Judentum und Christentum als komplex. Eventuell so, dass das Christentum, das ja aus dem Judentum erwuchs, der verwandelte Knecht ist.

Doch hat die Dialektik von Herrschaft und Knechtschaft noch einen weiteren, lange übersehenen Bezug. Auf jeden Fall stellt Hegels Kapitel über »Herrschaft und Knechtschaft« aus seiner 1807 erschienenen »Phänomenologie des Geistes« (Hegel 1970c: 145-155) eine der Grundlagenschriften einer modernen, zeitgenössischen Sozialphilosophie dar – genannt seien nur (die Aufzählung ist unvollständig) Alexandre Kojève (1958), Axel Honneth (1992) oder Ludwig Siep (1979). Sie alle entfalteten das Motiv eines Kampfes um Anerkennung als Grundlage einer Sozialphilosophie. Es soll hier jedoch nicht allgemein darum gehen, sondern ganz im Geiste der postkolonialen Kritik am westlichen Universalismus um die Frage, ob und wie sich Hegel zu der auch zu seiner Zeit in Preußen, auf jeden Fall in Frankreich, England und den USA existierenden faktischen Knechtschaft, also zur Sklaverei und ihren Subjekten, den Schwarzen, verhalten hat. Tatsächlich gab es auch in deutschen Ländern Fälle von Versklavung, wie die Historikerin Rebekka von Mallinckrodt (2017: 347-380) schon vor Jahren zeigen konnte.

So hat die philosophiehistorische Forschung gezeigt, dass Hegels bekanntes Theorem von »Herrschaft und Knechtschaft« keineswegs nur von theologischen und allgemein sozialgeschichtlichen Überlegungen, sondern wesentlich von Fragen der Versklavung von Schwarzen und ihrer Emanzipation geprägt wurde – und das dem Umstand zum Trotz, dass Hegel, der sich vielfältig über Schwarze geäußert hat, auf den ersten Blick eindeutig ein Rassist war. Im Übrigen war eine postkoloniale Lesart Hegels, nicht zuletzt durch Frantz Fanon, bereits seit Längerem Thema philosophischer Forschung (dazu Purtschert 2008). Auf jeden Fall hat sich Hegel in seinen geschichtsphilosophischen Vorlesungen durchaus rassistisch geäußert: »Der Neger stellt den natürlichen Menschen in seiner ganzen Wildheit und Unbändigkeit dar. [...] Es ist nichts an das Menschliche Anklingende in diesem Charakter zu finden.« (Hegel 1970d: 122)

Was die Einschätzung von Schwarzen anging, so folgte Hegel jedenfalls zunächst Kant, von dem zu lesen war: »Die Menschheit ist in ihrer größten Vollkommenheit in der Race der Weißen. Die gelben Indianer haben schon ein geringeres Talent. Die Neger sind weit tiefer, und am tiefsten steht ein Teil der amerikanischen Völkerschaften. [...] Die Negers von Afrika haben von der Natur kein Gefühl, welches über das Läppische stiege.« (Kant 1968c: 253) Mehr noch: »Der Neger stellt den natürlichen Menschen in seiner ganzen Wildheit und Unbändigkeit dar. [...] Es ist nichts an das Menschliche Anklingende in diesem Charakter zu finden.« (Hegel 1970d: 122)

Das erweitert der in Stuttgart geborene, in Berlin lehrende Philosoph mit einem geradezu geografischen Philosophem über den afrikanischen Kontinent: »Kinderland, das jenseits des Tages der selbstbewussten Geschichten in die schwarze Farbe der Nacht gehüllt ist. [...] Bei den Negern ist [...] das Charakteristische gerade, dass ihr Bewusstsein noch nicht zur Anschauung irgendeiner festen Objektivität gekommen ist.« (Ebd.)

Diese Beispiele lassen sich verlängern – hat sich doch Hegel auch explizit mit dem transatlantischen Sklavenhandel befasst: »Etwas andres Charakteristisches in der Betrachtung der Neger ist die Sklaverei. Die Neger werden von den Europäern in die Sklaverei geführt und nach Amerika hin verkauft. Trotzdem ist ihr Los im eignen Lande fast noch schlimmer, wo ebenso absolute Sklaverei vorhanden ist; denn es ist die Grundlage der Sklaverei überhaupt, daß der Mensch das Bewußtsein seiner Freiheit noch nicht hat und somit zu einer Sache, zu einem Wertlosen herabsinkt. Bei den Negern sind aber die sittlichen Empfindungen vollkommen schwach, oder besser gesagt, gar nicht vorhanden. Die Eltern verkaufen ihre Kinder und umgekehrt ebenso diese jene, je nachdem man einander habhaft werden kann. Durch das Durchgreifende der Sklaverei sind alle Bande sittlicher Achtung, die wir voreinander haben, und es fällt den Negern nicht ein, sich zuzumuten, was wir voneinander fordern.« (Ebd.: 125)

Dieses Motiv hat die US-amerikanische Philosophin Susan Buck-Morss (sie ist bisher vor allem durch Forschungen zu Walter Benjamin bekannt geworden – Buck-Morss 1991) vor bereits zehn Jahren in einer revolutionären Weise entfaltet: Legte sie doch mit ihrem Buch »Hegel und Haiti«, es erschien auf Deutsch 2011, nicht weniger als den Entwurf einer neuen Universalgeschichte vor (dazu später mehr). Wie bereits erwähnt, hat Iris Därmann sich kritisch mit der Haltung von Marx und Engels zum Bürgerkrieg in den USA verhalten, in dem es ja auch um die Abschaffung der Sklaverei ging. So zitiert sie aus einer Polemik von Marx und Engels gegen Max Stirner in der »Deutschen Ideologie«, in der es heißt, dass sich Stirner einbilde, dass »die revolutionierenden Neger von Haiti und die weglaufenden Neger aller Kolonien […] nicht sich, sondern den Menschen befreien wollen« (Därmann 2020: 169). Sie kritisiert in diesem Zusammenhang, dass Marx und Engels den universalen Befreiungsanspruch der Revolution in Haiti verkannt hätten.

Bekanntermaßen begann die Französische Revolution – ereignis-, nicht strukturgeschichtlich – am 14. Juli 1789 mit dem Sturm auf die Bastille in Paris. Nicht anders als England besaß auch das französische Königreich überseeische Kolonien, unter ihnen die Insel Haiti – ein wichtiger Produktionsort für Zucker, den Süßstoff der neuen bürgerlichen Droge, des Kaffees (siehe Heise 2002). 1697 wurde der westliche Teil der Insel von Spanien an Frankreich abgetreten, in den darauffolgenden Jahren bestand die Bevölkerung dieses Teils zu 90% aus schwarzen Sklaven, die anderen 10% setzten sich zu annähernd gleichen Teilen aus Weißen und Mischlingen, Mulatten zusammen.

Schon 1685 hatte der französische König Ludwig XIV. für alle französischen Herrschaftsgebiete einen »Code Noir« erlassen, gemäß dessen der Katholizismus Staatsreligion war, sowie ein Gesetz, das ungehorsame oder entlaufene Sklaven mit drakonischen Strafen bedrohte, aber immerhin deren Freilassung erlaubte (siehe Plumelle-Uribe 2004). Tatsächlich war das Ancien Régime stark von der Sklaverei, wenn auch uneingestanden geprägt (siehe Peabody 1996). Nicht zuletzt deshalb sah sich die neugewählte französische Nationalversammlung, der Konvent, jedenfalls 1791 nicht in der Lage, den Code Noir aufzuheben, was dazu führte, dass sich die schwarze Sklavenbevölkerung Haitis unter Führung von François Dominique Toussaint Louverture (1743-1803) zur Wehr setzte. Toussaint unternahm im Vorfeld des Aufstandes den Versuch, die spanische Herrschaft im anderen Teil der Insel auf seine Seite zu ziehen und sogar katholischen Glauben und Monarchie zu achten (siehe Israel 2014). Der Aufstand selbst endete in einer Reihe grausamer Massaker gegen die französischen Kolonialherren.

Heinrich von Kleists 1811 publizierte Erzählung »Die Verlobung von St. Domingo« schildert wie sonst kein literarisches Zeugnis jener Zeit die Schrecken einer befreienden Revolution, die schließlich in quasi genozidale Massaker ausartete – Ereignisse, die auch in der klassischen deutschen Literatur ihren Niederschlag fanden: »Der Wahnsinn der Freiheit«, so Kleist in seiner Erzählung«, »der all diese Pflanzungen ergriffen hat, trieb die Neger und Kreolen, die Ketten, die sie drückten, zu brechen, und an den Weißen wegen vielfacher und tadelnswürdiger Misshandlungen, die sie von einigen schlechten Mitgliedern derselben erlitten, Rache zu nehmen.« (Kleist 2014: 14)

Sechs Jahre später hob der revolutionäre Konvent endlich den Code Noir auch förmlich auf, jedoch nicht für lange Zeit, da die freiheitliche Verfassung Haitis im Jahre 1801 unter Napoleon I. – er war zu dieser Zeit Erster Konsul der Republik, seit 1804 selbst gekrönter Kaiser der Franzosen – wieder aufgehoben wurde. Napoleon entsandte noch als Erster Konsul ein französisches Expeditionskorps nach Haiti, das den Führer und selbst ernannten Kaiser Haitis, Toussaint Louverture, verhaftete – ein Korps, das gleichwohl bald wieder von der Insel vertrieben wurde. Toussaint starb 1803 in Frankreich an den Folgen der Haft – seine Position wurde in Haiti von Jean-Jacques Dessalines übernommen (1758-1806), der im Jahre 1804 die Unabhängigkeit Haitis und sich selbst zum Kaiser erklärte – die weltgeschichtlich erste Unabhängigkeitserklärung einer europäischen Kolonie. Dessalines wiederum wurde 1806 von einem Rivalen ermordet, was in Haiti zu einem Bürgerkrieg zwischen Afrikanern und Kreolen führte. Das kommentierte eine in deutschen Ländern erscheinende Zeitung, die »Augsburgische Ordinari Postzeitung« vom 12. Januar 1807, so: »London, den 22. Dez. (Über Dänemark.) [...] Vorgestern giengen amerikanische Nachrichten ein, die bis zum 20. November reichen. Diese melden, dass der bisherige Beherrscher von St. Domingo oder Hayti, Dessalines, in einer Insurrektion umgebracht worden, die wegen seines tyrannischen Verfahrens entstanden war. Die Regierung der Insel wird an den Neger Christophe kommen, der den Dessalines an Talenten weit übertreffen soll. Bevor Dessalines ermordet wurde, hatte er mehrere seiner Generals und Offiziers umbringen lassen. Es herrscht jetzt auf St. Domingo eine große Gährung. Ein Haufe Negers soll dafür seyn, dass man sich an England ergebe, und dabey gewisse Bedingungen zu Gunsten der Schwarzen festsetze.« (Zitiert aus dem Wikipedia-Eintrag zu Jean-Jacques Dessalines)

Das aber bedeutet nichts anderes, als dass die Vorgänge in Haiti dem gelehrten und belesenen Publikum in den deutschen Ländern bekannt gewesen sein müssen. Tatsächlich kann Susan Buck-Morss nachweisen, dass Hegel von diesen Vorgängen nicht nur gewusst haben kann, sondern auch gewusst haben muss, war er doch Leser der von ihm hochgeschätzten, von dem liberalen preußischen Offizier von Archenholz herausgegebenen Zeitschrift »Minerva«. Letztere aber berichtete ausführlich über die Revolution in Haiti. Gleichwohl gab es bis in die 1990er Jahre bis auf eine Ausnahme (Tavares 1992) keinen Autor und keine Autorin, die sich mit einem möglichen Bezug Hegels auf die Revolution in Haiti befasst hätten. Die systematische Vernachlässigung der haitianischen Revolution führt Buck-Morss zu einer scharfen Kritik am Eurozentrismus und zum Postulat einer neuen Universalgeschichte. Diese postkolonial belehrte Universalgeschichte könnte gleichwohl selbst einer Verdrängung unterliegen, erwähnt Buck-Morss doch an einer Stelle ihrer Studie einen aus Westafrika nach Haiti deportierten Schwarzen namens Bookman, der sie darüber spekulieren lässt, ob es sich dabei nicht um einen wie auch immer gelehrten Muslim gehandelt haben könnte. Dann aber wäre es angemessen gewesen, ebenfalls zu erwähnen, dass nicht zuletzt der Islam über Jahrhunderte das System der Sklaverei mitgetragen hat, und – anders als die Welt von Christentum und Aufklärung – niemals eine Abolitionsbewegung kannte (siehe N'Diaye 2010).

Mit Därmanns Kritik an Marx und Engels sowie der vorhergegangenen Studie über die Verdrängung der Haitianischen Revolution durch Hegel hat sich nicht nur die relative Kurzschlüssigkeit der Marxschen Analyse gezeigt, sondern auch, dass der Gedanke der menschlichen Emanzipation konsequent in den Rahmen einer so schon von Schiller benannten »Universalgeschichte« einzubringen ist.

Kolonialismus, Rassismus und (moderner) Antisemitismus

An dieser exemplarischen Genealogie des westlichen Universalismus dürfte – wie schon im vorigen Kapitel – deutlich geworden sein, dass es Autoren wie Mbembe in ihrem bisherigen philosophischen Schaffen keineswegs in erster Linie um judenfeindliche Ziele ging, sondern um eine philosophisch-historische Genealogie des Rassismus als eines fehlgeleiteten europäischen Universalismus, der sich schließlich als eine auch tödliche Herrschaftsideologie entpuppt hat. Indem er vor diesem Hintergrund sowohl den Begriff der »Rasse«, den Begriff »Afrika« sowie den Begriff »Neger« dekonstruiert, stellt sich zugleich die Frage, ob die »Neger« und »die Juden« letztlich demselben Kontext entstammen – eine Annahme, die sich zunächst unter Verweis auf die Geschichte des christlichen Antijudaismus mit guten Gründen zurückweisen lässt, wie zuletzt David Nirenberg in einer ebenso monumentalen wie präzisen Studie zeigen konnte (Nirenberg 2015). Andererseits: Daran jedenfalls, dass der nationalsozialistische Antisemitismus zutiefst von dem im Zuge des Kolonialismus entstandenen Rassenantisemitismus geprägt wurde, kann kein vernünftiger Zweifel bestehen. Darum soll es im Folgenden um den genealogischen Zusammenhang von Rassismus und (modernem) Antisemitismus gehen.

Soziologisch gesehen entsteht der sich selbst so nennende »Antisemitismus« auf der Basis des Jahrhunderte alten Antijudaismus des christlichen Abendlandes mit dem zentralen Vorwurf, dass die Juden die Mörder Gottes, die Kinder des Satans und die Verhinderer der Wiederkunft Christi seien. Diese Ideologie des »Antisemitismus« entsteht nicht zufällig in den letzten Jahren des 19. Jahrhunderts als eine Reaktion auf den sich durchsetzenden Kapitalismus sowie eine traditionelle Werte infrage stellende Moderne in Kunst und Wissenschaft –, legt aber im Unterschied zum traditionellen Antijudaismus Wert auf »Wissenschaftlichkeit«. Von Russland bis Deutschland wandte sich der moderne Antisemitismus vor allem gegen »zersetzende« Kräfte, die die traditionale bäuerliche Wirtschaft, das herkömmliche Handwerk sowie den kleinen Einzelhandel angeblich ruinierten. Als Ursache galt die Überrepräsentanz von Juden in Geldwirtschaft, Wissenschaft, neuer Publizistik und kritischem Journalismus – Ausdruck des Umstandes, dass Juden Beamten- und Handwerksberufe nicht zugänglich waren.

Im Deutschen Reich nahm dieser neue weltanschauliche Antisemitismus in sich selbst so bezeichnenden »Antisemitenvereinen«, die von politisch interessierten, weit rechts stehenden Intellektuellen gegründet wurden, Form an: Genannt seien nur der Göttinger Theologe Paul de Lagarde (siehe Sieg 2007) bzw. der Publizist Wilhelm Marr (siehe Zimmermann 1986). Grundlage dieser Form der Judenfeindschaft war der Anspruch, eine »deutsch-christliche« Kultur wider die Kräfte der Moderne zu verteidigen, sie war auch und gerade im politischen Milieu des organisierten Protestantismus in der Nachfolge des antisemitischen Hofpredigers Wilhelms II., Adolf Stoecker, prominent und virulent. So hieß es bereits im 1895 von der »Christlichsozialen Volkspartei« beschlossenen Programm, diese »bekämpft [...] alle unchristlichen und undeutschen Einrichtungen, die den inneren Zusammenbruch und den äußeren Umsturz herbeiführen; insbesondere richtet sie ihre Waffen gegen den falschen Liberalismus und die drückende Kapitalherrschaft, gegen das übergreifende Judentum und die revolutionäre Sozialdemokratie« (zitiert nach Fricke u.a. 1983: 445f.). Darüber hinaus forderten »Volkskonservative Vereinigung« und »Christlich-Sozialer Volksdienst« am Ende der Weimarer Republik im Jahr 1928 eine echte Volksgemeinschaft.

Der auch noch diesen Programmen eigene christliche Vorbehalt gegen eine Verabsolutierung von Staat, Rasse, Wirtschaft und Kultur änderte freilich nichts daran, dass »Christliche Volkspartei« – so der Name der späteren »Deutschen Zentrumspartei« –, »Deutsche Volkspartei« und »Deutsch-Nationale Volkspartei« von einer christlich-antisemitischen Wählerinitiative am Ende der Weimarer Republik gemeinsam zur Wahl empfohlen wurden: »Für Kirche, Familie und Schule im Geiste Luthers, Bismarcks und Hindenburgs.« In diesem Milieu wurde dann bald das Judentum als jene Instanz identifiziert, die den destruktiven Kräften der Moderne Vorschub geleistet oder – mehr noch – diese Moderne geradezu inauguriert habe.

In diesem Geist predigte 1933 auch der in Basel lehrende Theologieprofessor Adolf Köberle, indem er sich den Unterschieden von orthodoxem Gesetzesjudentum und modernem, säkularem Judentum zuwandte. Seine Predigt wurde in der Zeitung des »Christlich-Sozialen Volksdienstes« von Hessen/Nassau veröffentlicht: »Daneben gibt es noch einen anderen Typus von Judentum: Es ist der säkulare, religionslose Jude. Er ist den Weg der Empörung gegen Gott konsequent bis zum Ende gegangen. Er hat auch dem letzten Rest von Gottesglauben und Gottesfurcht den Abschied gegeben. Sein Ideal ist der Geist der französischen Revolution, der Geist des Liberalismus und Materialismus, des Marxismus und Bolschewismus, aber auch, wenn es gerade sein kann, der Geist des skrupellosen Mammonismus und der unbegrenzten zäsarischen Weltherrschaftsgier. Überall, wo es etwas zu zersetzen gibt, zu zerstören gilt, heiße es Ehe und Familie, Vaterlandsliebe oder christliche Kirche, Zucht und Ordnung, Keuschheit und Anstand, überall, wo es etwas zu gewinnen gibt, da ist er dabei, da ist er vorne dran mit geistreich witzelndem Spott, mit klug geschäftiger Begabung, mit zäh wühlender Energie. Ein atheistischer Mensch wirkt immer zerstörend; aber nirgends wirkt sich die verderbliche Kraft dieser Haltung so verheerend aus wie bei einem jüdischen Menschen, der sein reiches alttestamentliches Erbgut verschleudert hat und unter die Schweine gegangen ist.« (Zitiert nach Gerlach 1993: 33)

Diese Haltung war repräsentativ keineswegs nur für deutsch-völkisch gesonnene Christen, sondern sogar noch für jene bekenntnistreuen Kreise, aus denen später die Bekennende Kirche entstehen sollte. Die antisemitisch gedeutete Modernitätskritik eines sich sozial verantwortlich fühlenden, politisch engagierten, streng bekenntnistreuen Christentums diente als Brücke zur Anerkenntnis und Anerkennung des Nationalsozialismus. Auf jeden Fall diente bei allen Unterschieden zwischen völkisch weltanschaulichem Nationalsozialismus und vorgeblich dem Evangelium verpflichtetem politischen Protestantismus der durchaus offen bekannte Antisemitismus als jenes Bindeglied, das schließlich 1933 dem politischen Protestantismus die Zustimmung zum Staat Adolf Hitlers ermöglichte.

Im »modernen« Antisemitismus jedenfalls wurden die Juden nicht mehr als gottesmörderische Glaubensgemeinschaft verstanden, sondern – vermeintlich wissenschaftlich – als eine biologische Rasse, deren Handeln nichts mehr mit Glaubensüberzeugungen zu tun hatte, sondern mit naturgesetzlich vorgegebenen Verhaltensweisen, weswegen sich die Antisemiten auch speziell gegen den Übertritt von Jüdinnen und Judentum zum christlichen Glauben wandten. Als Motto dazu wurde in den damaligen Antisemitenvereinen diese Parole verbreitet: »Die Religion ist einerlei – im Blute liegt die Schweinerei.« So der österreichische Antisemit Georg von Schönerer (1842-1921, ein Vorbild des jungen Adolf Hitler – siehe Opitz 1996: 33).

Wie sehr diese biologistische Sichtweise das spätere Mordprogramm des Nationalsozialismus prägte, wird aus einer Polemik des bereits erwähnten Paul de Lagarde deutlich, der seinen Judenhass mit der Semantik der damals entstehenden Hygienewissenschaft zum Schnitt brachte: »Es gehört«, so Lagarde in einer Ende der 1880er Jahre verfassten Polemik gegen liberale Gelehrte, »ein Herz von der Härte der Krokodilhaut dazu, [...] um die Juden nicht zu hassen, um diejenigen nicht zu hassen und zu verachten, die – aus Humanität! – diesen Juden das Wort reden, oder die zu feige sind, dies wuchernde Ungeziefer zu zertreten. Mit Trichinen und Bacillen wird nicht verhandelt, Trichinen und Bacillen werden auch nicht erzogen, sie werden so rasch und so gründlich wie möglich vernichtet.« (Zitiert nach Sieg 2007: 249)

Dass der moderne Antisemitismus eine biologistische Verschwörungstheorie darstellt, steht außer Zweifel – zu fragen ist jedoch in postkolonialer Perspektive, ob und wieweit diese Form des Antisemitismus nicht eine mindestens ebenso starke Wurzel in kolonialer Herrschaft hatte. Anders als man meinen könnte, stellt die folgende Schilderung weder überlebende Opfer eines 1945 von alliierten Truppen befreiten deutschen Vernichtungslagers noch eine Schilderung von Hungernden aus der Sahelzone Anfang des 21. Jahrhunderts dar: »Schwarze Gestalten hockten, lagen, saßen zwischen den Bäumen, lehnten sich gegen die Stämme, krümmten sich am Boden, von dem trüben Licht kenntlich und unsichtbar gemacht, in allen Stellungen des Schmerzes, der Verlassenheit und der Verzweiflung. [...] Diese dahinsterbenden Schatten waren frei wie die Luft – und beinahe so dünn. Dann, als ich nach unten blickte, sah ich ein Gesicht neben meiner Hand. Die schwarzen Knochen lagen längelang da, eine Schulter lehnte gegen den Baum, und langsam hoben sich die Augenlider, und die in tiefen Höhlen liegenden Augen sahen zu mir hoch, riesengroß und leer, eine Art blindes, weißes Flackern aus den Tiefen der Augäpfel, das langsam wieder erlosch [...], und überall lagen welche, in allen erdenklichen Haltungen schmerzverkrümmter Erschöpfung wie auf jenen Bildern, die ein Massaker oder die Pest zeigen.« (Conrad 1992: 33)

Im Jahr 1899 erschien Josef Conrads »Herz der Finsternis«. In dieser Romannovelle setzte sich der Autor mit der kolonialistischen Ausbeutung des Kongo durch das belgische Königshaus auseinander – tatsächlich war der Kongo damals nicht »Eigentum« des belgischen Staates, sondern Privateigentum der Monarchen – in diesem Fall von Leopold II. und seiner Regierungszeit von 1885 bis 1908. In diesem Zeitraum hat im Kongo das stattgefunden, was heute als Völkermord, als »Genozid« bezeichnet wird. Die Bevölkerung dieses Gebiets wurde durch Mord, Hungersnöte und Krankheit sowie dementsprechend stark fallende Geburtenraten um 50%, also um etwa zehn Millionen Menschen dezimiert (siehe Hochschild 1998: 320f.). So verwundert es nicht, dass angesichts der gegenwärtig international gewachsenen Sensibilität für diese Thematik der gegenwärtige König von Belgien, Philipp, am 30.6.2020 öffentlich sein tiefstes Bedauern über diese Untaten aussprach und förmlich um Vergebung bat: »›Unsere Geschichte besteht aus gemeinsamen Errungenschaften, aber sie hat auch schmerzhafte Episoden erlebt. Zur Zeit des unabhängigen Staates Kongo wurden Gewalttaten und Grausamkeiten begangen, die noch immer auf unserem kollektiven Gedächtnis lasten‹, heißt es in einem Brief. Stunden nach dessen Veröffentlichung wurde in der Stadt Gent unter Applaus des Publikums eine Büste des ehemaligen Kolonialherren entfernt.« (www.tagesschau.de/ausland/kongo-belgien-kolonie-verbrechen-101.html)

Ist es ein Zufall, dass sich dieses Menschheitsverbrechen in Afrika ereignete – auf einem Kontinent, auf dem einige Jahre später auch das Deutsche Reich seinen ersten Genozid verübte: den förmlich so erklärten Rasse- und Vernichtungskrieg in »Deutsch-Südwest« gegen Herero und Nama. 1904 führte General von Trotha dort einen erklärtermaßen auf Vernichtung zielenden Rassekrieg (siehe Zimmerer/Zeller 2013), indem er etwa 30.000 Herero auf Todesmärschen in die Wüste trieb – ein Vorgehen, dessen sich etwa zehn Jahre später auch das jungtürkische Regime gegenüber den Armeniern befleißigte. Allerdings ging es in Afrika auch um Sklavenarbeit bzw. im Endeffekt um »Vernichtung durch Arbeit«, setzte doch das deutsche Kolonialregime gefangene Herero zum Eisenbahnbau ein. Mit diesen Erkenntnissen wird die schon früh aufgestellte Hypothese (so Schmitt-Egner 1975) von der Vorbildfunktion des deutschen Kolonialkrieges in Südwestafrika für die rassistische Vernichtungspolitik der Nationalsozialisten mehr und mehr bestätigt. Erwiesen ist jedenfalls, dass Rassehygieniker und Lehrer von KZ-Ärzten wie Josef Mengele ihre ersten einschlägigen Forschungen an Eingeborenen während des Kolonialkrieges vornahmen wie Eugen Fischer und Theodor Mollisson (siehe Gessler 2000).

Damit steht die Frage nach dem Verhältnis von Kolonialismus, Sklaverei und Rassismus auf der Tagesordnung, mit der erstmals von Hannah Arendt erörterten Frage nach der Bedeutung des kolonialen Ausgreifens Europas nach Afrika für rassistische und totalitäre Politik in Europa (siehe Brumlik 2008). Zu behaupten, dass Kolonialismus und Sklaverei miteinander identisch sind, wäre ebenso falsch wie die Annahme, dass sie wenig oder gar nichts miteinander zu tun haben. Tatsächlich war die koloniale Unterwerfung sowohl des südlichen Amerikas als auch weiter Teile Afrikas eine notwendige, wenn auch nicht hinreichende Bedingung für die Institutionalisierung des transatlantischen Sklavenhandels.

Seit mehr als 20 Jahren liegt bereits eine quellengesättigte Geschichte des Begriffs der »Rasse« vor: Ivan Hannaford hat in seinem Buch »Race. The History of an Idea in the West« (1996) die Geschichte seit der Antike nachgezeichnet und kann nachweisen, dass er immer schon in einem Zusammenhang mit der Sklaverei stand; Argumente, die sich bis in die moderne politische Philosophie – etwa von Thomas Hobbes sowie John Locke – erstreckten (siehe Lott 2002). Iris Därmann ist dieser Argumentation in ihrem Buch »Undienlichkeit« (2020) gefolgt. In seiner »Weltgeschichte der Sklaverei« weist Egon Flaig (2009) nach, dass jeder Form von Sklaverei eine Form des Rassismus inhärent ist. Die Zweiteilung vor allem der nordamerikanischen, aber auch lateinamerikanischer Gesellschaften in solche, die Herren sein durften, und jene, die Sklaven sein konnten oder mussten, entsprach folgender Legitimationsstrategie: der biblischen, die sich auf den Fluch Noahs über seinen Sohn Ham (Genesis: 9, 21-27) bezog, der seinen Brüdern erzählte, wie er den trunkenen Noah entblößt habe daliegen sehen – ein Argument, das im europäischen Mittelalter niemals auf Schwarze bezogen wurde und erstmals 1444 von einem Portugiesen in Bezug auf muslimische Sklavenjäger vorgebracht wurde.

Auf jeden Fall gilt spätestens seit 1944 als erwiesen, dass der Rassismus eine Folge, nicht die Ursache der Sklaverei sei (Flaig 2009: 192; siehe dazu auch Blackburn 1998). Auch große Aufklärer und Befürworter der Toleranz tätigten Investitionen in den Sklavenhandel und rechtfertigten dies etwa damit, dass auch Sklaveneltern mit ihren Kindern handelten und damit ihre Minderwertigkeit unter Beweis stellten. So etwa Voltaire: »Ein Volk, das mit seinen Kindern handelt, ist noch verwerflicher als deren Käufer; dieser Handel zeigt unsere Überlegenheit.«[26]

Das ist bereits eine rassistische Rechtfertigung der Sklaverei, die so bisher jedenfalls im europäischen Denken, das die Sklaverei sehr wohl akzeptierte, vergleichsweise neu war. War doch bisher Sklaverei als ein Institut anerkannt, das vor allem den in jeweiligen Kriegen Besiegten legitimerweise zukam (Brockmeyer 1987: 106f.). Gleichwohl hatte bereits der scholastische Philosoph Thomas von Aquin postuliert, dass die, »die an Verstand herausragen, von Natur aus herrschen« (zitiert nach Ritter/Gründer 1995: 979). Auch noch vor dem modernen Rassismus bestand also eine traditionelle Lehre von der natürlichen Ungleichheit der Menschen, eine Lehre, die erst mit der Entstehung des modernen Territorialstaats und seinem Souveränitätsprinzip ins Wanken geriet. Es war Jean Bodin (1529-1596), der postulierte, dass der souveräne Fürst allen Untertanen auf jeden Fall mehr Schutz gewähren könne als sogar ein mächtiger Sklaveneigner. Aus diesem Grunde – so Bodin – schulden Sklaven ihrem Souverän mehr Gehorsam und Loyalität als ihrem Eigentümer – womit das quasi naturrechtliche Prinzip des Eigentums durchbrochen wurde (Bodin 2005: 8). Das war Ausfluss einer Überlegung Bodins, dass ohnehin alle Staaten durch Gewalt entstünden und sich deswegen die Sklaverei als Rechtsinstitut – anders als ihre Befürworter meinten – selbst über die Gesetze der Natur hinwegsetze.

Die von Bodin entfaltete Annahme von der Gleichheit aller Untertanen sowie die von puritanischen Gruppen biblisch begründete Überzeugung von der Gleichheit aller Menschen führte dann bald zum Entstehen abolitionistischer Gruppen mit Blick auf die aus Afrika und auch aus Südamerika deportierten Schwarzen und ihre versklavten Nachkommen. Ursache dieser Entwicklung war eine auf den ersten Blick humanitäre Regung – in diesem Falle seitens des spanischen Dominikaners Las Casas (1484-1566), der sich für die Belange der geschwächten und

[26] »Un peuple, qui trafique en ses enfants est encore plus condamnable que l'acheteur; ce négoce demontre notre supériorité.« (Siehe Thomas 1997: 465; vgl. auch Peabody 1996)

ausgebeuteten indigenen Sklaven im südlichen Amerika einsetzte und so die spanische Krone bewog, sie durch importierte Schwarze aus Afrika zu ersetzen.

Die in der Folge wahrgenommene äußerliche Fremdheit zwischen weißhäutigen Europäern und afrikanischen Schwarzen diente dann als Grundlage einer Theorie verschiedener, unterschiedlich wertiger Rassen, die nun die Sklaverei »wissenschaftlich« rechtfertigte (Bitterli 1976) – nicht zuletzt im Zeitalter der »Aufklärung«. Diderots »Encyclopédie« jedenfalls verzeichnet unter »Nègre«: »Ein Mensch, der verschiedene Teile der Erde bewohnt. Vom Wendekreis des Krebses bis zu dem des Steinbocks hat Afrika nur schwarze Bewohner. Aber nicht allein ihre Farbe zeichnet sie aus, sie unterscheiden sich von den anderen Menschen auch durch ihre Gesichtszüge; mit ihren breiten & platten Nasen, ihren dicken Lippen & der Wolle anstelle von Haaren scheinen sie eine neue Menschenart zu bilden.« (Diderot 2001: 274) Freilich beharrt der Artikel im Fortgang – im Unterschied zu anderen zeitgenössischen Autoren –, dass all die »erwähnten Völker aus ein & derselben Mutter hervorgegangen seien«. Damit stellte sich die »Encyclopédie« gegen den Gedanken der »Polygenesie«, also wider jene Theorie, die von einer voneinander unabhängigen Entstehung verschiedener menschlicher Rassen ausging, und die einen für minderwertiger als die anderen hielt.

Zu den entschiedenen Befürwortern der Theorie der Polygenesie gehörte der skeptisch aufklärerische Philosoph David Hume (1711-1776), der in seinem Essay »Of National Characters« die Schwarzen für eine von den Weißen unterschiedliche Gattung, »naturally inferior to whites«, hielt, deren Versklavung er befürwortete, obwohl er das Institut der Sklaverei aus pragmatischen Gründen ablehnte. Überzeugungen wie jene Humes wuchsen vor dem Hintergrund einer biblischen Schöpfungstheologie, wie sie etwa Georgius Hornius (1620-1670) vorgelegt hat und die sich vor allem auf die Verfluchung Hams durch Noah berief. Sowohl die zunehmenden Reisen europäischer Geografen und Abenteurer in den afrikanischen Raum als auch eine entstehende beobachtende Biologie, die sich der Schimäre Schwanzloser zuwandte, sah hier ein Kontinuum von Lebewesen, das sich durch sexuelle Vermischung ausdifferenzierte. So berichtete der aufklärerische französische Naturforscher Georges-Louis Leclerc de Buffon (1707-1788) von »einem Affen so groß und stark wie der Mensch« und »so geil auf Frauen wie auf seine eigenen Weibchen«. In diesem Sinne glaubte man im 17. und 18. Jahrhundert fest daran, dass Affen und Menschen miteinander sexuellen Umgang hätten.

David Hume gab 1753 seinem Essay »Of National Characters« eine Fußnote folgenden Inhalts bei: »Ich bin geneigt zu glauben, daß Neger, und im großen und ganzen all die übrigen menschlichen Rassen (denn es gibt vier oder fünf verschiedene Arten) den Weißen von Natur aus nachstehen. Es gab niemals eine zivilisierte Nation von irgendeiner anderen Hautfarbe als der weißen, noch nicht einmal irgendein Individuum, das sich, sei es durch Taten oder durch spekulatives Denken ausgezeichnet hätte. Keine erfinderischen Fabrikanten unter ihnen, keine Künste, keine Wissenschaften [...], es gibt über ganz Europa verstreut schwarze Sklaven, von denen nicht einer irgendwann einmal Anzeichen von Scharfsinn gezeigt hat.« (zitiert nach Martin 2001: 298)

Hume, bekanntlich einer der Begründer der Methodologie empirischen Forschens, bezieht sich bezeichnenderweise zur Stützung seiner polygenetischen Spekulation auf jene Schwarzen, die vermittels des Instituts der Sklaverei nach Europa gekommen seien – in seiner Fußnote wird der historische Zusammenhang von rassistischer Theoriebildung und Sklavenhandel unübersehbar. Aber auch der französische Aufklärer Voltaire ging bereits von einer natürlichen Hierarchie unterschiedlicher Rassen aus und kam u.a. zu dem Schluss, dass Juden und Neger gleichermaßen minderwertige Rassen darstellten: »Man betrachtete die Juden mit dem gleichen Blick, mit dem wir die Neger sehen, nämlich als eine minderwertige Menschenart.« (Zitiert nach Hentges 1998: 177)

Doch konnten weder Zynismus noch unreflektierter Schöpfungsglaube den für die ökonomische Entwicklung der amerikanischen Kolonien so notwendigen Sklavenimport auf die Dauer im Rahmen einer rationalen Rechtsentwicklung rechtfertigen. Dieser Aufgabe unterzog sich der englische Philosoph John Locke (1632-1704), Begründer einer besitzindividualistischen, liberalen Theorie der Demokratie (siehe Macpherson 1967) in seinen »Treatises of Government«. Locke publizierte die »Treatises« in den Jahren 1680 bis 1682. Ähnlich den berühmten Anfangssätzen in Rousseaus »Contrat Social« beginnt der erste Traktat mit einem massiven Bekenntnis: »Die Sklaverei ist ein so abscheulicher und miserabler Zustand des Menschen und steht in direktem Gegensatz zum großzügigen Temperament und Mut unserer Nation, dass es kaum vorstellbar ist, dass ein Engländer, geschweige denn ein Gentleman, für sie plädieren sollte.«[27] Was sich auf den ersten Blick wie die Fanfarenstöße eines Traktats zur Sklavenbefreiung ausnimmt, erweist

---

[27] »Slavery is so vile and miserable an Estate of Man, and so, directly opposite to the generous Temper and Courage of our Nation; that 'tis hardly to

sich freilich bald als eine Polemik gegen einen anderen zeitgenössischen Staatstheoretiker, Robert Filmer, der als Theoretiker einer absolutistischen Souveränitätslehre die These vertrat, dass in gewisser Weise alle Menschen Sklaven seien.

Locke, dem ersten Theoretiker des Eigentums, ging es um die Frage, wie Individuen rechtmäßige Verfügungsgewalt über Grund und Boden erringen können. Er entwickelte auf dieser Basis eine Theorie des von Natur aus freien Menschen, der auch in der Veräußerung der Früchte seiner Tätigkeit frei war. Jeder Mensch, so eine zentrale Überzeugung Lockes, ist Eigentümer seiner eigenen Person: »Dennoch hat jeder Mensch Eigentum an seiner eigenen Person. Darauf hat kein anderer ein Recht als er selbst.«[28] Dass John Locke in dieser Hinsicht gleichwohl sowohl paradox dachte als auch handelte, hat kürzlich Iris Därmann nachgewiesen: In ihrem Buch »Undienlichkeit« analysiert sie sowohl die bisher noch zu wenig beachteten Einlassungen von Thomas Hobbes zu diesem Thema als auch und vor allem die Kolonialphilosophie John Lockes, dem sie ein Kapitel mit der Überschrift »Agrikultureller Kapitalismus in South Carolina« widmet (Därmann 2020: 81-103).

Die Paradoxie der Lehre und des Lebens dieses theoretischen Begründers des modernen Besitzindividualismus beginnt zwar mit den oben zitierten eröffnenden Worten seiner »Two Treatises of Government«, zugleich war er Anteilseigner der »Royal African Company«, die das königliche Monopol für »das ganze, ganze und einzige Gewerbe, die Freiheit, die Nutzung und das Privileg des Gewerbes und des Verkehrs« (»the whole, entire and only Trade, liberty, use and privilege of Trade and Traffic«) hatte – einschließlich des Rechts auf Landnahme, um »Gold, Silber, Neger [und] Sklaven« (ebd.: 81) an die »amerikanischen Plantagen seiner Majestät, die sich ohne sie nicht unterhalten lassen« zu verschiffen. Locke begründet diese lebenspraktische Inkonsequenz zunächst im § 130 des ersten Traktats, indem er auf angebliches biblisches Kriegsrecht zurückgreift: Dort will er in den Abrahams-Geschichten des Alten Testaments gelesen haben, dass patriarchalische Familienoberhäupter das Recht hatten, Angehörige – es musste sich nicht im engeren Sinne um Blutsverwandte handeln – in den Krieg zu schicken. Entsprechend konstruiert er ein Recht von Pflanzern in der Kari-

---

be conceived, that an Englishman, much less a Gentleman should plead for't.« (Locke 1988: 141)

[28] »Yet every Man has Property in his own Person. This no Body has any Right to but himself.« (Ebd.)

bik, Hausgenossen in den Krieg zu schicken: »Ein Pflanzer in den Westindischen Inseln hat mehr, und könnte, wenn er wollte (wer zweifelt), sie versammeln und gegen die Indianer führen, um Wiedergutmachung für die von ihnen erlittene Verletzung zu suchen, und all dies ohne die absolute Herrschaft eines Monarchen ...«[29]

John Locke sah die Legitimität des Instituts »Eigentum« dadurch gegeben, dass Personen dasjenige rechtmäßig gehört, das sie mit ihrer Hände Arbeit auf ihrerseits zunächst freien Böden geschaffen haben – woraus er anders als Kant – einen legitimen Anspruch auf gewaltsame Landnahme, koloniale Kriegführung gegen Eingeborene ableitet, die sich der Landnahme widersetzen. Mehr noch: Er leitet aus dieser Landnahme einen Anspruch auf absoluten Gehorsam gegenüber den Landnehmern ab – ganz unabhängig von möglichen Prärogativen der absoluten Monarchie. Begründet wird diese Forderung nach absolutem Gehorsam der in den Krieg geführten Hausgenossen in der Legitimität des vorhergegangenen Kaufakts. Als Beispiel hierfür dient ihm das Schicksal eines Pferdes, das deswegen von einem Kriegsherrn in die Schlacht geführt werden könne, weil dies Teil jener gottgewollten Schöpfung sei, die den Menschen und Untertanen Adam zum Gehorsam verpflichtet. Das aber gilt für Locke auch für jene Nachfahren Adams, die als Diener oder Sklaven wirken müssen: »Dass Abraham die Diener seiner Familie frei ließ, geht darauf zurück, dass er sich seines Herrschaftstitels ob seiner Abkunft von Adam erfreute: Da sein Machtanspruch in beiden Fällen, gehe es um Sklaven oder Pferde, nur von seinem Kauf zeugte. Die Herrschaft über alles, was durch Handel und Geld erworben wurde, ist eine neue Methode zu belegen, was einem durch Abkunft und Erbschaft gehörte.«[30]

Mit dieser neuen Variante einer protestantischen Ethik deutete Locke die ursprünglich calvinistische Prädestinationslehre neu, und zwar so, dass aus der Rechtmäßigkeit bürgerlicher Kaufverträge ein von Gott verbürgter, garantierter Anspruch auf die jeweils erworbenen Waren re-

---

[29] »A Planter in the West Indies has more, and might, if he pleased (who doubts) muster them up and lead them out against the Indians to seek Reparation upon injury received from them, and all this without the Absolute Dominion of a Monarch ...« (Locke 1988: 237)

[30] »Abrahams leading out the Servants of his Family is, that the Patriarchs enjoy'd this Lordship by descent from Adam: since the Title to the Power, the Master had in both Cases, whether over slaves or horses, was only from his purchase; and the getting as Dominion over any thing by Bargain and Money, is a new way of proving one had it by descent and Inheritance.« (Locke 1988: 237)

sultiert, was dann auch für die Ware Mensch gilt – und das, obwohl dies der Lockeschen Annahme widerspricht, dass jeder Mensch zunächst ein Recht auf Eigentum auf sich, auf seinen Körper hat. Diesen unübersehbaren Widerspruch löst er diesmal nicht mit einem Rückgriff auf biblische Schriften, sondern durch Verweis auf die antike, griechische Theorie der Unterwerfung unter den Sklavenstatus durch Kriegsgefangenschaft. Gelte doch demnach, dass Menschen, die wie auch immer die Chance auf Freiheit und ein selbstbestimmtes Leben verloren, noch nicht einmal die Macht haben, sich der Herrschaft anderer über sich auszusetzen, indem sie ihre Persönlichkeitsrechte freiwillig aufgeben.

Damit aber bleibt die von Locke postulierte grundsätzliche Annahme, dass kein Mensch die Möglichkeit hat, das Eigentum an seiner Person zu verkaufen, anderen zu übereignen, unberührt – kann sich doch niemand selbst verkaufen. Dem Unterlegenen aber geschieht dann, sofern er von einem Sieger zu dessen Zwecken gebraucht wird, kein Unrecht, sei doch die Sklaverei nichts anderes, »als ein fortgesetzter Kriegszustand zwischen einem rechtmäßigen, an Gesetze gebundenen Eroberer und einem Gefangenen« (Locke 1988: 284). Kein Zufall ist es, dass der biblisch gelehrte Locke am Ende des betreffenden Abschnittes auch das Volk Israel, die Juden, erwähnt – hätten sie sich doch (in Ägypten, M.B.) selbst in Plackerei und Dienstknechtschaft begeben, ja verkauft. Es verwundert angesichts dieser Annahmen nicht, dass er, der »Freiheit« als unveräußerliches Privateigentum verstand, von 1671 bis 1675 als Sekretär einer Organisation von Pflanzern im nordamerikanischen Carolina wirkte und in deren Auftrag eine Verfassung entwarf, die die Sklaverei rechtfertigte. War er doch, wie bereits erwähnt, schon als junger Mann ein Teilhaber der »Royal African Company« (siehe hierzu Thomas 1997: 199-201).

Tatsächlich wurden die ersten Sklaven in vier Jahren, von 1699 bis 1703, nach Carolina gebracht. Insgesamt lebten damals dort bei einer Gesamtbevölkerung von 9.500 Menschen etwa 3.000 Sklaven – davon 1.100 Frauen, 1.200 Kinder sowie 500 männliche indianische und 600 weibliche indianische Sklaven sowie 300 versklavte indianische Kinder. Ein Jahr danach veröffentlichte Locke eine »History of Navigation from its Original to the Year 1704«, in der er sich ebenso ausführlich wie nüchtern mit der Sklaverei auseinandersetzte: »Die Eingeborenen der Westküste sind meist schwarz oder neigen dazu. Bei den Gütern, die von dort importiert werden, handelt es sich um Goldstaub, Elfenbein und Sklaven; jene Schwarzen verkaufen einander, was einen erheblichen Handelsanteil bedeutet und eine große Unterstützung für alle amerikanischen Pflanzungen. Das ist alles, was dieser machtvolle Kontinent zum Export beiträgt, der größte Teil wird in dieser trockenen Zone versengt, und die Eingeborenen sind beinahe nackt, in nirgendwo anstellig und überwiegend kaum zivilisiert.« (Zitiert nach Goldberg: 2002: 45: eigene Übersetzung, M.B.)

Nach heutigen Begriffen liegt mit diesen Ausführungen bei aller ansonsten kaufmännischen Nüchternheit ein Fall von reinem Rassismus vor – eine keineswegs zureichende, jedoch notwendige Voraussetzung auch für den nationalsozialistischen Vernichtungsantisemitismus –, womit die Vermutung nahe liegt, dass dieser Rassismus seine Ursprünge im Kolonialismus in Afrika hatte. Hannah Arendt schlug in ihrem Buch »Elemente und Ursprünge totaler Herrschaft« – es erschien auf Englisch im Jahr 1951 – das Thema schon vor 70 Jahren an.

»Entscheidend für den Rassebegriff des Zwanzigsten Jahrhunderts sind die Erfahrungen, welche die europäische Menschheit in Afrika machte und die erst durch den ›scramble for Africa‹ und die Expansionspolitik in das allgemeinere Bewußtsein Europas eindrangen. [...] Der Rassebegriff der Buren entspringt dem Entsetzen vor Wesen, die weder Mensch noch Tier zu sein schienen und gespensterhaft, ohne alle faßbare zivilisatorische oder politische Realität, den schwarzen Kontinent bevölkerten und übervölkerten. Aus dem Entsetzen, daß solche Wesen Menschen sein könnten, entsprang der Entschluß, auf keinen Fall der gleichen Gattung Lebewesen anzugehören. Hier, unter dem Zwang des Zusammenlebens mit schwarzen Stämmen, verlor die Idee der Menschheit und des gemeinsamen Ursprungs des Menschengeschlechts wie die christlich-jüdische Tradition des Abendlands sie lehrt, und der Wunsch nach systematischer Ausrottung ganzer Rassen setzte sich umso stärker fest, als es offenbar war, daß im Gegensatz zu Australien und Amerika Afrika viel zu übervölkert war, als daß die dort erprobten Lösungen des Eingeborenenproblems je ernstlich in Frage kommen könnte.« (Arendt 1986: 308f.)

Gleichwohl bleibt zu fragen, ob diese Genealogie nicht auch bei aller Hellsicht einen apologetischen Unterton aufweist. Liegen Belege dafür vor, dass die Kolonisatoren angesichts der Eingeborenen wirklich von Furcht und Entsetzen gepackt waren? Die Reiseberichte, auf die sich etwa Kant und Hegel stützten, lassen davon nichts bemerken. Mit guten Argumenten lässt sich daher – gegen Arendt – daran zweifeln, dass es wirklich die Erfahrung afrikanischer, indigener Menschen und ihrer vermeintlichen Fremdheit war, die den Rassismus wesentlich beeinflusste. Arendt selbst verwies auf den Sozialdarwinismus sowie auf rassistische Theorien der französischen Aristokratie, die sich selbst eine »höhere« Abkunft »fränkischer« Art andichteten. Einen schlüssigen Nachweis des Eindringens »burischer« Ideen konnte sie somit nicht erbringen. Indes: »Der in Afrika beheimatete Rassebegriff war der Notbehelf, mit dem Europäer auf menschliche Stämme reagierten, die sie nicht nur nicht verstehen konnten, sondern die als Menschen, als ihresgleichen anzuerkennen sie nicht bereit waren. Der Rassebegriff der Buren«, so ihr vorläufiges Fazit, »entspringt aus dem Entsetzen vor Wesen, die weder Mensch noch Tier zu sein schienen und gespensterhaft, ohne alle fassbare zivilisatorische oder politische Realität, den schwarzen Kontinent bevölkerten und übervölkerten.« (Ebd.: 308)

Über diese Passagen wird bereits seit Längerem heftig diskutiert: Während etwa Anne Norton (1995) Arendt vorhält, bei aller offiziell an den Tag gelegten Solidarität mit den Opfern des Kolonialismus letztlich mit ihren Ausführungen doch den burischen Tätern Stimme und Verständnis verliehen zu haben, verteidigt Seyla Benhabib Arendt mit differenzierenden Hinweisen – habe doch Arendt den afrikanischen Kontinent so beschrieben, dass von »Rassismus« keine Rede sein könne (Benhabib 1996: 83-86). Demgegenüber behauptet Hauke Brunkhorst (1999: 102f.), dass im Falle Arendts eine philosophische Idee des Menschentums vorliege, die es ihr unmöglich mache, jeden Menschen in einem vollgültigen Sinn als Menschen anzuerkennen.

Eine nähere Lektüre von Arendts Ausführungen zeigt jedoch, dass Brunkhorst und Norton gegen Benhabib recht behalten. Können sie doch zeigen, dass Arendt zwar die richtige Intuition hatte, sie aber aufgrund ihrer eigenen rassistischen Vorurteile nicht angemessen entfalten konnte: »Aus dem Entsetzen, daß solche Wesen auch Menschen sein könnten« – so Arendts Fazit in dieser Frage –, »entsprang der Entschluß, auf keinen Fall der gleichen Gattung Lebewesen anzugehören. Hier, unter dem Zwang des Zusammenlebens mit schwarzen Stämmen, verlor die Idee der Menschheit und des gemeinsamen Ursprungs des Menschengeschlechts, wie die jüdisch-christliche Tradition des Abendlandes sie lehrt, zum ersten Mal ihre zwingende Überzeugungskraft, und der Wunsch nach systematischer Ausrottung ganzer Rassen setzte sich umso stärker fest, als es offenbar war, daß im Gegensatz zu Australien und Amerika Afrika viel zu übervölkert war, als daß die dort erprobten Lösungen des Eingeborenenproblems je ernstlich in Frage kommen könnten.« (Arendt 1986: 308f.)

Mit dem von Arendt verwendeten Begriff der »Ausrottung ganzer Rassen« ist das Thema des Zeitalters der Genozide angesprochen – eines Zeitalters, das in dieser Hinsicht mit dem »präzedenzlosen Menschheitsverbrechen« (Yehuda Bauer) der Shoah, des Holocaust seinen Tiefpunkt erreichte, aber noch immer nicht zu seinem Ende gekommen ist. Der folgende Exkurs verfolgt in genealogischer Absicht das Ziel, sich darüber klar zu werden, was genau »Genozid« bedeutet.

Exkurs Genozid

Nach wie vor ist der Begriff des »Genozids« unscharf – die Ursache dieser Unschärfe liegt nicht zuletzt in der im Dezember 1948 in den UN verabschiedeten »Konvention über die Verhütung und Bestrafung des Völkermords«. Schon der erste Absatz der Konvention bestimmt, dass »Völkermord, ob im Frieden oder im Krieg begangen ein Verbrechen gemäß internationalem Recht ist, zu dessen Verhütung und Bestrafung sie [die unterzeichnenden Staaten, M.B.] sich verpflichten«. Gleichwohl weist diese UN-Konvention so viele Unschärfen auf, dass eine politisch bzw. opportunistisch gewollte Zurückhaltung vielerlei Anhaltspunkte bietet. Erst die im 21. Jahrhundert verabschiedete »Responsibility to protect« hat die Wahrnehmung entsprechender Verantwortung zugespitzt und verdeutlicht. 1948 jedenfalls definierte die Konvention »Völkermord« so: »In dieser Konvention bedeutet Völkermord eine der folgenden Handlungen, die in der Absicht begangen wird, eine nationale, ethnische, rassische oder religiöse Gruppe als solche ganz oder teilweise zu zerstören: a) Tötung von Mitgliedern der Gruppe b)Verursachung von schwerem körperlichem oder seelischem Schaden an Mitgliedern der Gruppe; c) vorsätzliche Auferlegung von Lebensbedingungen für die Gruppe, die geeignet sind, ihre körperliche Zerstörung ganz oder teilweise herbeizuführen; d) Verhängung von Maßnahmen, die auf die Geburtenverhinderung innerhalb der Gruppe gerichtet sind; gewaltsame Überführung von Kindern der Gruppe in eine andere Gruppe.«

Dem entsprechen eine Reihe von Präzisierungen, wonach Verschwörung und öffentliche Anreizung zum Völkermord sowie der Versuch, ihn auszuüben sowie die Teilnahme an ihm ebenfalls geächtet sind. Die Bandbreite der damit geächteten Handlungen reicht von der nicht kommunizierten Gabe von Kontrazeptiva durch US-amerikanische Entwicklungshelfer an indigene Frauen im Bolivien der 1960er Jahre bis zur massenhaften Erschießung von 7.000 bosnischen Männern durch serbische Nationalisten in Srebrenica Ende Februar des Jahres 2007.

Der Begriff des Völkermords selbst wurde von Raphael Lemkin (1900-1959) geprägt, einem in Polen geborenen jüdischen Anwalt, der über Schweden in die USA flüchtete und dort ab 1941 an verschiedenen Universitäten lehrte. Er prägte den Begriff bereits 1933 und trat für eine Änderung der damals noch als »Vandalismus« bzw. »Barbarei« bezeichneten Deliktgruppen ein – Debatten, die er noch vor dem Zweiten Weltkrieg an der Universität Lemberg führte, wo er sehr genau die etwa in Berlin stattfindenden Prozesse um den jungtürkischen Massenmord an den Armeniern verfolgte. Da auch die gegenwärtige türkische Regierung noch immer nicht gewillt ist, die von der dann kemalistischen Türkei planvoll verübten Tötungen als »Genozid« anzuerkennen – habe es sich doch allenfalls um plötzlich ausgebrochene »Massaker« gehandelt –, hält diese Debatte, an der sich sämtliche Konfliktfelder und Schwierigkeiten erörtern lassen, die mit dem Begriff des »Genozids« verbunden sind, bis heute an.

Dabei geht es vor allem um die Frage, ob und wenn ja wie die Planung eines derartigen Verbrechens nachweisbar ist – sowohl bezüglich seiner expliziten Absicht als auch seines Umfangs. Lässt sich etwa nachweisen, dass angeblich bloße »Evakuierungen« von Bevölkerungsgruppen letztlich gezielte Vorstufen zu deren Ermordung darstellten? Bezüglich des von Lemkin paradigmatisch hinzugezogenen Falls des jungtürkischen Genozids an den Armeniern ist all dies inzwischen, was Vorgeschichte, Zurechenbarkeit und Umfang dieses vom jungtürkischen Regime verübten Verbrechens betrifft, inzwischen geklärt. So hat nicht nur der armenische Soziologe Vahakn N. Dadrian die Vorgänge umfassend geklärt, ohne doch den Vergleich mit ähnlichen Delikten zu scheuen (Dadrian 1995). Ohnehin liegt zu dieser Thematik inzwischen eine umfassende Literatur (Hoffmann o.J.; Dadrian 1996: 95f.; Akcam 2004; Hosfeld 2005; Gust 2005) vor, die nicht zuletzt nachweist, in welchem Ausmaß das an der Seite der Türkei im Krieg stehende Deutsche Reich diesen Völkermord ermöglicht hat.

Raphael Lemkin unternahm später in den USA einen erneuten Anlauf, um seine Ächtung und Benennung des Delikts des »Völkermords«, die noch 1933 vom US-amerikanischen Kongress zurückgewiesen wurden durchzusetzen. So publizierte er 1944 ein Buch unter dem Titel »Axis Rule in Occupied Europe«, um eine Strafverfolgung der nationalsozialistischen Untaten zu propagieren – eine Strafverfolgung, die rein juristisch – »Genozid« war ja vor 1948 nicht völkerrechtlich verboten – doch noch zu ermöglichen.[31]

[31] Der folgende Text bis zum Ende dieses Kapitels ist einem von mir früher verfassten Aufsatz entnommen (Brumlik 2004). Ich danke der Redaktion der »Blätter für deutsche und internationale Politik« für die Wiederabdruckgenehmigung.

Auf dieser Basis erörterten die Mitglieder der frühen UN in ausführlichen und zum Teil widersprüchlichen Debatten 1948 die Frage, in welchem Sinn der Tatbestand des Völkermordes über die vagen, vom Nürnberger Kriegsverbrechertribunal in Anschlag gebrachten »Verbrechen gegen die Menschlichkeit« präzisiert werden könnte, wobei insbesondere die Frage, ob für diesen Tatbestand der Rahmen eines Krieges notwendig sei oder nicht, im Zentrum der Debatte stand. Die wesentliche Neuerung gegenüber den Normen des internationalen Militärtribunals bestand dann in der Tat darin, dass »Völkermord« – ein Tatbestand, der in Nürnberg gar nicht zur Verhandlung stand – nicht mehr an zwischenstaatliche kriegerische Handlungen gebunden war, womit zugleich die Frage nach einer die Souveränität von Einzelstaaten aufhebenden Intervention gestellt war.

Weitere wesentliche Fragen bestanden darin, ob und inwieweit auch der subjektive Tatbestand der Absicht oder des Vorsatzes in die Bestimmung von »Genozid« mit einfließen sollte. Zudem stellte sich die Frage nach der Haftung oder Verantwortlichkeit für die jeweils begangenen Verbrechen. Fest steht inzwischen, dass der Nachweis des Vorsatzes von Einzelnen und Gruppen unerlässlich ist, dass aber damit auch »lediglich« eine Verantwortlichkeit natürlicher Personen, nicht aber juristischer Personen wie Staaten infrage kommt. Gleichermaßen strittig war die Definition der Gruppen, die als Opfer genozidaler Aktivitäten infrage kommen, wobei bisher feststeht – das wurde von der Sowjetunion in den 1940er Jahren hintertrieben –, dass auch soziale Großgruppen oder gar große sexuelle bzw. generische Gruppen einbezogen werden. Gleichermaßen gilt, dass »Völkermord« nicht vorliegt, wenn Angehörige der eigenen Gruppe die Verbrechen begehen; so wird etwa diskutiert, ob die Roten Khmer, deren Exterminationspolitik anderthalb Millionen Menschen zum Opfer fielen (siehe Kiernan 1996), einen »Genozid« begangen haben – ein Problem, das für die sozialwissenschaftliche Erfassung und Erklärung von »Völkermord« von Bedeutung ist. Schließlich war und ist strittig, was genau unter dem in Artikel III (d) benannten Tatbestand des »Versuchs« zu verstehen ist.

Hier ist bemerkenswert und für eine sozialwissenschaftliche Theorie des Genozids gleichermaßen wesentlich, dass »ethnische Säuberungen« oder auch Vertreibungen, wenn sie nicht in der Absicht begangen werden, eine Gruppe in ihrem physischen Bestand zu zerstören, keinen Völkermord, sondern allenfalls »Verbrechen gegen die Menschlichkeit« darstellen. Fälle, an die hierbei zu denken wäre, sind die gemäß dem Potsdamer Abkommen in Gang gesetzten Aussiedlungen der Deutschen aus Ostpreußen, Pommern und Schlesien bzw. den von Deutschen besiedelten ethnischen Inseln in Mittel- und Osteuropa nach dem Zweiten Weltkrieg sowie die Vertreibung von Palästinensern sowohl im Krieg von 1948 als auch von 1967 durch die israelische Armee. Das hat zur Folge und ist sogar von dem gegen Adolf Eichmann verhandelnden Jerusalemer Bezirksgericht 1961 festgestellt worden, dass die Vertreibung der Juden aus Deutschland kein Genozid war und erst die planmäßige Vernichtung der polnischen und russischen Juden seit Herbst 1941 als Genozid gelten kann.

Die zum Teil kleinlich wirkende Begriffsarbeit des juristischen Diskurses, der allemal von unübersehbaren politischen Interessen geprägt ist, hat freilich den Vorteil, das – was nach Christina Möller als »Verbrechen gegen die Menschlichkeit« oder eben als »Genozid« gilt – als Straftat zu bestimmen, die einerseits kriminologisch zu beschreiben und zu erklären sind und die andererseits Rechtsfolgen implizieren (Möller 2003). Damit sind Fragen eines im Globalisierungszeitalter hoch brisanten »Völkerstrafrechts« angesprochen, bis hin zur Frage der Zuständigkeiten eines internationalen Strafgerichtshofes, der mehr und anderes ist als die von den UN eingesetzten Ad-hoc-Tribunale zu Jugoslawien und Ruanda. In Möllers Perspektive hätte eine sozialwissenschaftliche Theorie des Genozids jene Funktion zu übernehmen, die im konventionellen Strafrechtsdiskurs die Kriminologie übernimmt. Kann es angesichts der Heterogenität der Phänomene und der Strittigkeit schon der juristischen Kategorien überhaupt eine allgemeine Theorie dieser Art geben?

Diese Fragen werden auch von dem an der »Brown University« europäische Geschichte lehrenden israelischen Historiker Omer Bartov behandelt, der sich vor allem für die in den europäischen Gesellschaften der ersten Hälfte des 20. Jahrhunderts konstruierten Feindbilder und die ihnen entsprechenden kulturellen Deutungsmuster interessiert (Bartov 2000). Indem Bartov die große Nähe von apokalyptischen Weltbildern, utopistischen Gesellschaftsentwürfen und eliminatorischen, von »Reinheitsimperativen« getragenen Politikentwürfen thematisiert, überschreitet er freilich an keiner Stelle die bereits von Hannah Arendt avisierte phänomenologische Sichtweise.

Einen gänzlich anderen Vorschlag unterbreitet der Kriminalsoziologe Alex Alvarez, der den nationalsozialistischen Judenmord, den »Politizid« der Roten Khmer an anderthalb Millionen Angehörigen der eigenen Bevölkerung sowie die bereits erwähnten serbischen Massaker neu deutet (Alvarez 2001). Dabei bedient er sich der spezifisch kriminologischen »Neutralisierungshypothese«, die sich der Frage widmet, auf welchem Wege normbrechende Personen entgegen ihrem primären normativen Wissen Selbstrechtfertigungen ausstellen. Alvarez wendet mithin Kategorien der konventionellen Kriminologie auf genozidale Verbrechen und deren Urheber an, um so auch die komplexe Sozialpsychologie unterschiedlicher Täter- und Zuschauerkollektive zu benennen – ohne diese Befunde auch tatsächlich an ausführlichen, vergleichenden Länderstudien zu überprüfen. In dieser Allgemeinheit ist es jedoch nicht möglich, die Faktoren zu benennen, die das Auftreten genozidaler Verbrechen wahrscheinlicher machen.

Gemessen daran wirken Überlegungen des an der University of Sussex wirkenden Martin Shaw überzeugender: Habe doch Krieg immer schon die Dimension massenhaften Abschlachtens besessen, weswegen seiner Überzeugung nach die strikte Unterscheidung von Krieg und Genozid der Völkermordkonvention in der Sache unzutreffend ist (Shaw 2013), denn sie hätten je schon dazu tendiert, rechtliche Schranken zu durchbrechen und mithin die Schonung feindlicher Zivilbevölkerungen und auch gefangener feindlicher Streitkräfte zu missachten. Demnach münden systematisch degenerierte »Kriege« schließlich in Genozide. Shaw definiert Genozid daher als die wesentlich durch eine organisierte Armee betriebene Zerstörung einer vor allem zivilen Großgruppe durch Töten ihrer Mitglieder. Deshalb seien im Genozid vor allem Zivilisten nicht ihrer Nähe zu feindlichen Armeen wegen, sondern als die Zivilisten die Feinde.

Wenn also jeder Krieg die notwendige und sogar zureichende Bedingung für einen Genozid ist, dann fragt sich, wie die stalinistischen Verbrechen, die Massaker in Ruanda oder der Mord der Roten Khmer an der eigenen Bevölkerung darunter zu subsumieren sind. Die »Entkulakisierungskampagne« in der Sowjetunion der 1930er Jahre mit ihrer gezielten Strategie des gewollten Hungertodes von Millionen ließe sich nur dann in Shaws Theorie einordnen, wenn man sie als Spätfolge des russischen Bürgerkrieges ansähe. Das gilt auch für den Fall Ruandas: Hier greift Shaw auf den Jahre vor den Massakern zurückliegenden Krieg der Ruandischen Patriotischen Front (RPF) gegen das Regime in Kigali zurück. Unter dieser Annahme sind die Massaker dann nicht als Spätfolge eines Krieges, sondern als Strategie zur Sicherung eines durch auswärtige Kräfte noch immer bedrohten Regimes zu verstehen – ähnlich wie die jungtürkische genozidale Verfolgung von Millionen Armeniern. Trotz aller möglicher Inkonsistenzen kann Martin Shaw aber zeigen, dass von totalitären Regimes verübte Genozide unter Bedingungen äußeren Friedens mit Ausnahme der stalinistischen

»Entkulakisierung« historisch kaum nachweisbar sind. Sofern Shaws These zutrifft, hätte das für menschenrechtlich motivierte Diskurse erhebliche Konsequenzen: Das vermeintlich letzte Mittel gegen genozidale Regimes, die bewaffnete Intervention, wäre in Wahrheit zwar nicht der Auslöser, wohl aber ein verstärkendes, ermöglichendes Element von Genoziden.

Ganz anders, nämlich sozialpsychologische, phänomenologische und auch makrostrukturelle Überlegungen integrierend, geht Eric Weitz vor. Mit Blick auf den jungtürkischen Genozid an den Armeniern, die stalinistische Sowjetunion, die Roten Khmer sowie die serbische Ausrottungspolitik im Krieg um Bosnien verweist er auf die spezielle Funktion moderner Ideologien und geht zudem – anders als die bisher erwähnten Autoren – auch auf die zentrale Bedeutung des transatlantischen Sklavenhandels in der Genealogie dieser Verbrechen ein (Weitz 2003). In seiner Perspektive stellt der transatlantische Sklavenhandel für die beiden Amerikas den zentralen institutionellen Faktor für die Ausbildung des modernen Rassismus dar: Hat doch die rechtliche Aufklärung beinahe das Institut der Sklaverei überwunden, so wurde im Gegenzug eine Pervertierung der gleichzeitig entstehenden naturwissenschaftlichen Aufklärung dieser Überwindung nicht nur gestoppt, sondern sogar eine neue Begründungsstrategie für die menschenrechtswidrige Institution geschaffen: legitimiere doch die »Minderwertigkeit« schwarzhäutiger Menschen ihre Versklavung. So begründeten auch die Jungtürken ihren Genozid an den Armeniern nicht nur mit »Sicherheitsinteressen«, sondern auch mit einer sozialdarwinistischen, turanischen, rassistischen Ideologie von der Überwertigkeit einer vermeintlich objektiv existierenden türkischen Rasse (siehe Kieser/Schaller 2002).

In diesem Sinne zeigt Eric Weitz, ohne sich direkt auf die Forschungen von Kieser und Schaller zu beziehen, dass sehr stark utopistische Konzepte geradezu notwendig mit der so auch von dem nationalsozialistischen Philosophen Carl Schmitt herausgehobenen Dichotomie von »Freund« und »Feind« operieren, mit »Feinden«, die im Endeffekt allesamt zu eliminieren seien – im stalinistischen Fall die »Kulaken«. Daraus entwickelt Weitz ein genozidales Entwicklungsschema: Auf die von einer radikalutopistischen Gruppe übernommene politische Macht folgt die von dieser Gruppe vorgenommene Kategorisierung der ganzen ihr unterstehenden Bevölkerung – eine Kategorisierung, die letzten Endes fast immer dazu geführt hat, entsprechend kategorisierte Bevölkerungsgruppen »herauszusäubern« – zu eliminieren, Weitz benutzt für diesen Vorgang den englischen Begriff »purge«. Als »ultimate purge« folgt dann nach Kategorisierung und Vertreibung der Genozid. In manchen Fällen entspricht dem noch die gezielte Demütigung von Angehörigen dieser Bevölkerungsgruppen – etwa von »Juden« im Nationalsozialismus oder von Brillenträgern unter den Roten Khmer.

Tatsächlich stand auch die stalinistische Sowjetunion nach Weitz auf der Grenze dazu, ein durch und durch rassistischer, genozidaler Staat zu werden, entsprach doch die gezielte Ermordung von Tataren, Koreanern, Tschetschenen und Inguschen sogar der konventionellen Definition des Genozids. Dass diese Beurteilung gleichwohl nicht gänzlich stimmen kann, geht daraus hervor, dass die für die jeweiligen Mordtaten Verantwortlichen oft genug eben jenen Bevölkerungsgruppen angehörten. Dabei bleibt freilich offen, ob die so angegriffenen Gruppen nicht pauschal »rassifiziert« wurden. Reichte doch als Kriterium die Zugehörigkeit zu einer »Klasse« als Kriterium, um verfolgt zu werden, ohne dass individuelle Verhaltensweisen noch eine Rolle spielten. Am Fall der Roten Khmer und ihres »Politizids« an weiten Teilen der eigenen Bevölkerung zeigt sich jedenfalls, wie sozialutopistische, rassistische und nationalistische Motive zusammenflossen. Dem scheint die Überzeugung von William A. Schabas, dass es sich bei den Verbrechen der Roten Khmer nicht (!) um einen eindeutigen Fall von Genozid gehandelt habe, zu widersprechen, da die Opfer ausschließlich der eigenen Bevölkerung angehörten (Schabas 2003).

Eric Weitz stützt sich auf Überlegungen von Ben Kiernan – er lehrt Geschichte in Yale –, der dazu ein Standardwerk geschrieben hat (Kiernan 1996). Kiernan weist im Einzelnen nach, in welchem Ausmaß der utopistischen Ideologie der Roten Khmer ein in der Tat nicht anders als rassistisch zu bezeichnendes Konzept von einem historisch erwählten und geradezu genetisch besonders begabten Khmer-Volk zugrunde lag. Die von den Roten Khmer dann exekutierte »Agrarrevolution« führte zum Umbringen von Teilen der Bevölkerung allein aufgrund ihrer Herkunft: So wurden im Falle von »Mischehen« rassistische Zugehörigkeitsüberlegungen angestellt. Cum grano salis lässt sich also sagen, dass die Roten Khmer nach Adolf Hitler und seiner Partei die zweite nationalsozialistische Bewegung des 20. Jahrhunderts waren.

Die genannten Arbeiten zur historischen Genozidforschung können auf keinen Fall in dem Verdacht stehen, die Singularität, die »Präzedenzlosigkeit« (Bauer 2001) des Holocaust, der Shoah zu bestreiten. Zeigt doch zumal die vergleichende Perspektive, dass und wie sich die zugegebenermaßen krisengeschüttelte deutsche Gesellschaft nach dem Ersten Weltkrieg sowohl von der russischen Gesellschaft des Bürgerkriegs als auch den zerstörten Agrargesellschaften Kambodschas oder Ruandas prinzipiell unterscheidet. War es doch im deutschen Fall, im Falle des Holocaust eine – bei allen Kriegsschäden – zutiefst bürgerliche Klassengesellschaft mit einem weit entwickelten Bildungsbürgertum, die das singulär genozidale Verbrechen an den europäischen Juden (und nicht nur an ihnen) verübt hat; Verbrechen, die Ausmaß und Intensität des meist genannten Vorläufers, des jungtürkischen Genozids an den Armeniern, in jeder Hinsicht übertrafen. In diesem Sinne jedenfalls trifft die letzthin viel diskutierte und in mancher Hinsicht auch widerlegte Behauptung vom »deutschen Sonderweg« nach wie vor zu. Wie oben gezeigt, kommt es zumal Michael Rothberg darauf an, auf die Verbundenheit und gleichzeitige Unterschiedlichkeit dieser Verbrechen hinzuweisen. Dabei sei nicht verschwiegen, dass Rothbergs Perspektive auf den Holocaust in der Genealogie des Kolonialismus im deutschsprachigen Feuilleton scharf kritisiert wurde, etwa von Claudius Seidl in der FAZ vom 28.2.2021 (Seidl 2021) oder von Thomas Schmid in der WELT vom 26.2.2021 (Schmid 2021).

Für eine Orientierung in der Weltlage des frühen 21. Jahrhunderts lässt sich aus dem deutschen Beispiel jedoch relativ weniger lernen als aus den Fällen von Ruanda, Kambodscha und Serbien. Die hierzu vorliegenden Arbeiten von Philip Gourevitch (1999) und Alison Des Forges (2002) zu Ruanda oder die packenden, analytisch instruktiven Berichte von Slavenka Drakulic (2004) über den Prozess gegen Serbien in Den Haag belegen die Stimmigkeit der Thesen von Eric Weitz auch im Detail und heben insbesondere die Aspekte der mediengestützten Propaganda sowie die Mitschuld der internationalen Gemeinschaft hervor.

Eine für die Gegenwart orientierende Theorie des Völkermordes und seiner Verhütung wird daher allemal – so viel ist der Totalitarismustheorie zuzugeben – die Entwicklung und Verbreitung radikalutopistischer, nationalistischer, sozialistischer, rassistischer oder auch religiös fundamentalistischer Theorien unter Angehörigen der Eliten in krisenanfälligen Gesellschaften ins Auge nehmen müssen. Sie wird sich indes vor allem jener Instabilitätsfaktoren in den Zwischenzonen, den Falten des politisch geordneten Globus annehmen müssen, wo Bürgerkriege drohen, wo also die staatliche Ordnung einfach zerfallen ist oder die politischen Interessen der großen Machtblöcke eher gering, die wirtschaftlichen Interessen mächtiger Firmenkonsortien aber umso größer sind. Zu diesen Fragen wird man noch am ehesten Auskunft in den etwa von Herfried Münkler (2015) vorgelegten – in sich ganz heterogenen – Arbeiten zu den »neuen Kriegen« finden, wobei all diesen Arbeiten das abgeht, woran sich ein Außenseiter, leider weitgehend unbeachtet, schon vor Jahren versucht hat: an einer sozialwissenschaftlichen Ursachenanalyse. Man muss Hartmut Diessenbachers malthusianisch angelegte Analyse nicht in allen Hinsichten teilen, um zu sehen, dass mit seiner Schrift »Kriege der Zukunft. Die Bevölkerungsexplosion gefährdet den Frieden« (Diessenbacher 1998) ein Analysetyp vorliegt, der es im Grundsatz erlaubt, langfristige Risiken zu identifizieren und präventive Gegenstrategien einzuleiten.

Die bisherige Praxis der internationalen Gemeinschaft, irgendwann nach Truppen zu rufen und ggf. einzumarschieren, ist – das zeigen sowohl die Literatur zu den Neuen Kriegen als auch die vielfältigen historischen Analysen – nicht die Lösung, sondern (verschärfender) Teil des Problems. Man kann es auch einfach sagen: Gegenwärtig sind Stabilisierung der Ernährungslage und des Bevölkerungswachstums, ein maßvolles, keine allzu großen Disparitäten entstehen lassendes Wirtschaftswachstum in den armen Ländern des Globus, internationale Kontrolle ausbeuterischer Firmenkonsortien und vor allem Kriegsverhütung in all ihren Dimensionen jene Elemente, die Genozide in den Gefahrenzonen der globalisierten Welt weniger wahrscheinlich werden lassen. Auch hier greift wieder die Analogie zur strafrechtlichen Kriminologie: Keine noch so effiziente Polizei und kein noch so gerechtes und faires Gerichtswesen kann die Auftretenswahrscheinlichkeit von Verbrechen verhindern, wenn deren gesellschaftliche Ursachen nicht angegangen werden.

In Artikel I der zu Beginn dieses Exkurses angesprochenen Konvention haben die vertragschließenden Parteien sich feierlich bestätigt, Völkermord zu bestrafen und zu verhüten. Derzeit – so scheint es – überwiegen Debatten über die eventuell sogar abschreckend wirkende Bestrafung von Völkermord. Bevor es zu Bestrafungen kommt, muss jedoch das Verbrechen, das der Konvention als eine »verabscheuungswürdige Geißel« gilt, bereits geschehen sein. Hier ist eine Umkehrung des Diskurses zu fordern und an die Entwicklung einer Systematik der Genozidverhütung zu denken.

Nachdem die Debatte über die – vor allem – von europäischen Mächten begangenen Kolonialverbrechen seit geraumer Zeit die Öffentlichkeit umtreibt, wird auch zunehmend stärker die Frage diskutiert, ob z.B. die Förderung des Zionismus sowie die Gründung des Staates Israel nur unter kolonialen Vorzeichen möglich waren, oder ob schon diese Frage ein Fall von »israelbezogenem Antisemitismus« ist, wie es unter anderem die Resolution des Deutschen Bundestages gegen die palästinensische BDS-Bewegung vom Mai des Jahres 2019 nahelegt.

Kapitel 6
Zionismus und postkoloniale Kritik

Ohne den Zionismus auch nur im Geringsten derartiger Verbrechen zu zeihen, führt vor dem Hintergrund der Debatte um Achille Mbembe und seine Theorien, mehr noch angesichts der Debatte über die postkoloniale Kritik an Israel, nichts an der Prüfung der folgenden Fragen vorbei:

Erstens: War die zionistische Besiedlung Palästinas seit Mitte des 19. Jahrhunderts nur unter kolonialistischen Vorzeichen denkbar und möglich? Zweitens: War die faktische Gründung des Staates Israel im Mai 1948 nur unter kolonialen Bedingungen möglich? Und drittens: Ist der Staat Israel in den Vorkriegsgrenzen von 1967 – es geht nicht um die besetzten Gebiete! – ein Staat der »Juden oder ein jüdischer Staat«?

Doch ist zunächst zu klären, was überhaupt »Zionismus« ist. Dazu sei der Weg gewählt, am Beispiel eines prominenten deutschsprachigen Juden zu erläutern, welches genau die grundlegenden Motive des frühen Zionismus waren: Schmuel Hugo Bergmann (1883-1975), einer der Mitbegründer der Hebräischen Universität Jerusalem, ihr erster Chefbibliothekar und späteres Mitglied von »Brith Schalom«, jenem in Palästina beheimateten »Friedensbund« vor allem deutsch-jüdischer Intellektueller, gab in einem Aufsatz über das Pessachfest im Jahre 1913 zu Protokoll: »Das Judentum ist der Wille zur sittlichen Tat. Der Zionismus ist das Judentum, angewendet auf die dieser Zeit.« (Bergmann 1981: 12)

Dabei schien Bergmann mit dem idealistischen Philosophen Johann Gottlieb Fichte, der ein entschiedener Judenfeind war, klar, dass den Juden die ganze Wirklichkeit zu einem Nichts wurde, zu einer nichtigen Zugabe einer fiktiven, geistigen Welt. Geist ohne Willen indes genügte nicht, denn: »Aber ein Volk ist nur ein solches durch seinen Willen« (ebd.) und eine solche Erneuerung des Willens bedurfte des Durchgangs durch die deutsche Philosophie der Moderne: »Daß« – so Bergmann 1914 in einer Schrift zur Bedeutung des Jiddischen – »unser moderner Nationalismus ein Produkt des 19. Jahrhunderts ist, und daß wir – wenigstens viele von uns – ohne den Weg über Kant, Fichte, Ibsen, Nietzsche auch die Forderungen nicht verstanden hätten, die den Sinn des Judentums und daher letztlich den Sinn aller jüdischen Bewegung ausmachen«, war für ihn unbezweifelbar.

Indes war dieser moderne Nationalist stets ein klar denkender Kopf und unbestechlicher Beobachter, der das Dilemma, in das der Zionismus hineinlaufen musste, schon Jahre vor dem Ersten Weltkrieg, spätestens 1911, diagnostiziert hatte, als er den zionistischen Slogan vom Land ohne Volk für ein Volk ohne Land richtigstellte: »Es ist ein unseliger Irrtum, daß Palästina ein leeres Land ist, das darauf wartete, daß wir kommen und nach unseren Plänen alles einrichten. Tatsächlich hat ja Palästina – soweit es die jetzige Steuer- und Zollgesetzgebung überhaupt möglich macht – seine Industrie, seinen Handel, ob wir es wollen oder nicht.« (Ebd.) Dabei nimmt Bergmann nüchtern wahr, dass sowohl eine rege, nichtjüdische Einwanderung nach Palästina existiert, als auch, dass der Judenhass unter den Arabern Palästinas zunimmt: »Zweifellos«, so resümiert er, »hat die Art der Landerwerbung durch die Juden viel dazu beigetragen, uns in den Reihen der Araber Feinde zu machen«, um weiter im Blick auf das Prinzip der Hebräischen Arbeit, d.h. jener Arbeit, die ausschließlich von Jüdinnen und Juden verrichtet werden sollte, zu fragen: »Wenn aber wiederum Arbeiter und Eigentümer Juden sind, die Araber also gänzlich verdrängt werden, so bleibt die Frage: Läßt sich eine halbe Million Menschen expropriieren?« Im Folgenden plädiert Bergmann für einen gemeinsamen jüdisch-arabischen Weg, für pragmatische Problemlösungen und eine rationale Siedlungstätigkeit, die beiden Völkern im Lande für ihre Entwicklung genügend Raum lässt. Bergmann war von der Hoffnung getragen, dass ein Ernstnehmen der Grundzüge jüdischer Gesittung auch dazu führen könnte, die Feindseligkeit der arabischen Bevölkerung zu überwinden. Weiteres ließ sich jedenfalls 1911 nicht sagen. Ohnehin fand sich unter den Theoretikern des jüdischen Nationalismus nur ein einziger, der die ganze Tragweite des zionistischen Unterfangens mitsamt seinem notwendigen Konflikt mit den Arabern illusionslos und in aller Klarheit analysiert hat, und das war der vom italienischen Risorgimento geprägte Wladimir Zeev Jabotinsky.

Er sah schon früh, wovor linke Zionisten wie Buber oder Bergmann bzw. die Zionisten der Poalei Zion und der Kibbutzbewegung – etwa Berl Katznelson – lange zurückgeschreckt waren: dass nämlich der staatsbildende, im Unterschied zum auf eine Wiedergeburt der hebräischen Kultur setzende, »Kulturzionismus« notwendig den Nationalismus der Araber provozieren musste und somit zu einem unlösbaren, nur durch Gewalt lösbaren Konflikt führen werde. Der Staat Israel ist in seiner heutigen Form als jüdischer Staat Ausdruck des staatsbildenden Zionismus, der als Weltanschauung und Praxis gegenüber dem Kulturzionismus obsiegte.

Das hat Folgen nicht nur für die deutsche Debatte. Des 70. Geburtstages des israelischen Staates im Jahre 2018 wurde nicht zuletzt in Deutschland in erheblichem Ausmaß gedacht. In einem Grußwort von Mitte April zitierte die Bundeskanzlerin Angela Merkel den israelischen Staatsgründer David Ben Gurion (siehe zu diesem vor allem Shapira 2014, Teveth 1985, Segev 2018 sowie Ben Gurion 2010), nach dem so etwas wie der Holocaust nie wieder geschehen dürfe. »Diese Mahnung David Ben Gurions«, so Merkel, »nach dem Zivilisationsbruch der Shoa bleibt zeitlos gültig. Und so gleicht es geradezu einem Wunder, dass Israel dennoch Deutschland die Hand zur Versöhnung reichte.« Angesichts unzähliger persönlicher Begegnungen und Freundschaften, zahlreicher Städtepartnerschaften und eines regen Jugendaustausches blicke Deutschland »in Dankbarkeit auf das in 70 Jahren Erreichte«. Das Jubiläum biete Anlass, die Gründung des Staates Israel vor 70 Jahren in Freude und Dankbarkeit zu feiern (www.bundesregierung.de/Content/DE/Artikel/2018/04/2018-04-19-70-jahre-israel.html).

Und dennoch – oder gerade deshalb – treibt derzeit ein neuer Antisemitismusstreit die nicht nur akademische Welt um: Der Streit um den »israelbezogenen Antisemitismus«, der sich etwa am Auftreten der BDS-Bewegung entzündet, die u.a. dafür wirbt, den Staat Israel durch Boykott, Sanktionen und Desinvestitionen zum Rückzug aus dem Westjordanland sowie zur Anerkennung des Rückkehrrechts der 1947/48 vertriebenen und geflüchteten Palästinenser zu zwingen. Diese Vertreibung ist inzwischen auch und zumal von der seriösen israelischen Forschung unbezweifelbar belegt, etwa in dem nie ins Deutsche übersetzten Grundlagenwerk des israelischen Historikers Benny Morris, das 2004 unter dem Titel »The Birth of the Palestian Refugee Problem revisited« in Cambridge erschien.

Nicht zuletzt dieser inzwischen mehr als 70 Jahre zurückliegenden Ereignisse wegen scheuen sich Vertreter:innen von BDS sowie ihnen nahestehende Theoretiker wie Achille Mbembe nicht, den Staat Israel mit dem südafrikanischen Apartheidsstaat gleichzusetzen, obwohl doch die nichtjüdischen Bürger:innen Israels in den Grenzen von 1967 keiner Rassendiskriminierung ausgesetzt sind –, wenngleich sie in bestimmten Bereichen, etwa beim Immobilienkauf und der Wehrpflicht, diskriminiert werden. Die Lage der Palästinenser:innen in den besetzten Gebieten ist jedoch eine völlig andere, sie ähnelt in mancher Hinsicht der südafrikanischen Apartheid, eine Perspektive, die israelische Regierungen mit dem Hinweis zurückweisen, dass dies eben typische Merkmale eines Besatzungsregimes seien.

Zu behaupten, Israel sei ein Apartheidsstaat, gilt inzwischen mancherorts als eine Form von »israelbezogenem Antisemitismus«. So haben schon lange vor dem entsprechenden Bundestagsbeschluss vom Mai 2019 sowohl der Magistrat Frankfurt a.M. (siehe Frankfurter Rundschau vom 29.9.2017) als auch der Oberbürgermeister der Stadt München entschieden, dass BDS antisemitisch sei und deswegen nicht in den Genuss städtischer Räume kommen dürfe, worüber die Süddeutsche Zeitung später am 28.5.2020 informierte.

Wissenschaftlich-intellektuell findet diese Debatte ihren Ausdruck in der Einbettung der jüdischen Staatsgründung in das koloniale Ausgreifen Europas in die Länder des Südens, der Zionismus wird in dieser Weise auf eine Form des Siedlerkolonialismus reduziert. Diese Debatte erschütterte beispielhaft die neuere protestantische Theologie. So hat der emeritierte Heidelberger Professor für Missionstheologie Ulrich Duchrow in einer Festschrift tatsächlich die These vertreten, dass der Staat Israel geradezu der Inbegriff des kolonialen Ausgreifens Europas sei: »Im westlichen Imperium ist der Staat Israel also ein weiteres Extrembeispiel der westlichen kolonialistischen, kapitalistischen, imperialen, wissenschaftlich-technischen gewalttätigen Eroberungskultur, wie sie sich in den letzten 500 Jahren entfaltet hat.« (Duchrow 2017: 179) Trotz mancher Proteste und Distanzierungen wichtiger Vertreter:innen der evangelischen Kirche hat er seine Behauptung trotz geringfügiger Modifikationen ausdrücklich nicht zurückgenommen – nachzulesen etwa in »Publik Forum« 25/2018.[32]

So entsteht ein auf den ersten Blick widersprüchliches Bild: Während der Staat Israel etwa bei Angela Merkel als Ausdruck einer Renaissance des von Deutschland und seinen Kollaborateuren millionenfach ermordeten jüdischen Volkes erscheint, gilt er dort als Inbegriff einer neuen Form von Kolonialismus, von Siedlerkolonalismus – als Ausdruck einer letzten kolonialen Staatsgründung ausgerechnet in jener Zeit, als nach dem Ende des Zweiten Weltkrieges die Ära des Kolonialismus weitestgehend beendet war. Deutlichster Ausdruck des mit dieser Staatsgründung einhergehenden politischen Unrechts aber war die inzwischen auch von der ernsthaften israelischen Forschung eingeräumte Vertreibung von etwa 700.000 palästinensischen Arabern in den Jahren 1947/48. Sogar eine lückenlose Biografie des Gründers des Staates Israel, David Ben Gurion, kommt zu einem ähnlichen Schluss.

[32] Gleichwohl nehme ich eine einmal geäußerte Behauptung, Ulrich Duchrow sei ein Antisemit, hiermit ausdrücklich zurück.

So äußerte Ben Gurion bereits in den 1930er Jahren: »Ich befürworte einen Zwangstransfer. Ich sehe nichts Unmoralisches daran, allerdings ist ein Zwangstransfer nur durch England, nicht durch die Juden möglich.« (Zitiert nach Segev 2018: 281)

Die Betrachtung des sich selbst als jüdischen Staat verstehenden Staates Israel lädt zu einer geschichtstheoretischen Betrachtung jüdischer Staatlichkeit ein. Lässt man die sehr schwer zu belegenden eisenzeitlichen Staaten des alten Israel sowie des judäischen Staates vor der babylonischen Gefangenschaft der judäischen Eliten im sechsten vorchristlichen Jahrhundert beiseite, so ist doch festzustellen, dass es in der klassischen Antike keinen jüdischen Staat im heutigen Sinne gab. Jenes politische Gebilde, das zu seinem Zentrum den Tempel zu Jerusalem hatte, war über Jahrhunderte hinweg verwaltungstechnisch eine abhängige Provinz des persischen Reiches, eine Satrapie. Erst mit dem Ende des Aufstandes der Makkabäer gegen die Seleukiden im Jahr 175 vor der christlichen Zeitrechnung, also in der Zeit des Hellenismus, entstand ein unabhängiger jüdischer Staat, der Staat der Makkabäer, der allerdings nur 106 Jahre seine Unabhängigkeit behielt: Im Jahre 63 vor der christlichen Zeitrechnung eroberten die Römer unter Pompeius diesen östlichen Rand des Mittelmeers und errichteten dort einen imperialen Herrschaftsverbund.

Die nun »Judäa« genannte Provinz wurde von einem römischen Kurator und teilweise von einem idumäischen Herrscherhaus, den Herodianern regiert. Nach zwei blutigen Aufständen, in den Jahren 66-70 sowie noch einmal im Jahr 135 war das Ende jüdischer Staatlichkeit bis zum Jahr 1948 beendet. Das heißt jedoch nicht, dass in all dieser Zeit keine Juden im Land Israel lebten – dass sie es taten, ist sowohl aus der späten Antike als auch aus dem Mittelalter sowie aus der frühen Neuzeit archäologisch und urkundlich belegt. Das aber heißt: Das den judäischen Staat überlebende und beerbende rabbinische Judentum hatte aus den politischen Desastern und aus kluger Einsicht in die eigene relative Schwäche die Konsequenz gezogen, eine mögliche jüdische Staatlichkeit an das Ende der Tage, an die Ankunft des Messias zu delegieren.

Den modernen Zionismus kann aber nur verstehen, wer erstens das unbezweifelbare Faktum des modernen Antisemitismus seit dem 18. Jahrhundert von Russland bis Frankreich, zweitens die im 19. Jahrhundert dominante Ideologie des ethnischen Nationalstaates, der die großen Imperien ablösen sollte, und drittens die geschichtsphilosophischen Phantasien, die mit dem Entstehen des modernen Griechenland und der Gründung des modernen Italien entstanden, zur Kenntnis nimmt (dazu mehr in Brumlik 2019).

Dafür steht vor allem der Philosoph, Publizist und Freund von Karl Marx, nämlich Moses Hess (1812-1875). Als junger Mann ein Kommunist und Kampfgenosse von Marx, kehrte sich der Rabbinersohn angesichts von Antisemitismus und absehbarem Misserfolg vom Kommunismus ab und veröffentlichte im Alter von 50 Jahren 1862 seine lange Zeit unbeachtete Schrift »Rom und Jerusalem: Die letzte Nationalitätsfrage«. Vor dem Hintergrund der damaligen polnischen und ungarischen Unabhängigkeitsbewegungen, des Entstehens eines (republikanischen) Italien sowie eines modernen Griechenlands sah Hess nach mehr als zwei Jahrtausenden die Wiedergeburt jener Völker, die Europa ihr Gepräge gegeben haben: der Hellenen, der Römer und der Juden! Allerdings sah Hess in geradezu unheimlicher Weise schon damals einen verheerenden Rassenkrieg heraufziehen: »Wie nach der letzten Katastrophe des organischen Lebens, als die geschichtlichen Racen zur Welt kamen [...], so wird auch nach der letzten Katastrophe des socialen Lebens, nachdem der Geist der geschichtlichen Völker zur Reife gelangt ist, unser Volk wieder gleichzeitig mit den anderen Geschichtsvölkern seinen Platz in der Weltgeschichte einnehmen.« (Hess 1899: 168)

Wie Hegel, dessen Philosophie der Geschichte Hess zur Kenntnis genommen hatte, war auch er der Meinung, dass es geschichtslose Völker gäbe, über welche Europa, namentlich Frankreich in zivilisationsmissionarischer Absicht verfügen müsse. So widmete er sein Buch »Den hochherzigen Vorkämpfern aller nach nationaler Wiedergeburt ringenden Geschichtsvölkern« und setzte sich für ein von Frankreich unterstütztes jüdisches Staatswesen am Rand der mittelmeerischen Regionen des Osmanischen Reiches ein. Tatsächlich beruhte dieser Frühzionismus auf der Wunschphantasie einer Wiederauferstehung jener Völker des Altertums, die die westliche Kultur begründeten – Griechenlands, Roms und eben Israels.

Tatsächlich erlange das moderne Griechenland seine staatliche Unabhängigkeit spätestens im Jahre 1830, nachdem es einem Bündnis europäischer Mächte gelang, die osmanische Marine 1827 in der Seeschlacht von Navarino zu besiegen. Es waren Intellektuelle wie Rigas Velestinlis (1757-1798) und die Freiheitskämpferin Laskarina Bouboulina (1771-1825), die im Zusammenwirken mit dem nicht zuletzt in den deutschen Ländern, in Großbritannien, aber auch in Russland populären »Philhellenismus« eine Unabhängigkeit des Landes vom Osmanischen Reich anstrebten. Allerdings – zumal Russland um eine Erweiterung seines Einflussbereiches auf dem Balkan bemüht war – ging es schließlich darum, den westlichen Philhellenismus zurückzuweisen.

In Russlands Auftrag gelang es einem deutschsprachigen, freidenkerischen Gelehrten, dem gebürtigen Tiroler Jakob Philipp Fallmerayer (1790-1861), durch eine penible Untersuchung von Städte- und Flussnamen zumal auf der Halbinsel Peloponnes nachzuweisen, dass die dort lebenden griechisch sprechenden Menschen keineswegs die Nachfahren der klassischen Hellenen, sondern Nachfahren im Mittelalter eingewanderter albanischer Stämme waren. Sie aber sprachen nur deshalb griechisch, weil sie Angehörige der griechisch-orthodoxen Kirche waren. Heute gilt diese These in ihrer Pauschalität, wenngleich sie einen wahren Kern haben dürfte, als weitgehend widerlegt. Von nationalsozialistischen Ideologen wird berichtet, dass sie sich Fallmerayers Thesen zu eigen gemacht hätten, um die Besetzung und Unterdrückung des griechischen Staates während des Zweiten Weltkrieges ihres »Philhellenismus« zum Trotz zu rechtfertigen. Ähnliche Überlegungen wurden in der Epoche des entstehenden italienischen Nationalstaats etwa von Giuseppe Mazzini, Giuseppe Garibaldi sowie Camillo Cavour (er gründete 1847 die Bewegung »Il Risorgimento«) angestellt – es ging um die »Wiederauferstehung« des antiken Rom.

Ähnlich wie seinerzeit Fallmerayer hat in jüngster Zeit der israelische Gelehrte Shlomo Sand in mehreren Publikationen den heftig umstrittenen Versuch unternommen, zu zeigen, dass die zionistische Grundannahme eines seit der Antike bestehenden ethnisch homogenen jüdischen Volkes nicht mehr als eine im späten 19. Jahrhundert entstandene Konstruktion sei – habe doch schon der im vierten Jahrhundert wirkende Kirchenvater Origenes darauf hingewiesen, dass »Jude« eher eine religiöse Zugehörigkeit denn eine Herkunft bezeichne (Sand 2010). Was aber die antiken ethnischen Judäer betrifft, so verwies Sand auf ein 1918 vom Gründer des Staates Israel, David Ben Gurion, sowie dem zweiten israelischen Staatspräsidenten Jizchak Ben Zwi in New York auf Jiddisch publiziertes Buch »Das Land Israel in Vergangenheit und Gegenwart«, in dem sie die These vertraten, dass die im damaligen Palästina lebenden Araber die ethnischen Nachfahren der antiken Judäer gewesen seien. Demnach habe zu gelten, dass die im Jahre 70 sowie nach dem gescheiterten Aufstand des Bar Kohba 135 unterlegene judäische Bevölkerung vor allem aus Bauern bestanden habe, die nicht verkauft und versklavt wurden, sondern im Lande blieben und später erst den orthodox-christlichen sowie dann den Glauben des Islam angenommen hätten. Im Verfahren ähnlich wie Fallmerayer, aber im Ergebnis entgegengesetzt, kamen Ben Gurion und Ben Zvi 1918 zu dem Schluss, dass eine Untersuchung der Namen von Flüssen, Orten, Bergen, Ruinen und Tälern Palästinas bestätige, dass die ganze biblische Terminologie des Landes in der Sprache der Fellakhen erhalten geblieben sei. Für die These der Nachfahrenschaft der Palästinenser von den antiken Judäern jedoch scheinen immerhin einige, wenn auch unspezifische populationsgenetische Nachweise vorzuliegen (siehe Sand 2010: 279-283).

Der moderne Nationalismus berief sich also – keineswegs nur im Zionismus – auf so gut wie überall auf Gründungs- und Rechtfertigungsideologien, die einen Wiederauferstehungsmythos enthielten. Das ist auch am kaiserzeitlichen deutschen Kult um »Hermann den Cherusker« zu beobachten, von dem die Forschung inzwischen zeigen konnte, dass er alles andere als ein germanischer Freiheitskämpfer war – sondern nur ein abtrünniger römischer Vasall. Ähnliches ließe sich für die in der französischen Gegenrevolution von adligen französischen Emigranten etwa in Koblenz aufgestellte These zeigen, dass das wahre Frankreich aus Nachfahren der Franken bestünde, bzw. für die vielfältigen Erzählungen über die Ursprünge Russlands von den Kiewer Rus. Zuletzt sind es in diesen Tagen die Ursprungserzählungen der separatistischen Basken und Katalanen, die sich dieser Argumentation bedienen.

Im Unterschied zu all dem aber ging der Verwirklichung der jüdischen Wiedergeburtspläne wirklich eine Katastrophe voraus – Moses Hess hatte sie erahnt. Entstanden doch nach der letzten Katastrophe »des socialen Lebens«, des Nationalsozialismus und des Zweiten Weltkrieges, nicht nur die UN-Menschenrechtskonvention, sondern auch der Staat Israel, der nunmehr seit bald 50 Jahren das Gebiet eines nur vermeintlich geschichtslosen Volkes – der palästinensischen Araber – besetzt und einen Teil dieses Volkes vertrieben sowie dessen Land wahrscheinlich irreversibel besiedelt hat. Das ist ohne den Holocaust kaum zu verstehen.

Jüdisches Denken hat auf die Katastrophe der Shoah, auf die Ermordung von sechs Millionen europäischer Juden durch das nationalsozialistische Deutschland und seine Kollaborateure ganz unterschiedlich reagiert. So vertrat etwa der Rebbe der aus Ungarn stammenden, heute meist in New York lebenden Satmarer Chassidim schon kurz nach 1945 die Ansicht, dass der Holocaust Gottes Strafe für Assimilation und Zionismus gewesen sei, während die 1872 geborene deutsch-jüdische Philosophin Margareth Susman in ihrem 1945 geschriebenen Werk »Das Buch Hiob und das Schicksal des jüdischen Volkes« (Susman 2019) den biblischen Hiob, einen Nichtjuden, zum Inbegriff des jüdischen Volkes erklärte. Jahre später, 1971, publizierte der aus Halle nach Kanada emigrierte Philosoph Emil Fackenheim – ein Spezialist für die Geschichte des deutschen Idealismus, für die Philosophen Hegel und Schelling – sein Buch »The Human Condition After Auschwitz. A Jewish Testimony a Generation After«. In diesem Buch postulierte er eine 614te Weisung vom Sinai: »Es ist den Juden verboten, Hitler nachträglich siegen zu lassen« – wenn man so will, ein nach dem Holocaust beglaubigtes, im Judentum ebenfalls stets vorhandenes, partikulares Selbstbehauptungsgebot. Es liegt auf der Hand, dass speziell diese Form der »Postholocausttheologie« eine besondere Nähe, eine besondere Affinität zum Zionismus und zum Staat Israel aufweist. Vor diesem Hintergrund erweist sich die andauernde Faszination des Staates Israel als Produkt von zweierlei historischen Wiedergeburtsphantasien.

Im Falle des 1948 gegründeten Staates Israel kommt freilich zu dem ersten, bereits frühen zionistischen Wiederauferstehungsmythos hinzu, dass lediglich noch drei Jahre zuvor etwa sechs Millionen europäischer Juden vom nationalsozialistischen Deutschland und seinen europäischen Kollaborateuren industriell durch Vergasung und handwerklich durch massenhafte Erschießungen ermordet worden waren. Einige Hunderttausende überlebten eher zufällig und fanden sich als sogenannte DPs (displaced persons) in Durchgangslagern in den Westzonen des ehemaligen Deutschen Reiches wieder. In ihren Anfängen aus wenigen deutsch-jüdischen Überlebenden und vor allem aus in die Westzonen versprengten polnisch-jüdischen Überlebenden der Vernichtungslager zusammengesetzt, verfügte die jüdische Gemeinschaft auf deutschem Boden – wenn überhaupt – über die Traditionen eines orthodoxen bis assimilierten, von allgemeiner weltlicher Bildung schon alleine aufgrund der zerstörten Bildungsbiografien weit entfernten polnischen Judentums, dessen Sprache auch noch in Deutschland oft genug jiddisch war.

Zugleich – das trifft jedenfalls für die eben erwähnte Gruppe jüdischer Überlebender zu – war das Zeugen und Aufziehen von Kindern unmittelbar nach Ende des Krieges zugleich ein Unterpfand, ein Beweis des Überlebthabens, des Weiterlebens. Es ist ein bekanntes demografisches Phänomen, dass die Geburtenrate in den DP-Lagern unmittelbar nach dem Zweiten Weltkrieg die damals weltweit höchste gewesen ist – wenngleich mit der Historikerin Atina Grossmann einzuräumen ist, dass die überwiegende Anzahl jener, die in den DP-Lagern lebten, keine Überlebenden der Vernichtungslager gewesen sind, sondern meist polnische Juden, die den Zweiten Weltkrieg im fernen Osten der Sowjetunion überstanden hatten (Grossmann 2012). Gleichwohl ist leicht zu verstehen, dass die von David Ben Gurion bei einem Besuch dieser DP-Lager verkündete Botschaft von der baldigen Gründung eines jüdischen Staates hier eine aufrichtende Wirkung auf diese schwerst traumatisierten Menschen ausübte.

Tatsächlich verbreitete sich die Nachricht von Ben Gurions Ankunft in den Lagern der »displaced persons« (etwa in Zeilsheim bei Frankfurt a.M.) wie ein Lauffeuer. »Alle Sitze«, so ein Zeitzeuge, »in der Halle waren besetzt, die Gänge überfüllt, es gab keinen freien Zentimeter mehr, sogar die Fensterbänke waren belegt«. Nach Ben Gurions Eintreffen wurde spontan die zionistische Hymne Hatikwa angestimmt. »Als Ben Gurion das Wort ergriff, versagte ihm zunächst die Stimme, seine Augen wurden feucht.« Auch der Rest des Auditoriums in Zeilsheim schluchzte. So erinnerte sich der Historiker Arno Lustiger an diesen Besuch: »Er hat natürlich jiddisch gesprochen«, erinnerte er sich an die Rede Ben Gurions. »Ein Strahl der Hoffnung war da, dass bald ein jüdischer Staat entsteht.« (Alle Zitate nach www.hagalil.com/2018/03/ben-gurion-dp-camps/)

Mithin ging es bei der Gründung des Staates Israel um nicht mehr und nicht weniger als um eine religiöse Dimension, die sowohl im Juden- wie im Christentum tief verwurzelt und geradezu zentral ist – um die Auferstehung. So wiederholt der christliche Glaube an das leere Grab, an die Auferweckung und/oder Auferstehung des am Kreuz Gestorbenen ein altes, auf das biblische Israel bezogenes Motiv – etwa in Ezechiel 37, 1-12: »Des Herrn Hand kam über mich und er führte mich hinaus im Geist des Herrn und stellte mich mitten auf ein weites Feld; das lag voller Totengebeine. | 2 Und er führte mich überall hindurch. Und siehe, es lagen sehr viele Gebeine über das Feld hin, und siehe, sie waren ganz verdorrt. [...] | 12 Darum weissage und sprich zu ihnen: So spricht Gott der Herr: Siehe, ich will eure Gräber auftun und hole euch, mein Volk, aus euren Gräbern herauf und bringe euch ins Land Israels.«

Das aber heißt nichts anderes, als dass breite Teile einer weltweiten jüdischen Öffentlichkeit sowie die politisch verfasste deutsche Öffentlichkeit den Staat Israel anlässlich seines 70. Geburtstages als die Wirklichkeit gewordene Form eines Archetypus der westlichen Kultur betrachten: den Archetypus der »Wiederauferstehung«. Indes besteht die anfangs angesprochene hermeneutische, politische Problematik darin, dass die in den alttestamentlichen Schriften enthaltenen Wertungen, Weisungen und ihnen zugrundeliegenden moralischen Intuitionen auf gegenwärtige politische Problemlagen angewendet werden, in unserem Fall auf den Israel-Palästinakonflikt. Dabei scheinen fundamentalistische Haltungen unvermeidlich, was an zwei christlichen Beispielen deutlich wird: So war Jesus – anders als es etwa der palästinensische

Christ Mitri Raheb behauptet – ebenso wenig ein Palästinenser, wie die »Rückführung« der Juden, aller Juden ins Land Israel gemäß den Evangelikalen die Vorbedingung für die Wiederkunft Christi ist. Raheb hat schon deshalb Unrecht, weil das Land Israel zur Zeit Jesu noch »Judäa« hieß und erst nach dem gescheiterten Aufstand des Bar Kochba in »Palaestina« umbenannt wurde. Was aber den Zionismus der Evangelikalen betrifft, so ist er schlicht antijudaistisch, weil er doch auf eine letzthinnige Bekehrung der Juden hofft (Bechmann/Raheb 1995). Vergleichbares findet sich auch auf jüdischer Seite: So behaupten die jüdischen Siedler im Westjordanland, dass nicht ihnen das Land gehöre, sondern sie – gemäß der Tora – dem Land gehören, während umgekehrt die jährlich an der Spitze der iranischen Al-Quds-Demonstration marschierenden radikal antizionistischen Satmarer Chassidim unter Berufung auf eine mittelalterliche rabbinische Auslegung zum Hohelied Salomons behaupten, dass Zionismus letzten Endes ein gotteslästerlicher, dem Messias ins Handwerk pfuschender Rassismus sei.

Unabhängig davon ist jetzt jedoch noch einmal zu klären, was überhaupt unter »Zionismus« zu verstehen ist. Blickt man zunächst lediglich auf die Theorie oder – wenn man so will – auf die »Weltanschauung«, so zeigt sich, dass der Zionismus auf zwei unabhängig voneinander existierenden Wurzeln beruht: Zum einen auf der unbestreitbaren Tatsache des europäischen Antisemitismus, der sich in den Staaten Westeuropas in Form gesellschaftlicher Ächtung und Diskriminierung gegen Juden äußerte – sogar dort, wo ihnen im Zeitalter der Emanzipation formell gleiche Bürgerrechte zugestanden wurden, hier ist vor allem an die »Dreyfus-Affäre« zu denken; zum anderen auf der Erfahrung der vor allem in den Ländern Osteuropas und Russlands immer wieder ausbrechenden, nicht selten tödlichen Pogrome.

Somit wurzelte der Zionismus spätestens seit Theodor Herzl im Projekt der Gründung eines eigenen »Judenstaates« – der nicht dasselbe wie ein jüdischer Staat ist – sowie dem vor allem von Herzls Zeitgenossen Achad Haaam (»einer aus dem Volke«) Ascher Ginsberg (1856-1927) postulierten Kulturzionismus. Dieser Kulturzionismus zielte darauf, dass die Juden sich vor allem als eine zerstreute Kulturnation begreifen sollten und nicht – wie das viele assimilierte Juden sahen – lediglich als eine monotheistische Konfession. Ob und wie beides – staatsgründender und kultureller Zionismus – in der Schaffung eines so von der Balfour-Deklaration 1917 versprochenen jüdischen Gemeinwesens auf dem Gebiet des damaligen Osmanischen Reiches, in Palästina, gipfeln sollte, ist demgegenüber eine andere, höchst komplexe Frage. Denn anders als gemeinhin – nicht zuletzt im Nachkriegsdeutschland (West) – immer wieder angenommen, ist der Staat Israel zwar nach dem Holocaust, aber nicht wegen des Holocaust gegründet worden.

Tatsächlich siedelten Juden als Reaktion auf den europäischen Antisemitismus bereits seit Ende des 19. Jahrhunderts in kleinen, allmählich wachsenden Gruppen in Palästina, zudem hätte jedoch auch eine zahlenmäßig sehr viel größere Immigration von Juden dorthin ihr Leben nicht retten können, wenn es der britischen Armee im Nahen Osten mit Feldmarschall Montgomery 1942 nicht gelungen wäre, bei El Alamein das deutsche Afrikakorps unter General Rommel zum Stehen zu bringen. In Palästina bereitete sich der dortige »Jischuv« – also die jüdische Siedlungsgemeinschaft – schon darauf vor, sich auf dem Berg Karmel zu verschanzen, während die SS in Griechenland bereits die ersten fahrbaren Tötungsanstalten in Form von Gaswagen Probe fahren ließ (dazu Gorenberg 2021 sowie Segev 1993: 67-81 sowie Mallmann/Cüppers 2006).

Nach der Schlacht von El Alamein war die Gefahr einer nationalsozialistischen Vernichtung der geplanten jüdischen Heimstätte allerdings gebannt; nicht wenige im wehrfähigen Alter stehende Männer und Frauen des Jischuvs – unter ihnen die aus Ungarn stammende, nach Palästina ausgewanderte und 1943 mit dem Fallschirm über Ungarn abgesprungene, dort von der mit NS-Deutschland verbündeten ungarischen Polizei getötete Hannah Szenes – meldeten sich zur britischen Armee. Abgesehen von immer wieder neu ausbrechenden Reibereien mit den palästinensischen Arabern konnte sich die jüdische Bevölkerung Palästinas die letzten Jahre des Krieges dem Ausbau des Jischuv widmen, der in die förmliche Gründung eines jüdischen Staates münden sollte.

Daher war völkerrechtlich der im November 1947 von den Vereinten Nationen verabschiedete Teilungsplan für Palästina legitim, der einen am Vorabend des Kalten Krieges brodelnden Konfliktherd entschärfen sollte. Wenig bekannt ist in diesem Zusammenhang, dass dieser Teilungsplan niemals eine Mehrheit erhalten hätte, wenn nicht die damalige Sowjetunion unter Stalin sowie ihre Satelliten für diesen Teilungsplan gestimmt hätten – aus der Erwägung heraus, mit einem sozialistischen Staat Israel dem britischen Einfluss im Nahen Osten etwas entgegenzusetzen. Dass arabische Armeen aus mehreren Ländern den Staat Israel nach Ausrufung seiner Unabhängigkeit im Mai 1948 völkerrechtswidrig angriffen, war das eine, dass Israel diesen Krieg nicht zuletzt deshalb gewonnen hat, weil es von der damals bereits sowjetisch beeinflussten Tschechoslowakei entscheidende Waffenhilfe erhielt, das andere. Gleichwohl bot dieser Verteidigungskrieg dem israelischen Staat nicht nur die Chance, ein zusammenhängendes Staatsgebiet zu erobern, sondern eben auch 700.000 palästinensische Araber zum Teil gezielt zu vertreiben (siehe Pappe 2007 und Morris 2008), sich so ihres Eigentums an Böden, ihrer Ernten und Gebäude zu bemächtigen und all dies durch ein gesetzliches Rückkehrverbot für die vertriebenen und geflohenen arabischen Palästinenser zu beglaubigen, um das neue Eigentum jüdischen Neueinwanderern zuzuweisen (siehe Geries/Lobel 1970: 95f.).

Für die Juden der vor allem europäischen Diaspora, die sechs Millionen Opfer zu beklagen hatten und eines seelischen Ausgleichs für die im Holocaust erfahrenen Traumata bedurften, fungierte die Entstehung und Gründung des Staates Israel wie ein Wunder nach dem biblischen Bild von Tod und Auferstehung. Die Beziehung zu und die Identifikation mit dem Staat Israel gilt – wenn auch in abnehmendem Maße – für heutige in der Diaspora lebende Juden, zumal wenn ihre religiöse Bildung nachlässt. Schon immer war das »Land Israel« (»Erez Israel«) für den jüdischen Glauben von unverzichtbarer Bedeutung, was allein daran deutlich wird, dass das auch synagogal zentrale »Achtzehnbittengebet« (auch »Achtzehngebet« – Sluis u.a. 2005: 231-242) in einem seiner Verse immer wieder um die Rückkehr Gottes auf den Zion bittet. Diese Formel wurde im 19. Jahrhundert im Reformjudentum gestrichen –, was aber dem rabbinischen Judentum im Kern nicht gerecht wird, debattierten doch schon die Rabbinen der späten Antike über das Verhältnis von gottverheißenem Land Israel und der Erfüllung der religiösen Pflichten. Sie waren uneins darüber, ob diese Pflichten nicht ohnehin ausschließlich im Land Israel angemessen erfüllt werden können bzw. ob diese angemessene Erfüllung nicht nur in der messianischen, endzeitlichen göttlichen Rückkehr auf den Zion möglich sei.

Freilich hatten weder die spätantiken Rabbinen noch gar jene Menschen, die die biblischen Schriften verfassten, einen Begriff vom modernen, romantischen Begriff der Nation und ihres Staates, weshalb sich jeder Versuch, wie ihn etwa die israelische Siedlerbewegung seit 1967 unternimmt, verbietet, die Entstehung des Staates Israel in theologischen Kategorien zu fassen. Tatsächlich ist der Zionismus der typische Fall des vor allem im 19. Jahrhundert entstandenen romantischen Nationalismus, der bereits nach dem Zweiten Weltkrieg allmählich überwunden schien, jedoch gegenwärtig als eine Abwehrbewegung gegen unterschiedliche Formen der politischen und vor allem ökonomischen Globalisierung wieder eine Renaissance erlebt.

Was nun aber den unmittelbaren Anlass des Zionismus betrifft, nämlich Judenhass in all seinen Formen und nicht zuletzt mit der Gefährdung von Leib und Leben, so gilt trotz tödlicher Anschläge sowohl in den USA als auch in Deutschland (man denke nur an den Anschlag auf die Hallenser Synagoge), dass Leib und Leben von Jüdinnen und Juden in kaum einem anderen Land so gefährdet sind wie in Israel und den besetzten Gebieten. Bei alledem ist gleichwohl zu beachten, dass die Juden Israels und die Juden diasporischer Gemeinschaften in einem eigentümlich gebrochenen Verhältnis zueinanderstehen: Gilt doch vor allem aus theologischen Gründen nach wie vor »Kol Jissrael Chaverim« (»Ganz Israel ist einander Freund«), was nichts anderes bedeutet, als dass alle Mitglieder des jüdischen Volkes jedenfalls in moralischer, wenn schon nicht in politischer Hinsicht eine wechselseitige Verantwortungsgemeinschaft bilden. Andererseits ist nach wie vor – seit der Erfahrung des babylonischen Exils im sechsten Jahrhundert vor der christlichen Zeitrechnung – gültig: »Suchet der Stadt Bestes« (»Wa dirschu et shalom ha ir«), wie der Prophet der Diaspora Jeremias (29,7) Gottes Weisung für diesen Fall des erzwungenen Exils ausdrückt.

Auf jeden Fall gilt für die durch und durch moderne Bewegung des staatsbildenden Zionismus, dass jener Teil des Volkes, das sich die politische Form einer souveränen Nation gegeben hat, für sich und seine Existenzweise in letzter Hinsicht ausschließlich alleine verantwortlich ist und bleibt. Das aber heißt: Der Staat Israel kann weder die Verantwortung für Leben und Existenzweise jüdischer Gemeinschaften in der Diaspora übernehmen, noch kommt es Juden in der Diaspora in besonderer, herausgehobener Weise zu, die Politik Israels und seines demokratischen Souveräns sei es zu verteidigen, sei es zu kritisieren. Das hat der staatsbildende Zionismus, zumal in Gestalt des »Nation Builders« (hier trifft der Begriff wirklich einmal zu) David Ben Gurion in einer kaum zu überbietenden Klarheit bereits 1949 mit Blick auf die jüdische Gemeinschaft in den USA zum Ausdruck gebracht: »Kein Jude der Diaspora, sei er Zionist oder nicht, kann der Regierung Israels angehören. Der Staat ist souverän, und sein Regime, seine Verfassung und seine Regierung werden einzig durch den Willen seiner Bürger bestimmt. [...] Andererseits repräsentiert der Staat Israel weder die jüdische Bevölkerung in der Welt noch ist die israelische Regierung berechtigt, im Namen des Weltjudentums zu sprechen. [...] Ein Jude, der im Staat Israel lebt, besitzt kein höheres Recht, sich mit jüdischen Angelegenheiten zu befassen, als jeder Jude aus anderen Teilen der Welt.« (Zitiert nach Segev 2008: 339)

Es war der in der ersten Hälfte des 20. Jahrhunderts wirkende Raw Avraham Kook (1865-1935), der den Versuch unternommen hat, eine moderne politische Theologie der Wiederansiedlung des jüdischen Volkes im Land Israel noch vor der Ankunft des Messias zu begründen, und der so zum Begründer des religiösen Zionismus wurde, auf den sich bis heute – auf keinen Fall zu Recht – die religiösen Siedler im Westjordanland stützen (siehe hierzu Brumlik 2015: 53). Ganz unabhängig davon ist nicht zu bezweifeln, dass (wenn auch kleine) Gruppen von Juden allen Vertreibungen durch die Römer zum Trotz über zwei Jahrtausende hinweg im Lande Israel lebten und dass in der jüdischen Liturgie (nicht zuletzt der des häuslichen Passahfestes) der Wunsch »Nächstes Jahr in Jerusalem« eine ernst gemeinte besondere Bedeutung einnahm. Diese liturgische, aber auch existenzielle Sehnsucht äußert sich auch in den Gedichten des mittelalterlichen Poeten Jehuda Halevi (1075-1141), aus dessen Feder hebräische Gedichte stammen, die von besonderer Zionssehnsucht künden. Gleichwohl gilt nach Maßgabe schon der mittelalterlichen jüdischen Orthodoxie, dass nur der von Gott gesandte künftige Erlöser das jüdische Volk zurück in sein Land führen werde – so, dass mit dieser Rückkehr die Befriedung der ganzen Welt ihren Anfang nehmen werde.

Es war der mittelalterliche jüdische Philosoph Moses Maimonides (1135-1204), der das Bekenntnis zu einem künftigen Messias für verbindlich erklärte, diese Überlegung freilich mit der höchst nüchternen Vorstellung verband, dass immerhin das jüdische Volk dann in Sicherheit in einem eigenen Staat werde leben können (siehe Patai 1979: 323-327). Es war der bereits erwähnte Raw Kook, der in der Konsequenz dieses Gedankens die ersten durch und durch atheistischen und sozialistischen Siedler als Vorläufer des Messias beschrieb. Anders als Maimonides, für den der Messias kein eschatologischer Friedensfürst war, erklärte sein etwas jüngerer Zeitgenosse Nachmanides (1194-1270) unter Berufung auf den Propheten Jesaja in einem dokumentierten jüdisch-christlichen Streitgespräch, dass der Messias nicht nur das jüdische Volk befreien, sondern die ganze Welt erlösen werde. An alledem wird klar, dass die Weltanschauung des (staatsbildenden) Zionismus überhaupt erst in der Neuzeit möglich wurde – also in jenem Zeitalter, das auch als das Zeitalter der europäischen Expansion gilt. Jedenfalls hatte der Zionismus tatsächlich frühe gedanklich der europäischen Expansion geschuldete Vorläufer – und zwar nicht in theologischer Hinsicht.

Zu nennen sind vor allem zwei frühneuzeitliche jüdische Denker: der Prager Rabbi Jehuda Löw (1512-1609), der als der Erfinder der Geschichte vom Golem gilt, sowie der bedeutende Philosoph Baruch de Spinoza (1632-1677), die beide bereits sowohl das Nationalstaatsprinzip als auch den Gedanken eines jüdischen Nationalstaates im ehemaligen Land Israel angedacht haben. In seinem Buch »Nezach Israel« aus dem Jahr 1591 schrieb Löw: »Das Exil ist eine Abweichung von der Ordnung der Natur, durch die der Herr jedes Volk an den Ort stellte, der für es am angemessensten war. [...] Der Ort, der ihnen nach der Ordnung alles Bestehenden zukam, war Erez Israel [...], soweit eine natürliche Einheit nicht zweigeteilt ist. [...] Und da die jüdische Nation eine ungeteilte Nation ist, sei sie auch weiter versprengt als alle anderen Nationen [...], ist diese Zerstreuung doch wider die Natur.« (Zitiert nach Ben-Sasson 1979: 394)

Ein halbes Jahrhundert später fand diese frühmoderne Theorie der (ethnischen) Nationalstaatlichkeit – jedenfalls, was das jüdische Volk angeht – nicht zuletzt im Zuge der europäischen Expansion eine weitere Bestätigung. So bei dem (marranischen) Philosophen Baruch Spinoza, der in seinem 1670 in Amsterdam publizierten »Theologisch-politischen Traktat« mit Blick auf die niederländische Expansion in Asien dem jüdischen Volk eine ähnliche Wiederauferstehung wie den Chinesen prophezeite. Spinoza kannte die 1602 in den Niederlanden gegründete »Verenigde Oostindische Compagnie«, in deren Umfeld ein Mann namens Jan Pieterszon Coen (!) einen ersten Plan vorlegte, wie in Südostasien niederländische Siedlungskolonien errichtet werden könnten (siehe Schmitt 1987: 71-80). Zudem verfasste der Spinoza wenigstens oberflächlich bekannte Menasse Ben Israel (1604-1657, siehe zu diesem Roth/Offenberg 2007), der eine entscheidende Rolle bei den Verhandlungen über die Wiederzulassung von Juden in England spielen sollte und seinerseits vorhatte, nach Brasilien auszuwandern, im Jahr 1650 ein Buch unter dem Titel »Die Hoffnung Israels«, in dem er behauptete, dass in Lateinamerika die verlorenen zehn Stämme Israels wieder entdeckt worden seien. Spinoza jedenfalls schrieb in seinem »Traktat« folgendes: »Ja, wenn die Grundsätze ihrer Religion ihren Sinn nicht verweichlichen, so möchte ich ohne Weiteres glauben, dass sie einmal bei gegebener Gelegenheit, wie ja die menschlichen Dinge dem Wechsel unterworfen sind, ihr Reich wieder aufrichten und Gott sie von neuem auserwählt. [...] Ein augenfälliges Beispiel hierfür bieten uns die Chinesen. Auch sie haben ihr Reich nicht immer behauptet, aber nachdem sie es verloren, wiedererlangt.« (Spinoza 1984: 63f.)

All diese – nennen wir sie »protozionistischen« – Ansätze sollten sich mit denen von Theodor Herzl in seinem Buch »Der Judenstaat«

aus dem Jahre 1896 grundlegend ändern – ging es doch diesem politischen Zionismus, der sich anders verstand als der schon erwähnte Kulturzionismus, tatsächlich um die Gründung eines Staates für verfolgte Juden – wo auch immer. In Reaktion auf die französische Dreyfus-Affäre wandte sich der zunächst assimilatorisch gesonnene Theodor Herzl nicht nur von der Idee einer Massentaufe aller Juden ab, sondern konzipierte die Idee eines Judenstaates auf einem kaum besiedelten Territorium, wobei es ihm zunächst überhaupt nicht darauf ankam, wo dieser Staat der Juden – der nicht dasselbe ist wie ein jüdischer Staat – errichtet werden sollte. Tatsächlich dachte Herzl keineswegs nur an das damals noch im Osmanischen Reich gelegene Palästina, sondern mindestens ebenso an Argentinien bzw. das in Ostafrika gelegene Uganda, das damals von Großbritannien beherrscht wurde. Darüber hinaus wollte Herzl die Juden in einem modernen Sinne als »Nation« verstehen und schrieb entsprechend im »Judenstaat«: »Ich halte die Judenfrage weder für eine soziale noch für eine religiöse [...]. Sie ist eine nationale Frage.« (Herzl 1946: 11)

Es waren Theodor Herzl (siehe Avineri 2016) und sein Kampfgenosse Max Nordau (siehe Schulte 1996), die entwarfen, was als »politischer«, als staatsgründender Zionismus gilt. Dieser »politische Zionismus« löste spätestens seit dem ersten zionistischen Kongress 1897 ähnlich gelagerte, vor allem in Russland und Polen beheimatete Bestrebungen ab, die dort von den »Chowewei Zion« (»Zionsliebhabern«) eher philanthropisch betrieben wurden (siehe Schoeps 2005). Tatsächlich war es noch einige Jahre früher der bereits erwähnte Moses Hess, der im Jahre 1862, desillusioniert vom vergeblichen Kampf des Sozialismus gegen den Antisemitismus, seine protozionistische Schrift »Rom und Jerusalem« weitgehend unbeachtet publizierte (siehe hierzu Naaman 1982 und Weiß 2015). Grob gesprochen fasste der moderne staatsbildende, also der »politische Zionismus« die Juden als Nation – und das als Reaktion auf den in West- und Osteuropa ganz unterschiedlichen Antisemitismus.

Damit ist auch die Frage nach dem Begriff der »Nation« gestellt, wobei grundsätzlich zwischen zwei Bedeutungen zu unterscheiden ist: Hier – so in der Französischen Revolution und in gewisser Weise in der bereits früheren US-amerikanischen Revolution von 1776 – die politische Willensgemeinschaft aller Staatsbürger unabhängig von ihrer Herkunft, dort die durch Herkunft und Sprache verbundene ethnische Gemeinschaft. Was aber war dann das jüdische Volk? Politisch bestand der Zionismus aus drei unterschiedlichen Strömungen: Erstens dem kulturellen

Zionismus, dem es vor allem darauf ankam, dass die Juden sich wieder als ein Volk mit einer Sprache und einem gemeinsamen ethnischen Bewusstsein verstehen, also als eine kulturell geprägte Ethnie, die auch ein geografisches Zentrum (das Land Israel) besitzt, ohne dass doch alle Jüdinnen und Juden dort leben müssen. Zweitens bestand er aus dem sozialistischen Zionismus, dem es darauf ankam, möglichst viele Juden der Welt ins Land Israel zu bringen, damit sie durch Arbeit am Boden und kommunistische Gemeinschaftsformen ihre »unnatürliche«, vermeintlich entfremdete Existenzweise als Händler, Gelehrte und Intellektuelle überwinden. Drittens ist wesentlich zu nennen der von Theodor Herzl sowie dem Arzt und Kulturkritiker Max Nordau und später Wladimir Jabotinsky (zu diesem siehe Halkin 2014 und Stanislawski 2001: 116-237) vertretene »Politische Zionismus«. Letzterer setzte vor allem – ggf. mit Anwendung von Gewalt – auf eine territoriale Staatsgründung. Für diese Konzeption des Zionismus stand vor allem Wladimir Jabotinsky.

Exkurs: Wladimir Zeev Jabotinsky
Vor knapp einhundert Jahren, im November 1923 erschien in Paris eine russische Zeitschrift jüdischer Emigranten mit dem Titel »Rasswet« (»Dämmerung«). In einem Leitartikel unter der Überschrift »Der eiserne Wall« zeigt sich der Autor, der glaubwürdig für die Gleichberechtigung aller Völker eintritt, davon überzeugt, dass es niemals zu einem freiwilligen friedlichen Ausgleich zwischen jüdischen Kolonisten und Arabern in Palästina kommen werde, da sich noch nie im Lauf der Geschichte die Kolonisierten freiwillig den Kolonisatoren ergeben hätten. Die Araber Palästinas, so der Autor, »empfinden für Palästina dieselbe eifersüchtige Liebe wie die alten Azteken für das antike Mexiko und die Sioux für ihre ›rollenden‹ Prärien«. In scharfer Abgrenzung gegen die von zionistischen Politikern wie Chaim Weizmann vertretene Synthese von Siedlungsbau im Land und internationalen diplomatischen Anstrengungen ist dieser Autor davon überzeugt, dass der Zionismus entweder seine Bemühungen einstellen oder seine Interessen ohne jede Rücksichtnahme auf die eingeborene Bevölkerung vorantreiben müsse. Das aber sei nur im Schutze eines »Eisernen Walls« möglich, also einer Armee aus jüdischen oder britischen Soldaten. Dem Autor ist bewusst, dass diese militärische Staatsgründungspraxis umstritten ist, gleichwohl schreibt er: »Wir sind der Überzeugung, daß der Zionismus moralisch und gerecht ist. Und weil er moralisch und gerecht ist, muß Gerechtigkeit geschehen – gleichgültig, ob Joseph oder Simon, Iwan oder Achmed dem zustimmen oder nicht.« (Jabotinsky 1923)

Der Verfasser dieser Zeilen, Wladimir Zeev Jabotinsky, wurde 1880 in Odessa am Schwarzen Meer als Sohn einer jüdischen bürgerlichen Familie geboren, die als »assimiliert« gelten konnte. Sein 2012 erstmals auf Deutsch publizierter, bereits 1935 geschriebener Roman »Die Fünf« lässt das Flair seiner Geburtsstadt jener Jahre auferstehen. So erzählt Jabotinsky in luzider, niemals anklagender Prosa vom Leben, Lieben und Leiden einer assimilierten jüdischen Familie, um mit diesen Worten zu schließen: »Es war eine komische Stadt; aber auch Lachen ist Zärtlichkeit. Doch jenes Odessa gibt es vermutlich nicht mehr, und ich brauche es nicht zu bedauern, daß ich nicht mehr dorthin gelangen werde.« Jabotinsky, der eine russische Schule besuchte, religiös erzogen wurde und auch Hebräisch lernte, hatte dennoch nach eigener Auskunft keinen inneren Kontakt zum Judentum. Nach dem Abitur ging er 1898 nach Bern und Rom, um Jura zu studieren und unter dem Pseudonym »Altalena« als Korrespondent zweier Odessaer Zeitungen zu wirken. In Rom wurde Jabotinsky, der den Marxismus als »mechanistisch« ablehnte, zunächst zum Sozialisten, dann zum Individualisten und Nationalisten.

Jahre später bekannte er, dass Italien sein geistiges Vaterland sei, und gab zu Protokoll, der Mythos des Einigers Italiens, Garibaldis, die Arbeiten des Republikaners Mazzini und die Lyrik Leopardis hätten seinen – wie er selbst schreibt – »seichten Zionismus« von einem instinktiven Gefühl zu einer begründeten Weltsicht fortgebildet. Tatsächlich übersetzte er schon vor dem Ersten Weltkrieg größere Teile aus Dantes »Inferno« ins Hebräische. 1901 nach Odessa zurückgekehrt, wurde Jabotinsky unter dem Eindruck der Pogrome von Kischinew 1903 zum Zionisten, um noch im gleichen Jahr am sechsten Zionistenkongress in Basel teilzunehmen, Theodor Herzl persönlich kennenzulernen und fortan mit seiner großen Sprachbegabung – er beherrschte Russisch, Hebräisch, Jiddisch, Englisch, Italienisch und Französisch – rastlos als Agitator für die Gründung eines jüdischen Staates in Palästina zu wirken.

1908 entsandte ihn die Zionistische Exekutive ins Osmanische Reich, um über die jüdische Besiedlung Palästinas zu verhandeln – erste Gelegenheit, das Territorium des angestrebten Staates selbst in Augenschein zu nehmen. Nach Ausbruch des Ersten Weltkriegs traf Jabotinsky als Korrespondent von Moskauer Zeitungen im ägyptischen Alexandria einen jüdischen Kriegsveteranen der Armee des Zaren, Joseph Trumpeldor. In Alexandria hielt sich eine Gruppe jüdischer Siedler aus Palästina auf, die von den jungtürkischen Behörden dorthin deportiert wurden, da sie im Verdacht standen, mit Großbritannien zu kollaborieren. Gemeinsam mit Trumpeldor, der am russisch-japanischen Krieg teilgenommen hatte, entwickelte Jabotinsky die Idee einer »Jüdischen Legion«, die zunächst zu nichts anderem als zur Gründung eines »Zion Maultier-Korps« führte, einer aus Juden bestehenden Transportkompanie im britischen Heer.

1917 schließlich gab das britische Oberkommando seinem Drängen nach und errichtete schließlich das »38th Battalion of Royal Fusiliers«, das als Zeichen eine Menora aufwies. Jabotinsky meldete sich zu den Fahnen und wurde sogar dafür ausgezeichnet, die Truppe über den Jordan geführt zu haben. Ob seiner politischen Agitation für einen jüdischen Staat von der britischen Mandatsmacht in der Festung Akko eingesperrt, wurde er 1921 freigelassen und zu einem Helden des Jischuv. Im gleichen Jahr, während der pogromartigen Wirren des ukrainischen Bürgerkrieges, verhandelte Jabotinsky, der stets mit der ukrainischen Nationalbewegung sympathisiert hatte, erfolglos mit Emissären der ukrainischen Exilregierung unter Symon Petlura (1879-1926), die Juden in der Ukraine zu verschonen. Erfolglos.

Unzufrieden mit dem zögerlichen Vorgehen der Zionistischen Weltorganisation gründete er zunächst 1925, dann noch einmal 1935 eine weitere, dissidentische zionistische Organisation, der es um die Wiederbelebung von Herzls ursprünglichem Staatsgründungsgedanken, die Ablehnung jedweden Kompromisses mit den Arabern, einen radikalen Wandel der britischen Politik zugunsten jüdischer Einwanderung sowie um einen jüdischen Staat auf beiden Ufern des Jordan ging. Dieser Staat aber sollte nach Jabotinskys Willen der arabischen Minderheit gleiche Rechte in kulturellen und religiösen Angelegenheiten garantieren. So trat er stets dafür ein, einem jüdischen Präsidenten des künftigen Judenstaates einen arabischen Vizepräsidenten an die Seite zu stellen.

Nach der Machtübernahme Hitlers warnte Jabotinsky unermüdlich vor der Gefahr, die der Nationalsozialismus für die europäischen Juden bedeutete, und trat entschieden für einen Boykott des nationalsozialistischen Deutschland sowie gegen das »Haavara Abkommen« ein. Bei diesem Abkommen ging es vor dem Zweiten Weltkrieg darum, Jüdinnen und Juden die Ausreise aus dem NS-Staat nach Palästina unter bestimmten ökonomischen Bedingungen zu gestatten (siehe Weiss 2012: 490-494). Das nationalsozialistische Deutschland revanchierte sich mit einem gegen ihn gerichteten Pamphlet des NS-Agitators Alfred Rosenberg unter dem Titel »Der staatsfeindliche Zionismus« (1938). Im selben Zeitraum – Monate vor Hitlers Überfall auf Polen – warb Jabotinsky bei den Regierungen Polens, Rumäniens und Ungarns für einen »Evakuierungsplan«, also dafür, eine Massenauswanderung von anderthalb Millionen europäischer Juden nach Palästina zu fördern – eine Initiative, die sowohl im polnischen als auch im US-amerikanischen Judentum heftig abgelehnt wurde.

In äußerster Hellsicht analysierte er brieflich schon im September/Oktober 1939 die Lage: So sei das osteuropäische Judentum, das Hauptpotenzial des Zionismus, zerstört und der restliche Teil von der Sowjetunion geschluckt worden. Der Jischuv in Palästina aber sei letztlich ohnmächtig und im besten Fall werde es zur Aufstellung jüdisch-arabischer Truppen kommen, die doch lediglich den ungeklärten Status quo Palästinas befestigen würden. Im Februar 1940 verließ Jabotinsky Europa in Richtung USA, wo er im August beim Besuch einer zionistischen Jugendorganisation nahe New York einem Herzinfarkt erlag. Der damalige Führer des Jischuv, sein Intimfeind David Ben Gurion, lehnte eine Überführung seiner sterblichen Überreste mit der Begründung ab, dass Israel keiner toten, sondern lebendiger Juden bedürfe. Erst Premierminister Levi Eschkol korrigierte dies und ließ Jabotinskys Überreste 1964 auf dem Herzlberg in Jerusalem beisetzen.

Der Historiker Michael Stanislawski hat Jabotinsky in einer präzisen Studie als »kosmopolitischen Nationalisten« bezeichnet (Stanislawski 2001: 203f.). Während ihn seine politischen Feinde – vor allem sozialistische Zionisten wie Ben Gurion – als »Faschisten« attackierten, weil er in Mussolinis Italien von 1934 bis 1938 eine Marineschule unterhielt, sehen andere in ihm einen liberalen Individualisten, dem die Rechte des Individuums mehr galten als die Interessen weltanschaulicher Gemeinschaften. Dass Wladimir Seev Jabotinsky kein rückwärtsgewandter ethnisch-nationalistischer Schwärmer war, wird aber auch an seinem 1927 geschriebenen Roman über den biblischen Helden Samson deutlich, der unter dem Titel »Richter und Narr« im Jahr 2013 neu auf Deutsch aufgelegt wurde. Diese Erzählung aus einer mythischen Vorzeit der Juden lässt keinen Zweifel daran, dass Samson, dieser an den Siegfried der Nibelungen erinnernde Held aus dem Stamme Dan, ein in sich zerrissener Mensch war, der alles, was er schließlich wurde, der verfeinerten Kultur der (griechischen) Philister verdankte.

Heute lässt sich nicht sagen, welche Haltung Jabotinsky zu den fundamentalistischen und die Araber hassenden Siedlern des »Gusch Emunim« einnehmen würde. Dass er aufrichtiger war als die meisten zionistischen Theoretiker, deren Lavieren zwischen Nationalismus und Sozialismus der israelische Faschismusforscher Zeev Sternhell analysiert hat (Sternhell 1999), unterliegt keinem Zweifel. In der Marxismus-Debatte der 1980er Jahre war oft vom »westlichen Marxismus« die Rede – womöglich lässt sich Jabotinskys Anliegen als »westlicher Zionismus« bezeichnen. Dass auch ein solches Programm höchst problematisch ist, war niemandem bewusster als diesem »Rebellen und Staatsmann« (Schechtman 1956), diesem »Kämpfer und Propheten« (ders. 1961) – so Jabotinskys Biograf Joseph Schechtman.

Doch war es keineswegs nur Jabotinsky, der das zionistische Vorhaben so illusionslos gesehen und ihm unvermeidlich kolonialen Charakter zugesprochen hat (siehe Fürtig 2016). Auch der sozialistische Staatsgründer David Ben Gurion sowie der bereits erwähnte Yosef Weitz äußerten sich ähnlich: So befürwortete Weitz, damals Direktor des Jüdischen Nationalfonds, bereits 1940 (!) eine vollständige Umsiedlung: »Unter uns muss klar sein, dass es im Land keinen Platz für beide Völker gibt. [...] Wenn die Araber es verlassen, wird das Land weit und geräumig für uns sein. [...] Die einzige Lösung ist ein Land Israel, zumindest ein westliches Land Israel ohne Araber. Hier gibt es keinen Raum für Kompromisse. [...] Es gibt keine andere Möglichkeit, als die Araber von hier in Nachbarländer umzusiedeln, sie alle umzusiedeln, aber vielleicht nicht Bethlehem, Nazareth und Alt-Jerusalem. Nicht ein Dorf darf übrigbleiben, nicht ein Stamm. Die Umsiedlung muss in den Irak, nach Syrien und sogar nach Transjordanien erfolgen. Für dieses Ziel werden sich finanzielle Mittel finden. [...] Und erst nach dieser Umsiedlung wird das Land in der Lage sein, Millionen unserer Brüder aufzunehmen, und das jüdische Problem wird Geschichte sein. Es gibt«, so Weitz, »keine andere Lösung« (zitiert nach Boehm 2020: 113). Und so auch Ben-Gurion schon 1938, wie bereits oben nach Tom Segevs Biografie (2018: 281) zitiert: »Ich befürworte einen Zwangstransfer. Ich sehe nichts Unmoralisches daran, allerdings ist ein Zwangstransfer nur durch England, nicht durch die Juden möglich.«

Gab es überhaupt jüdische Gruppen im damaligen Palästina, die sich dieser Politik widersetzten? In der Mandatszeit und vor allem nach der Gründung des Staates Israel waren es vor allem linke, kommunistische Gruppen unterschiedlicher Couleur, unter ihnen trotzkistische Gruppen (siehe hierzu Fiedler 2017), die als erklärte Antizionisten auftraten, aber auch Persönlichkeiten wie der Publizist Uri Avnery, die sich selbst als Bürger eines israelischen Staates ansahen, dessen innere Strukturen künftig nicht mehr auf die Aufnahme der Juden der Welt ausgerichtet sein sollten, sondern vor allem auf den Ausgleich mit den in Israel lebenden Arabern und das Entstehen einer israelischen Nation. Mit Ausnahme der Ultraorthodoxie zeichnen sich all diese Gruppen unter anderem dadurch aus, dass sie die im Zuge des Krieges von 1948 von jüdischen Milizen und der israelischen Verteidigungsarmee bewirkte Vertreibung von etwa 700.000 palästinensischen Arabern als historische Tatsache anerkennen und sich in vielen – keineswegs in allen – Fällen für eine Rückkehr der Palästinenser einsetzen.

Noch einmal: Ist der Zionismus ein Kolonialismus?

Man kann nun gleichwohl fragen, ob die so durch die Kriegserklärung der arabischen Staaten nach der Unabhängigkeitserklärung Israels ermöglichte Vertreibung von 700.000 Palästinensern und die vorher gezielte Besiedlung Palästinas dem klassischen Modell des Kolonialismus entsprechen. Tatsächlich gab es derlei in den Fällen von Algerien, Britisch-Indien und Indonesien so nicht; infrage steht, ob die Besiedlung Nordamerikas, Australiens und Neuseelands – Territorien, die dann später ihre Unabhängigkeit erklärten – ein Fall von Kolonialismus sind. Die Verdrängung der indianischen Urbevölkerung in Nordamerika und ihre Einsperrung in Reservate sind zu bekannt, um hier noch eigens belegt werden zu müssen – gleiches gilt für die Südafrikanische Union (zu letzterer siehe Hagemann 2003: 59f.). In Kanada erhielten Indigene, Mestizen und Inuit, die in Stammesverbänden lebten, erst 1960 das Wahlrecht (Sautter 2000: 107). In Australien wiederum führte die zunächst britische Kolonialmacht seit Mitte des 19. Jahrhunderts einen erbitterten Krieg um Land und Weideplätze mit den Aborigines (Hagemann 2004: 56f.). Allenfalls in Neuseeland gelang seit Mitte des 19. Jahrhunderts eine mehr oder minder einvernehmliche Lösung der Konflikte mit der indigenen Bevölkerung der Maori (siehe Reinhard 1996: 147-150).

Bei der Auseinandersetzung um Palästina und die behauptete Verdrängung der dort lebenden Araber wird dann – durchaus zu Recht – immer wieder ins Feld geführt, dass in den Zeiten des Mandats mindestens ebenso viele Nichtjuden – etwa aus Syrien – ins Mandatsgebiet eingewandert seien und zudem durch die jüdische Zuwanderung die Wohlfahrt der arabischen Bevölkerung deutlich gestiegen sei – was auch der Peel Report bestätigt habe (siehe Karsh 2010: 13). Auf jeden Fall hing jedoch die damalige jüdische Bevölkerung Palästinas in der Zwischenkriegszeit dem sozialistischen Zionismus an, der bereits vor dem Ersten Weltkrieg im noch osmanischen Palästina Böden ankaufte, um auf diesen Böden auf freiem Willen beruhende kommunistische Gemeinschaftssiedlungen, die Kibbutzim, zu gründen. Als bedeutendste Kraft kann die im Jahr 1913 in Polen gegründete Jugendbewegung »Haschomer Hazair« (»Der junge Wächter«) gelten. Dieser vor allem in Russland und Polen entstandene linke, antibürgerliche, sozialrevolutionäre, jugendbündische sowie von kommunistischen und anarchistischen Gedanken beeinflusste »linke« Zionismus setzte insbesondere auf das, was als »Selbstverwirklichung« galt.

Einer ihrer hervorragenden geistigen Vertreter war Aharon David Gordon, geboren 1856 bei Schitomir, gestorben 1922 im Kibbuz Degania am See Genezareth. Gordon, der 1904, im Alter von beinahe 50 Jahren, nach Palästina auswanderte, schuf eine tolstoianische, jedoch antimarxistische und mit starken naturreligiösen Elementen versetzte Gemeinschaftslehre (Gordon 1929). »Die Arbeit« so Gordon in einem Brief aus Palästina, »muß national sein. Die Arbeit – das ist das Volk, die ganze Kraft des Volkes. Ihr Kampf ist kein Klassen-, sondern ein nationaler Kampf, der Kampf des Volkes gegen seine Parasiten.« (Ebd.: 273)

Diese Haltung richtete sich an Gruppen marxistischer Zionisten aus, etwa die von »Poalej Zion« (»Zionsarbeiter«) und ihren Kopf Ber Borochov, die keine Kibbuzim gründen, sondern als klassenbewusste Arbeiter in den Städten Palästinas gemeinsam mit arabischen Arbeitern für einen sozialistischen Staat eintreten wollten. Dabei vertrat Borochov einen marxistischen Standpunkt, indem er ein Geschichtsgesetz postulierte, wonach sich die jüdischen Arbeiter der Diaspora mit einer gewissen Notwendigkeit zur Auswanderung nach Palästina bewegen würden (siehe hierzu Katz 2010).

Die bedeutendste Bewegung des sozialistischen Zionismus war die bereits oben erwähnte, 1913 in Polen gegründete Jugendbewegung »Haschomer Hazair« (Der junge Wächter – siehe hierzu die Beiträge auf der Website von JewishGen.org | The Global Home for Jewish Genealogy: www.jewishgen.org/yizkor/rzeszow/rze172.html), die stets für eine politische Allianz von Juden und Arabern eintrat und bis in die Mitte der 1970er Jahre neben einem sozialdemokratischen Verband (»Ichud ha Kibbuzim ve ha Kwutzot« – Einheit von Kibbuzim und Gruppen) einen bedeutenden, wenn nicht den bedeutendsten Teil der Kibbuz-Bewegung stellte. Bis weit in die 1970er Jahre wurde die politische Kultur des Staates Israel von sozialdemokratisch und gewerkschaftlich gesonnenen und organisierten Zionisten geprägt, unter ihnen der Gründer des israelischen Staates, David Ben Gurion, sowie der 1909 nach Palästina ausgewanderte Berl Katznelson, Chefredakteur der Zeitung »Dawar« (siehe zu diesem Shapira 1988).

Ganz anders schließlich eine kleine Gruppe – schon im Zusammenhang mit Hugo Bergmann erwähnter, meist aus deutschsprachigen Ländern (Deutschland, Österreich sowie der Tschechoslowakei) – nach Palästina emigrierter Intellektueller: Sie fanden sich in den 1930er Jahren zusammen, um einen Friedensbund zu gründen – »Brith Schalom« –, der auf einen friedlichen Ausgleich mit den Arabern Palästinas zielte. Ihm gehörten Persönlichkeiten wie der Kabbalaforscher Gershom Scholem, die Philosophen Hugo Bergmann und Martin Buber sowie der erste Präsident der 1925 eröffneten Hebräischen Universität Jerusalem, Leon Judah Magnes, an. Das waren die Gruppen, gegen die sich der politische, auf Macht und Krieg setzende Zionismus Jabotinskys wandte.

Daran, dass die zionistische Besiedlung Palästinas kolonialistische Züge trug, kann – wie auch die israelische Historikerin und Direktorin des in Leipzig angesiedelten Simon-Dubnow-Instituts, Yfaat Weiss, einräumt – ein vernünftiger Zweifel nicht bestehen. Auf die Frage, was sie von postkolonialen Ansätzen in der Erforschung des Zionismus halte, antwortete sie jüngst, verwundert darüber, dass dies als provokativ gelte: »Selbstverständlich waren sich alle Zionisten, die sich mit der Besiedlung Palästinas beschäftigt haben, dessen bewusst, dass es sich dabei um ein koloniales Unternehmen handelt. In den zionistischen Archivunterlagen war in deutscher Sprache auch immer von der ›Kolonisierung Palästinas‹ die Rede. [...] Doch der Vorstellung, man könne im Werkzeugkasten postkolonialer Theorien Ansätze finden, die eine stärkere Erklärungskraft als die schon bekannten Ansätze haben, stehe ich eher skeptisch gegenüber.« (In: Hirte/Klinggräff 2020: 557)

Gleichwohl ist vor dem Hintergrund postkolonialer Kritik an der zionistischen, der israelischen Staatsgründung, wie sie auch Achille Mbembe vertritt, nun zu fragen, was für eine Form von Kolonialismus diese Staatsgründung bzw. die ihr vorhergehende Besiedlung Palästinas war. Zunächst ist festzuhalten, dass eine deskriptiv vorgehende Theorie des Kolonialismus mehrere Arten des Kolonialismus unterscheidet: Handelskolonialismus, Stützpunktkolonialismus und Siedlungskolonialismus. Im Online-Lexikon zur Kultur und Geschichte der Deutschen im östlichen Europa der Carl-von-Ossietzky-Universität Oldenburg wird im Stichwort »Kolonialismus« unter Rückgriff auf den Historiker Jürgen Osterhammel zunächst eine treffende Definition vorgestellt: »Als Kolonialismus werden die Anstrengungen eines Kollektivs zur Errichtung und Stabilisierung einer Herrschaftsbeziehung über ein kulturell fremdes Kollektiv bezeichnet. Dem kolonisierten Kollektiv werden fundamentale Möglichkeiten einer selbstbestimmten Lebensführung genommen, wobei die Herrschaftsausübung typischerweise mit einer angenommenen kulturellen Überlegenheit und dem Gedanken einer zivilisatorischen Mission gerechtfertigt wird.« (Kienemann 2013)

Eine zweite Definition hat Osterhammel selbst in seinem Buch »Kolonialismus. Geschichte – Formen – Folgen« wie folgt formuliert: »Kolonialismus ist eine Herrschaftsbeziehung zwischen Kollektiven, bei welcher die fundamentalen Entscheidungen über die Lebensführung der Kolonisierten durch eine kulturell andersartige und kaum anpassungswillige Minderheit von Kolonialherren unter vorrangiger Berücksichtigung externer Interessen getroffen und tatsächlich durchgesetzt werden. Damit verbinden sich in der Neuzeit in der Regel sendungsideologische Rechtfertigungsdoktrinen, die auf der Überzeugung der Kolonialherren von ihrer eigenen kulturellen Höherwertigkeit beruhen.« (Osterhammel 2009: 21) Trifft dies auf den Zionismus und die zionistische Besiedlung Palästinas seit dem letzten Drittel des 19. Jahrhunderts zu? Auf jeden Fall sind drei verschiedene historische Stadien unter diesem Blickwinkel zu untersuchen: Erstens die jüdische, die zionistische Besiedlung Palästinas seit dem zweiten Drittel des 19. Jahrhunderts, zweitens die Staatsgründung selbst sowie drittens die Eroberung und Besiedlung der Westbank seit Israels Sieg im Sechstagekrieg von 1967 bis zur Gegenwart des frühen 21. Jahrhunderts.

Eine Betrachtung der Diskussion wird zuallererst zeigen, dass das, was heute als »postkoloniale« Kritik am Zionismus gilt und zuletzt als eine Form des »israelbezogenen Antisemitismus« kritisiert wurde, bereits eine lange Geschichte hat. Bereits 1967 vertrat der marxistische Historiker und Orientalist Maxime Rodinson (1915-2004; ein Sohn in Auschwitz ermordeter Juden) in der von Simone de Beauvoir und Jean-Paul Sartre herausgegebenen Zeitschrift »Les Temps Modernes« die Meinung, Israel sei ein kolonialer Siedlerstaat (Rodinson 1967 und 1968). Zur Debatte um sein Buch »Israel: A Colonial-Settler State?« notierte Charles Glass im Mai 2001 im »Guardian«: »Das 1973 erschienene Buch des französischen Marxisten Maxime Rodinson, Israel: Ein kolonialer Siedlerstaat? hat ein Fragezeichen in seinem Titel, das [Tom] Segev und [Naomi] Shepherd wahrscheinlich entfernen würden. In dem, was er als ›eine offensichtliche Diagnose‹ bezeichnete, hielt Rodinson die israelische Staatlichkeit für den ›Höhepunkt eines Prozesses, der sich perfekt in die große europäisch-amerikanische Expansionsbewegung des 19. und 20. Jahrhunderts einfügt, deren Ziel es war, neue Bewohner unter anderen Völkern anzusiedeln oder sie wirtschaftlich und politisch zu dominieren‹.«[33]

---

33 »Rodinson's book ›Israel: A Colonial Settler State?‹ required a questionmark in its title that Segev and Shepherd would probably remove. In what he

Nicht nur an Rodinsons Thesen schloss sich eine umfangreiche, nicht zuletzt von jüdischen, von israelischen Autor:innen geführte Debatte an. So hat bereits 1970 Eli Lobel in seinem gemeinsam mit Sabri Geries verfassten Buch »Die Araber in Israel« seinem zweiten Kapitel die Überschrift »Für die jüdische Kolonisation« gegeben (Lobel/Geries 1970). 1975 dann erschien die deutsche Übersetzung von Nathan Weinstocks nach dem Sechstagekrieg verfasstem Buch »Das Ende Israels? Nahostkonflikt und Geschichte des Zionismus«, in dem der Autor verschiedene Phasen der »Kolonisationsgeschichte« unterscheidet (Weinstock 1975). Weinstock, Jahrgang 1939, hat inzwischen nach einem Sinneswandel bezüglich der Genese des Palästinakonflikts die Publikation dieses Buches verboten. 1980 dann publizierte der Historiker Dan Diner sein Buch »Israel in Palästina. Über Tausch und Gewalt im Vorderen Orient«, in dem er sich nicht nur auf Maxim Rodinson bezog, sondern auch den Versuch unternahm, den Konflikt zwischen den Arabern Palästinas und der zionistischen Bewegung mit Kategorien des Rechtstheoretikers Carl Schmitt zu deuten (Diner 1980).

1992 publizierte Anita Shapira ihre Monografie »Land and Power. The Zionist Resort to Force, 1881-1948«, in der sie schrieb: »Die jüdischen Kolonisten hatten keine besondere Sympathie für den Araber. In ihren Augen war er ein Fremder, mit fremden Sitten und einer Religion und einem Wertesystem, das sich von dem unterschied, was sie unter ihren nichtjüdischen Nachbarn gewohnt waren. [...] Achad Ha'am [Pseudonym von Ascher Ginsberg, 1856-1927, einem führenden Kulturzionisten, M.B.] gewann ein höchst ungünstiges Bild von den Kolonisten gegenüber ihren arabischen Nachbarn: ›Sie verhalten sich feindselig und grausam gegenüber den Arabern, überfallen sie ungerechterweise, schlagen sie ohne guten Grund schändlich, und dann zögern sie nicht, mit ihren Taten zu prahlen.‹« (Shapira 1992: 58)[34]

referred to as ›an obvious diagnosis‹, Rodinson took Israeli statehood to be the ›culmination of a process that fits perfectly into the great European-American movement of expansion in the 19th and 20th centuries whose aim was to settle new inhabitants among other peoples or to dominate them economically and politically‹«; www.theguardian.com/books/2001/may/31/londonreviewofbooks

[34] »The Jewish Colonists had no particular sympathy for the Arab. In their eyes, he was a foreigner, with strange customs and a religion and system of values different from what they had been accustomed to among their Gentile neighbors [...] Achad Ha'am gained a highly unfavorable image of the colonists toward their arab neighbors: ›They behave hostilely and cruelly toward the Arabs,

In der Folge war Zeev Sternhell um den Nachweis bemüht, dass die Besiedlung Palästinas durch die zionistische Bewegung letztendlich in einem »nationalistischen Sozialismus« gipfeln musste (Sternhell 1999). Ilan Pappe war schließlich 2004 davon überzeugt, dass zu Beginn des 20. Jahrhunderts eine internationale Konstellation entstand, »die für Europäer geeignet war, das Land zu besuchen, zu besetzen, zu besiedeln oder radikal zu verändern. [...] Diese Neuankömmlinge unterschieden sich in Herkunft, Ideologie und Zielsetzung, und doch waren sie alle Kolonisatoren, christliche Missionare und zionistische Siedler gleichermaßen. Kolonialismus ist nicht nur ein Schlagwort, das die Motivation erklärt; es impliziert auch bestimmte Konsequenzen. Alle Neuankömmlinge in der Entstehungszeit Palästinas so darzustellen, als wollten sie es in ein ›modernes‹ Gebilde verwandeln, zeigt also auch etwas über die Art und Weise, wie sie die einheimische Bevölkerung wahrnahmen.« (Pappe 2004: 32)[35]

So entsteht ein auf den ersten Blick widersprüchliches Bild: Während der Staat Israel etwa bei Angela Merkel als Ausdruck einer Renaissance des von Deutschland und seinen Kollaborateuren millionenfach ermordeten jüdischen Volkes erscheint, gilt er dort als Inbegriff einer neuen Form von Kolonialismus, von Siedlerkolonialismus – als Ausdruck einer letzten kolonialen Staatsgründung ausgerechnet in jener Zeit, als nach dem Ende des Zweiten Weltkrieges die Ära des Kolonialismus weitestgehend beendet war. Deutlichster Ausdruck des mit dieser Staatsgründung einhergehenden politischen Unrechts aber war die inzwischen auch von der ernsthaften israelischen Forschung eingeräumte Flucht und Vertreibung von etwa 700.000 palästinensischen Arabern in den Jahren 1947/48 (siehe Morris 2007). Mehr noch: In seinem Buch »1948. A History of the First Arab-Israeli War« schreibt der israelische Historiker Benny Morris: »In Wahrheit aber begingen die Juden im Laufe des Jahres 1948 weit mehr Gräueltaten als die Araber und töteten weit mehr Zivilisten und Kriegsgefangene in gezielten [sic!

encroaching upon them unjustely, beating them disgracefully for no good reason, and then they do not hesitate to boast about their deeds.‹«

35 »(...) that suited Europeans to visit, occupy, settle or radically transform the land. [...] These newcomers varied in origin, ideology and purpose, and yet were all colonizers, Christian Missionaries and Zionist settlers alike. Colonialism is not just a catchword explaining motivation; it also implies certain consequences. So depicting all the new arrivals in the formative period of Palestine as wishing to turn it into a ›modern‹ entity also shows something about the way they perceived the indigenous population.«

M.B.] Akten der Brutalität. Dies war wahrscheinlich auf den Umstand zurückzuführen, dass die siegreichen Israelis zwischen April und November 1948 etwa vierhundert arabische Dörfer und Städte einnahmen.« (Morris 2008: 405)[36]

Ein Freund Ben Gurions, der Dichter Chaim Guri, sah auf seinem Schreibtisch ein Blatt Papier mit einem Vers aus dem Buch Exodus (29,29-30), in dem es mit Blick auf die Völker Kanaans hieß: »Nur allmählich will ich sie vor dir zurückdrängen, bis du so zahlreich geworden bist, dass du das Land in Besitz nehmen kannst.« (Zitiert nach ebd.: 431) Auf diese und ähnliche Bibelpassagen stützen sich bis heute die rechtsradikalen fundamentalistischen jüdischen Siedler im Westjordanland.

Die Debatte um die Frage, ob – und wenn ja – was für eine Form des Kolonialismus die zionistische Besiedlung Palästinas, die israelische Staatsgründung sowie die Besetzung und Besiedlung des Westjordanlandes ist, fand ihren vorläufigen Abschluss im Jahr 2016 mit drei Beiträgen in dem renommierten internationalen »Handbook of Israel: Major Debates, Volume 2« (Ben-Rafael u.a. 2016). Der Grundsatzartikel darin (ebd.: 794-808) stammt aus der Feder des israelischen, derzeit an der University of California San Diego lehrenden Soziologen Gershon Shafir, der von 2001 bis 2003 »Präsident« der »Israel Studies Association« war. Ihm widerspricht in einigen Punkten der an der Ben-Gurion-Universität in Be'er Sheva lehrende Historiker Tuvia Friling in seinem Beitrag »What do Those Who Claim Zionism is Colonialism Overlook« (Friling 2016), während Yitzhak Sternberg, der am Beit-Berl-College bei Kfar Saba nördlich von Tel Aviv als »Lecturer« wirkt, in seinen Ausführungen in »The Colonialism/Colonization Perspective on Zionism/Israel« (Sternberg 2016) um Ausgleich bemüht ist.

Das bereits oben unter Bezug auf Jürgen Osterhammel erwähnte klassische Modell von Kolonialismus kann sich – auch noch im 20. Jahrhundert – etwa auf die Fälle Algeriens, Indiens und Indonesiens beziehen. Das heutige Algerien, damals noch Teil des Osmanischen Reiches, wurde 1830 von Frankreich erobert und nach Jahrzehnten eines an verschiedenen Fronten geführten Unabhängigkeitskampfes 1962 in die Unabhängigkeit entlassen. Im Jahr 1756 hatte die britische Ost-Indien-Company

[36] »In truth however, the Jews committed far more atrocities than the Arabs and killed far more civilians and POWs in deliberate acts of brutality in the course of 1948. This was probably due to the circumstance that the victorious Israelis captured some four hundred Arab villages and towns during April-November 1948.«

Teile des indischen Subkontinents übernommen, der in seiner Gesamtheit später eine Kolonie Großbritanniens wurde – eine Kolonie, die ihre Unabhängigkeit 1947 erhielt. Indonesien schließlich stand seit 1908 im Ganzen unter niederländischer Herrschaft, um in den Jahren 1949 bis 1955 zur Gänze die Unabhängigkeit zu erhalten.

Das Standardmodell des Kolonialismus geht mithin von einem Mutterland aus, das sich der Territorien, der Arbeitskraft und der natürlichen Ressourcen der Kolonie bemächtigt und sie ausbeutet. Dabei differenziert der historische Blick noch zwischen den genannten Unterformen: Handelskolonialismus, Stützpunktkolonialismus sowie Siedlungskolonialismus. Für Shafir gilt als geklärt, dass der Zionismus eine Form des Siedlungskolonialismus ist, wenngleich er nicht auf ein dahinterstehendes »Mutterland« verweisen kann. Auch gilt für den Zionismus nicht, dass er wirtschaftlich auf der ökonomischen Ausbeutung der jeweiligen indigenen Arbeitskräfte beruht. Im Unterschied zu anderen Nationalstaatsgründungen des späten 19. Jahrhunderts (vor allem im Habsburger Reich, in Ostmitteleuropa) sollte der Nationalstaat der Juden nicht durch Sezession, sondern durch Landnahme geschaffen werden. Daher ging es auch nicht um die ökonomische Ausbeutung der vorfindlichen Bevölkerung, sondern um die Schaffung eines ethnisch homogenen Arbeitsmarktes, von dem die indigene Bevölkerung ausgeschlossen war, und – als eine Voraussetzung – um ein ethnisch-nationales, also jüdisches Bodenmonopol, wie es der 1901 gegründete Jewish National Fund darstellt. Schon im Hebräischen Namen »Keren Kajemet Le Jissrael« (»Bodenfundus Israels«) wird deutlich, dass Böden im Besitz dieser Institution ausschliesslich von Jüd:innen besessen und bearbeitet werden dürfen. »Die Ziele«, so Gershon Shafir, »des JNF und der Histadrut [der zionistischen Gewerkschaftsbewegung, M.B.] waren die Entfernung von Land bzw. von Arbeitskräften vom Markt und damit die Abschottung gegen palästinensische Araber« (in Ben-Rafael 2016: 797).[37]

Und das im Unterschied zu den ersten jüdischen Kolonien in Palästina, deren Eigentümer häufig arabische Arbeiter beschäftigten. Anders als Theoretiker, die die zionistische Staatsgründung nicht durch Sezession, sondern durch Auswanderung mitsamt ihren Ausschlussstrategien gegenüber der einheimischen Bevölkerung für einmalig erklären, hebt Shafir hervor, dass derlei in der Geschichte des Kolonialismus durchaus öfter üblich war – zumal in Formen des Siedlungskolonialis-

[37] »The aims of the JNF and the Histadrut were the removal of land and labor from the market, respectively, thus closing them off to Palestinian Arabs.«

mus. So erwähnt er die Ausschlusspolitik Australiens gegenüber Chinesen, den erbitterten Widerstand englischer Siedler in Kenia wider die Absicht Großbritanniens, dort ein jüdisches Heimwesen zu etablieren, sowie den 1882 vom US-amerikanischen Kongress verabschiedeten »Chinese exclusion act«. Daran ändert auch die sozialistische Weltanschauung der für den Besiedlungsprozess wesentlichen sozialistischen Kibbuz-Bewegung nichts, wie die erwähnten Studien von Shapira und Sternhell gezeigt haben. Mehr noch: Wichtige Politiker des jüdischen Jischuv, so etwa Yosef Weitz, dachten schon vergleichsweise früh über eine Aussiedlung nach, einen »Transfer« der arabischen Bevölkerung.

Shafir jedenfalls zögert nicht, die Besatzungs- und Besetzungspolitik Israels im Westjordanland seit 1967 dieser kolonialen Logik zuzurechnen. Im Sinne seiner vier juristischen Strategien – Berufung auf ottomanisches Bodenrecht bezüglich »nichtkultivierter Böden«, militärische Notwendigkeiten, Regulierungen bezüglich »verlassenen Eigentums« sowie Erwerb aufgrund öffentlicher Bedürfnisse – ist seit 1967 etwa ein Drittel des Westjordanlandes in israelisches Eigentum überführt worden (siehe ebd.: 802f.).

Der strikten Sichtweise Shafirs halten Sternberg und Friling einen zu rigiden Determinismus vor. Vor allem aber unterscheide Shafir nicht zwischen »Kolonialisierung« und »Kolonialismus«. Demnach sei – so etwa Ran Aronsohn – »Kolonisation [...] ein grundsätzlich geographisches Phänomen, dessen Wesen die Einwanderung und die Errichtung von Einwanderersiedlungen in einem neuen Land ist, die sich von älteren traditionellen Siedlungen unterscheiden. Demgegenüber ist Kolonialismus ein politisches und wirtschaftliches Phänomen, das durch die gewaltsame Herrschaft und Ausbeutung eines Staates über Territorium und Bevölkerung jenseits seiner eigenen Grenzen gekennzeichnet ist. Während ersteres seinen Ausdruck in der Gründung einer Kolonie im Sinne einer allgemein einem europäischen Dorf ähnlichen Siedlung fand, drückte sich letzteres Phänomen in der Umwandlung des eroberten Territoriums in eine Kolonie im Sinne einer Grafschaft unter der Herrschaft einer europäischen Macht aus.« (Zitiert nach Sternhell 1999: 839)[38]

---

[38] »(C)olonization [is] a fundamentally geographic phenonomen – whose essence is immigration and the establishment of immigrant settlements in a new land that are distinctive from older traditional settlements – colonialism is a political and economic phenomenon, characterized by the forcible dominion and exploitation of a state over territory and population beyond its own borders. Whereas the former found expression in the establishment of a colony in the sense of the settlement generally similar to a European village, the latter phe-

Nach dieser Sichtweise war der Zionismus zwar eine Form der Kolonisation, nicht aber des Kolonialismus, was letzten Endes auf die Frage hinausläuft, ob Großbritannien 1917 völkerrechtlich berechtigt war, den Juden in der Balfour-Deklaration eine Heimstätte im immer noch existierenden Osmanischen Reich zuzusichern. War – wie viele meinten – Palästina ein »Land ohne Volk«, das man einem »Volk ohne Land« zusprechen konnte?

Die mögliche Teilung des britischen Mandatsgebiets Palästina wurde in zwei Dokumenten erörtert, als nach der Machtübernahme der Nationalsozialisten der Auswanderungsdruck auf die Juden in Deutschland massiv zunahm. 1937 wurde der »Peel Report« veröffentlicht und 1939 das entsprechende »Weißbuch der britischen Regierung«. Dieser Report wurde nach dem arabischen Aufstand 1936 publiziert und beinhaltete den Vorschlag, als jüdisches Gebiet die Küstenebene – das Jesreeltal und einen großen Teil von Galiläa – auszuweisen, während der arabische Teil (Judäa, Samaria, die Negev-Wüste) Transjordanien sowie einen britisch kontrollierten Korridor von Jerusalem bis an die Küste nach Jaffa umfassen sollte. Zudem wurde, um möglichst homogene Bevölkerungen entstehen zu lassen, ein gegenseitiger Bevölkerungstransfer erwogen. Tatsächlich erwogen wichtige Institutionen und Politiker des jüdischen Jischuv vor allem einen – wie auch immer bewirkten – Transfer der arabischen Bevölkerung. Zwei Jahre später sollte dann das Weißbuch der britischen Regierung die Landaufteilung erneut regeln. Ziel war es, die Neigungen von Teilen der arabisch-palästinensischen Bevölkerung unter Führung des Mufti von Jerusalem, Haj Amin el Husseini (zu diesem siehe Motadel 2017: 55f.), sich dem nationalsozialistischen Deutschen Reich anzunähern, zu unterbinden.

Dieses »Macdonald«-Weißbuch enthielt u.a. folgende Festlegungen:

»I/4: Die Regierung Seiner Majestät verkündet jetzt unzweideutig, dass es nicht ihre Politik ist, aus Palästina einen jüdischen Staat werden zu lassen. [...]

I/10/1: Das Ziel der Regierung seiner Majestät ist die Errichtung eines unabhängigen Palästina-Staates innerhalb von zehn Jahren, der Vertragsbeziehungen mit dem Vereinigten Königreich in der Weise hat, dass die wirtschaftlichen und strategischen Interessen beider Länder berücksichtigt werden.

---

nomenon was expressed in transforming the conquered territory into a colony in the sense of a county under the rule of a European power.«

I/10/2: In dem unabhängigen Staat sollen Araber und Juden gemeinsam in der Weise regieren, dass die wesentlichen Interessen jeder Gemeinschaft gesichert sind. [...]

II/13/1: Die jüdische Einwanderung wird in den nächsten fünf Jahren so geregelt, dass die Zahl der jüdischen Einwanderer ungefähr ein Drittel der Gesamtbevölkerung des Landes erreicht – vorausgesetzt, die wirtschaftliche Aufnahmefähigkeit des Landes erlaubt dies. [...] Vom April dieses Jahres an werden innerhalb der nächsten fünf Jahre 75000 Einwanderer zugelassen. [...]

II/13/3: Nach fünf Jahren wird keine jüdische Einwanderung mehr gestattet, es sei denn, die Araber Palästinas wären hierzu bereit.

II/13/4: Die Regierung Seiner Majestät ist entschlossen, die illegale Einwanderung zu verhindern. [...]

III/16: Der Hochkommissar erhält Vollmachten, den Landverkauf zu verbieten und zu steuern.« (Zitiert nach Bundeszentrale für politische Bildung 2008)

Das war 1939. Doch die Debatte, ob auf dem Territorium des britischen Völkerbundmandats Palästina Raum genug für zwei nationale Gemeinwesen sein könnte, beschäftigte die politische Leitung des Jischuv, also der jüdischen Siedlungsgemeinschaft, schon länger und auch führenden zionistischen Intellektuellen war klar, dass die Gründung eines jüdischen Gemeinwesens unausweichlich gewaltsame, ja koloniale Züge tragen müsse.

Was schließlich die zionistische Besiedlung Palästinas betrifft, so haben Friling und Sternberg gegen Shafir die Unterscheidung zwischen »Kolonisierung« und »Kolonialismus« eingeführt und eingeräumt, dass es bei der zionistischen Besiedlung sehr wohl »Kolonisierungsprozesse« gegeben habe, jedoch bestritten, dass es um eine klassische Form des Kolonialismus ging. In diesem Sinne schrieben die israelischen Historiker Alon Confino und Amos Goldberg am 1.5.2020 in der taz, wobei sie Achille Mbembe insofern Recht gaben, als auch sie den zionistischen Staat als einen kolonialen Siedlerstaat bezeichneten: »Und«, so die beiden Historiker, »wir leugnen auch nicht das Existenzrecht Israels. Wer die USA, Kanada oder Australien als koloniale Siedlerstaaten beschreibt, stellte ja damit auch keineswegs deren Existenzrecht infrage. Aber dieser Blick enthüllt die Zwiespältigkeit des Zionismus. Er war eine nationale Befreiungsbewegung, die Juden, die vor dem Antisemitismus flohen, einen sicheren Hafen bot. Er schuf einen Ort, an dem Holocaust-Überlebende ihr Leben neu und selbstbestimmt in die Hand nehmen konnten. Der Zionismus schuf aber auch einen kolonialen Siedlerstaat, in dem eine klare Hierarchie zwischen Juden und Arabern herrscht und Segregation und Diskriminierung zum Alltag gehören. Solche Phänomene gab es häufig in der Geschichte, und es gibt keinen Grund, Israel und Palästina nicht in diesem Sinne zu analysieren und zu debattieren, einschließlich des Konzepts der Apartheid. Zionismus zu verstehen bedeutet, zwei komplexe Erzählungen zu erfassen, die unvereinbar scheinen, sich aber in Wahrheit ergänzen. Wir müssen die Geschichte erzählen, warum Juden vor Antisemitismus und Diskriminierung in Europa flohen und in Palästina einwanderten, und wir müssen die Geschichte erzählen, welche Konsequenzen dies für die Palästinenser in den letzten hundert Jahren hatte.« (Confino/Goldberg 2020)

Kapitel 7
Warum die Kritik an israelischer Politik besonders erregt

Auf den ersten Blick könnte es so scheinen, als sei die Debatte um Achille Mbembes Kritik an israelischer Politik ein Spezifikum der politischen Kultur Deutschlands – eine Haltung, die jedenfalls Felix Klein, der Antisemitismusbeauftragte der deutschen Bundesregierung, vertritt.

»Das heißt«, so Klein in dem bereits erwähnten Gespräch in Deutschlandfunk Kultur vom 21.4.2020, »die Einzigartigkeit des Holocaust, die auch ein wichtiges Narrativ ist für die Erinnerungskultur in Deutschland, auch für die Gründung der Bundesrepublik Deutschland, so wie es Joachim Gauck ja mal formuliert hat: Der Holocaust und die Auseinandersetzung damit gehören zur deutschen Identität. Wenn also Herr Mbembe als ausländischer Wissenschaftler in so eine Debatte eingreift und auch missverständliche Sätze formuliert, dann muss er das klarstellen. Für mich sind diese Sätze auch als Relativierung des Holocaust zu deuten, und in meiner Eigenschaft als Antisemitismusbeauftragter fühle ich mich berufen, in so eine Debatte einzugreifen und dann auch meine Sorge zum Ausdruck zu bringen, dass das hier missverstanden werden kann. Deswegen habe ich mich zu Wort gemeldet, und die Auseinandersetzung, die jetzt geführt wird, halte ich für sehr richtig. [...] Ich glaube, dass es etwas völlig Unterschiedliches ist, diese Separationsfantasien. Ob man durch einen Zaun Wohngebiete trennt oder Nationen durch eine Mauer oder ein Vernichtungslager von der restlichen Bevölkerung, das ist doch grundsätzlich etwas Anderes.«[39]

Hier hebt der Regierungsbeauftragte Klein völlig zu Recht hervor, dass die Geschichte und Erfahrung der Shoah sowohl für das politische Bewusstsein der Deutschen als auch für den normativen Rahmen ihres Staates unverzichtbar und vorrangig sind – wäre doch ohne diese Erfahrung bereits der erste Artikel des deutschen Grundgesetzes: »Die Würde des Menschen ist unantastbar« – so nie formuliert worden. Aber: Macht sich einer relativen Abwertung dieser Erfahrung schuldig, wenn sie oder er andere historische Greueltaten mit diesen Erfahrungen in ei-

[39] Deutschlandfunk Kultur: Die Causa Achille Mbembe. Schwere Vorwürfe und Streit um einige Textpassagen. René Aguigah im Gespräch mit Felix Klein und Andrea Gerk, 21.4.2020.

nem Zuge nennt? Dabei geht es nicht zuletzt um die Frage der Singularität der Shoah. Wer sich dessen versichern will, gerät unweigerlich in mindestens drei paradoxe Konstellationen, die offensichtlich nicht zu vermeiden sind: in ein Erkenntnisparadox, ein Darstellungsparadox und ein Handlungsparadox, also in Paradoxien der theoretischen, der ästhetischen und der praktischen Vernunft.

Das Erkenntnisparadox wird durch die zutreffende Behauptung der Singularität von »Auschwitz« provoziert, dass jede Einzigartigkeitsbehauptung Vergleiche nach sich ziehen muss – wobei vergleichen nicht mit Gleichsetzung identisch ist. Dem Singularitätsparadox verdankt eine an der Würde des Menschen orientierte politische Kultur ihre wachsende Sensibilität für historische und aktuelle Genozide und eine vergleichende Genozidforschung. So komplex diese Debatte unter Bezug auf die industrielle Massenvernichtung der europäischen Juden durch das nationalsozialistische Deutschland auch ist, so steht eines schon heute fest: Von einem singulären Leiden der Opfer in qualitativer und quantitativer Hinsicht lässt sich angesichts des jungtürkischen Genozids an den Armeniern, der stalinistischen Verbrechen an Völkern und der Bevölkerung der Sowjetunion oder auch des Rassen- und Klassenmordes der Roten Khmer an ihrer Bevölkerung nicht sprechen. Wohl aber davon, dass im Falle des nationalsozialistischen Deutschlands auf bisher einzigartige Weise eine hochzivilisierte, bürgerliche Nation – nicht zuletzt mit aktiver Beteiligung wesentlicher Teile ihres Bildungsbürgertums – derartige Untaten arbeitsteilig beging.

Dem Erkenntnisparadox entspricht ein Darstellungsparadox: Wenige Redeweisen sind in Beziehung auf »Auschwitz« so populär geworden wie die Rede vom »unvorstellbaren Grauen«, die offensichtlich gerade deshalb sowohl Filmregisseure als auch bildende oder dichtende Künstler geradezu aufstachelt, das Unvorstellbare gleichwohl darzustellen. So reichen die Versuche – um nur bei den Filmen zu bleiben – von der einfältigen Fernsehserie »Holocaust« über Spielbergs »Schindlers Liste« bis hin zu Lanzmanns »Shoah« – und die Güte all dieser Versuche lässt sich exakt daran bestimmen, ob sie – wie Lanzmann mit seinem Film oder Peter Eisenman mit seiner Dokumentation über das Berliner Stelenfeld – ihr eigenes Ungenügen und das notwendige Scheitern mitartikulieren oder die Geschehnisse naiv oder gar mit Suspense abbilden.

Ursache und Grund der unverhältnismäßigen Aufladung von allem, was mit der israelischen Staatsgründung zu tun hat, besteht in der für biblische Theologen kaum zu vermeidenden, psychologisch nur zu gut verstehbaren »Presentic Fallacy«, der präsentischen Täuschung – der

Aufladung eines kleineren regionalen Konflikts im Lichte der jüdischen und christlichen Tradition. Wie unverhältnismäßig diese Aufladung ist, zeigt ein nüchterner Blick auf die Geschichte des 20. Jahrhunderts sofort:

1959, bei der Niederschlagung des Aufstandes der Tibeter gegen die Volksrepublik China, starben Zehntausende von Tibetern – ein Ereignis im Fernen Osten, der als Region in der Bibel natürlich nicht vorkommt und das inzwischen so gut wie vergessen ist. Der kolumbianische Bürgerkrieg, er ging vor Kurzem zu Ende, kostete geschätzt 200.000 Menschen ihr Leben. Ihr Leben und Sterben war ein Ereignis im – von Europa aus gesehen – fernen Westen, einem Gebiet, das die Bibel – sieht man von der Bibel der Mormonen ab – ebenfalls nicht kennt. Eine Beurteilung dieser Konflikte und ihrer Opfer wird sich daher, sofern man moralischen Intuitionen aus den biblischen Schriften folgt, nur auf einem sehr allgemeinen Niveau bewegen können. Dass die Erregung über Israel-Palästina groß ist, der syrische Bürgerkrieg indes – er forderte in nur sechs Jahren mehr als eine halbe Million Opfer und trieb drei Millionen Menschen in die Flucht, deutlich mehr als sämtliche Opfer in 100 Jahren des Israel-Palästina-Konflikts – derzeit praktisch unbeachtet bleibt, ist für diese »Presentic Fallacy« bezeichnend.

Das aber ist bei Konflikten, die sich seit der Antike in der Region des biblischen Landes Israel, der späteren römischen Provinz Judäa, der noch späteren Provinz Palästina, dem noch späteren Millyet Falestin ereigneten, anders. Spätestens, allerspätestens seit den Konflikten zwischen römisch-katholischer und orthodoxer Kirche um Geburts- und Todesort Jesu, dem islamischen Bau des Felsendoms, den Kreuzzügen, dem Messianismus des falschen Messias Sabbatai Zvi (1626-1676), dem – vor allem religiösen – Zionismus und zuletzt dem schiitischen Al-Quds-Tag, schieben sich biblisch oder koranisch begründetes, moralisch-politisches Urteil hier und vergegenwärtigende Phantasie dort kaum unterscheidbar ineinander. Das aber war bereits bei der Gründung des Staates Israel so, wo es doch in der Gründungsurkunde tatsächlich heißt: »In Erez Israel stand die Wiege des jüdischen Volkes; hier wurde sein geistiges, religiöses und politisches Antlitz geformt; hier lebte es ein Leben in staatlicher Selbständigkeit ...« (Zitiert nach Ullmann 1964: 307)

Eine Aussage, die – penibel betrachtet – nur dann zutreffen kann, wenn man die Königreiche Israel und Juda, deren Bewohner in der hebräischen Bibel ja nie als »Juden« bezeichnet werden, für Beispiele staatlicher Selbständigkeit von Juden hält. Es ist an dieser Stelle nicht nötig, sich auf die gesamte Realgeschichte der seit dem babylonischen Exil so bezeichneten »Juden« einzulassen – in unserem Kontext ist vor allem von Belang, wie die evangelische Christenheit zumal in Deutschland sich zu den Juden, zum Staat Israel und zum Zionismus verhält – und das vor dem Hintergrund der keineswegs nur moralischen Schuld, die das evangelische Christentum von Luther bis zum Dritten Reich bezüglich der europäischen Juden auf sich geladen hat.

Ich begnüge mich mit einigen wenigen unser Thema betreffenden Beispielen für das, was ich als »Presentic Fallacy« bezeichne. So heißt es etwa im Buch des evangelischen Theologen Friedrich Wilhelm Marquardt (1928-2002), »Die Juden und ihr Land« aus dem Jahre 1975: »Denn um die uralte Berufung Israels handelt es sich auch im modernen Zionismus. Wie ein Einbruch der Welt des Glaubens in die Welt des vernünftigen Kalküls wirkte die Entscheidung des Zionistischen Kongresses von 1903, ein englisches Angebot, in Uganda eine nationale Heimstätte der Juden zu schaffen, abzulehnen.« (Marquardt 1975: 138) 1980, also Jahre später, wurde diese Deutung in einem Synodalbeschluss der Rheinischen Landeskirche ins Politische gewendet: Die Synode bekannte, »daß die fortdauernde Existenz des jüdischen Volkes, seine Heimkehr in das Land der Verheißung und auch die Errichtung des Staates Israel Zeichen der Treue Gottes gegenüber seinem Volk sind«. (Zitiert nach www.ekir.de/www/service/2509.php)

Die Behauptung, dass die Errichtung des Staates Israel ein Zeichen der Treue Gottes zum Volk Israel sei, stellt freilich ein klassisches Stück politischer Theologie im Sinne Carl Schmitts dar – wie überhaupt so gut wie alle Aussagen vor allem protestantischer Theologie zu dieser Problematik unter diese Kategorie fallen. Auch und zumal gegenwärtig, denn das Verhältnis der christlichen Kirchen zum Staat Israel ist noch immer ein »schwieriges Verhältnis«, das zumal angesichts des »Kairos«-Papiers palästinensischer Christen immer wieder diskutiert wird (siehe Evangelischer Pressedienst 2012).

Dass politische Theologie zumal im Sinne Carl Schmitts nicht nur in diesem Konflikt eine erhebliche Rolle spielt, bestätigt auch die neuere, eines jeden Fundamentalismus unverdächtige kritische Sozialwissenschaft. So hat Wendy Brown in überzeugender Weise nachgewiesen, dass die jüngste, vor allem am US-amerikanischen »Zaun« zu Mexiko sowie an der israelischen Mauer im Westjordanland zu beobachtende Renaissance räumlich markierter, abwehrender Grenzziehungen Ausdruck einer neuen politischen Theologie ist. Ohne zu bezweifeln, dass der israelische Zaun tatsächlich Terroristen abhält, weist Brown doch überzeugend nach, dass Mauern und Zäune vor allem in der Sache letztlich untaugliche Symbole sind (Brown 2018). In einer Zeit, in der das seit dem Dreißigjährigen Krieg bestehende System der Nationalstaaten ob der Globalisierung unwiderruflich seinem Ende entgegengeht, markieren Mauern ein Sanktuarium, ja ein politisches Heiligtum, das der weltgesellschaftlichen Lage nicht mehr entspricht.

Es war der einer jüdischen Familie entstammende, evangelische Philosoph Karl Löwith (1897-1973), ein kritischer Schüler Martin Heideggers, der – ernüchtert von den Erfahrungen des Zweiten Weltkrieges – jeder theologisch inspirierten Geschichtsphilosophie den Abschied gab: »Daß wir aber überhaupt«, so Löwith in »Weltgeschichte und Heilsgeschehen«, »die Geschichte im ganzen auf Sinn und Unsinn hin befragen, ist selbst schon geschichtlich bedingt: jüdisches und christliches Denken haben diese maßlose Frage ins Leben gerufen. Nach dem letzten Sinn der Geschichte ernstlich zu fragen, überschreitet alles Wissenkönnen und verschlägt uns den Atem; es versetzt uns in ein Vakuum, das nur Hoffnung und Glaube auszufüllen vermögen.« (Löwith 1983: 14)

Epilog: »Multidirektionales Erinnern«

Freilich liegt die Bedeutung jeder Geschichtsphilosophie in der Rolle, die sie für das Erinnern und Gedenken innerhalb menschlicher Gesellschaften oder Gruppen spielt. Das ist zumal bei dem inzwischen weltweit, ja sogar von den Vereinten Nationen anerkannten »Holocaustgedenktag« (am 27. Januar) der Fall. Indes handelt es sich bei ihm nicht um den einzigen von den UN, genauer der UNESCO, anerkannten Gedenktag. Wenig bekannt ist, dass es seit einigen Jahren auch einen Gedenktag der UN an die Sklaverei gibt, der an den Beginn des Sklavenaufstandes in Haiti im Jahre 1791 erinnern soll. Seit 1998 begeht die UNESCO jeweils am 23. August den »International Day for the Remembrance of the Slave Trade and of its Abolition« und begründet das wie folgt: »Dieser Internationale Tag soll die Tragödie des Sklavenhandels in das Gedächtnis aller Völker einschreiben. In Übereinstimmung mit den Zielen des interkulturellen Projekts ›Die Sklavenroute‹ soll er eine Gelegenheit bieten, gemeinsam über die historischen Ursachen, die Methoden und die Folgen dieser Tragödie nachzudenken und die Wechselwirkungen zu analysieren, die sie zwischen Afrika, Europa, Amerika und der Karibik hervorgerufen hat.«[40]

Zu fragen ist gleichwohl: Soll nur der vom nationalsozialistischen Deutschland an sechs Millionen europäischer Juden begangene Mord als jene einzige »große Erzählung« gelten, die weltweit das Menschenrechtsbewusstsein vorantreiben soll? »Neue Räume«, so die Soziologen Daniel Levy und Natan Sznaider in einer Studie über »Erinnerung im globalen Zeitalter«, »öffnen sich. Und die von vielen Historikern geschmähte Massenkultur drängt sich in den frei gewordenen Raum. Dieser Erinnerungsraum wird das kosmopolitische Gedächtnis werden. [...] Damit zusammenhängende Fragen der Einzigartigkeit und

[40] »This International Day is intended to inscribe the tragedy of the slave trade in the memory of all peoples. In accordance with the goals of the intercultural project ›The Slave Route‹, it should offer an opportunity for collective consideration of the historic causes, the methods and the consequences of this tragedy, and for an analysis of the interactions to which it has given rise between Africa, Europe, the Americas and the Caribbean.« en.unesco.org/commemorations/slavetraderemembranceday

Vergleichbarkeit des Holocaust führen dazu, dass diese Unterscheidungen aufgehoben werden. Der Holocaust wird als einzigartiges Ereignis vergleichbar. Die partikulare Opfererfahrung der Juden kann universalisiert werden.« (Levy/Sznaider 2001: 213)

Als Beleg für ihre These präsentierten Levy und Sznaider eine Anzeige in der »New York Times«, in der die drei bedeutendsten amerikanisch-jüdischen Organisationen – das »American Jewish Committee«, der »American Jewish Congress« sowie die »Anti-Defamation-League« – schon am 5. August 1992 feststellten, nachdem erste Bilder von in serbische Lager eingesperrten Bosniern um die Welt gingen: »Zu den blutigen Namen von Auschwitz, Treblinka und anderen Nazi-Todeslagern scheinen die Namen von Omarska und Brcko hinzuzufügen sein [...]. Ist es möglich, dass fünfzig Jahre nach dem Holocaust die Nationen der Welt, unsere eingeschlossen, passiv dastehen und nichts tun und vorgeben, hilflos zu sein?« Es sei hier betont«, so schließt die Anzeige, »dass wir jeden notwendigen Schritt tun werden, inklusive der Gewalt, um diesem Wahnsinn und dem Blutvergießen ein Ende zu setzen.«

In diesem Sinne versammelten sich vor 20 Jahren, zur Jahreswende 2000/2001, auf Einladung des schwedischen Staates in Stockholm Vertreter von 40 Staaten, um im globalen Zeitalter über humane Werte vor dem Hintergrund eines wieder erstarkten Rassismus zu diskutieren und um dabei die allfälligen Lehren aus dem »Holocaust«, d.h aus der industriellen Massenvernichtung der europäischen Juden – und nicht nur der Juden, sondern auch von Millionen von Polen, Sowjetbürgern und weiteren Minderheiten – durch das nationalsozialistische Deutschland zu ziehen. Die maßgeblich von dem israelischen Historiker Jehuda Bauer verfasste Abschlusserklärung des »Stockholm International Forum on the Holocaust« stellte dementsprechend fest: »Da die Menschheit immer noch an den Wunden des Völkermordes, der ethnischen Säuberung, des Rassismus und des Fremdenhasses leidet, teilt die internationale Gemeinschaft die schwerwiegende Verantwortung, das Böse zu bekämpfen. [...] Wir sind«, so schließt dieses Dokument, »verpflichtet, uns der Opfer, die umgekommen sind, zu erinnern, die Überlebenden, die noch unter uns weilen, zu respektieren und das der Menschheit gemeinsame Streben nach gegenseitigem Verständnis und Gerechtigkeit zu betonen.« (Zitiert nach ebd.)

Doch bedurfte es nicht dieses Anlasses: Hatte doch schon Hannah Arendt in ihrem 1951 erstmalig publizierten Buch über die Ursprünge des Totalitarismus – wenn auch mit falschem Zungenschlag – die Erfahrung der Europäer in den afrikanischen Kolonien als Ursprung des

Rassismus namhaft gemacht. Jahre später zeigte Michael Rothberg, dass der 1913 in Martinique geborene antikolonialistische, schwarze Autor Aimé Césaire – einer der Begründer des Konzepts der »Negritude« – in der Auseinandersetzung mit dem Kritiker Yves Florenne das Nachwirken des Hitlerschen Gedankenguts in der französischen Bourgeoisie nachgewiesen hat (Rothberg 2009: 78). Gleichwohl war Aimé Césaire keineswegs der erste und einzige antirassistische Aktivist, der sich vor dem Hintergrund des gegen Schwarze gerichteten Rassismus mit den Verbrechen des Nationalsozialismus auseinandersetzte.

Der schwarze Intellektuelle W.E.B. Du Bois lebte von 1868 bis 1963 und war der Begründer der antirassistischen Theorie der »Color Line«. Im Jahr 1949 besuchte Du Bois, der Ende des 19. Jahrhunderts u.a. in Deutschland studiert hatte, die Überreste des Warschauer Ghettos. Über diesen Besuch verfasste er eine kurze Aufzeichnung: »The Negro and the Warsaw Ghetto« – ein Text, der einige Jahre später in dem Essay »Jewish Life« seine Fortsetzung fand. Dort heißt es: »Das Ergebnis dieser drei Besuche und insbesondere meiner Besichtigung des Warschauer Ghettos war nicht so sehr ein klareres Verständnis des jüdischen Problems in der Welt, sondern ein wirkliches und vollständigeres Verständnis des Negerproblems. Erstens war das Problem der Sklaverei, der Emanzipation und der Kaste in den Vereinigten Staaten in meinen Augen nicht mehr eine separate und einzigartige Sache, wie ich sie so lange aufgefasst hatte. [....] Das Rassenproblem, für das ich mich interessierte, ging über die Grenzen von Hautfarbe und Körperbau und Glauben und Status hinweg und war eine Angelegenheit kultureller Muster, pervertierter Lehren und menschlicher Hetze und Vorurteile, die alle möglichen Menschen erreichten und allen Menschen unendliches Leid zufügten.« (Zitiert nach ebd.: 116)[41]

---

[41] »The results of these three visits, and particularly of my view of the Warsaw Ghetto, was not so much clearer understanding of the Jewish Problem in the world as it was a real and more complete understanding of the Negro problem. In the first place, the problem of slavery, emancipation, and caste in the United States was no longer in my mind a separate and unique thing as I had so long conceived it. [....] The race problem in which I was interested cut across lines of color and physique and belief and status and was a matter of cultural patterns, perverted teaching and human hate and prejudice, which reached all sorts of people and caused endless evil to all men.« Die komplette Aufzeichnung ist auch dokumentiert in europe.unc.edu/wp-content/uploads/sites/314/2021/02/DuBois-The-Negro-and-the-Warsaw-Ghetto.pdf

Erinnern und Gedenken stehen demnach nicht nur unter dem Imperativ einer universalistischen Moral, die sich mit durchaus guten Gründen auf die weltgeschichtliche Singularität des Holocaust berufen kann, sondern sind, zumal in einer globalisierten Welt, notwendig mit anderen Erinnerungen verflochten – und zwar so, dass es dabei nicht um ein Nullsummenspiel geht. Eben diese Vorstellung aber gab der in Deutschland 2020 geführten Debatte um das Werk Achille Mbembes ihre sinnlose, unversöhnliche Schärfe. So scheut sich Rothberg nicht, auch auf den Israel-Palästina-Konflikt einzugehen. Davon zeugt seine Auseinandersetzung mit dem israelischen Historiker Benny Morris, der zunächst wie kein anderer die verbrecherischen Aspekte der Vertreibung der Palästinenser 1947/48 behandelt hatte (siehe Morris 2008: 405-407), um dann einige Jahre später offen und geradezu zynisch diese Vertreibung zu rechtfertigen (so Rothberg 2009: 309-312). Erinnerungen sowie Formen des Gedenkens – das betont Rothberg immer wieder – sind kein Nullsummenspiel. In welcher Hinsicht berührt dieser Umstand, so ist abschließend zu fragen, die zumal in Deutschland mit guten Gründen behauptete weltgeschichtliche Singularität des Holocaust? Und zwar so, dass der Aufruf anderer Menscheitsverbrechen als »Relativierung« des Holocaust gilt?

Als Merkmale der Singularität, der Präzedenzlosigkeit der Shoah werden in der Regel folgende Merkmale aufgeboten: Erstens die bisher weltgeschichtliche – in der Tat beispiellose – Entwürdigung der Opfer, indem sie ihrer Namen benommen und nummeriert wurden, um zweitens buchstäblich wie Insekten vergast zu werden. Drittens die ebenso beispiellose Selbstzweckhaftigkeit und Unbegrenztheit des unter Aufbietung aller Mittel betriebenen Judenmords, der allen Juden auf der ganzen Erde und in aller Zukunft gelten sollte – und das zumal in einer Kriegssituation, in der eigentlich alle Mittel hätten aufgewendet werden müssen, um gegen die Alliierten zu bestehen. Auf jeden Fall – und darauf wird weniger verwiesen – handelte es sich viertens bei der Gesellschaft, die dieses Menschheitsverbrechen beging, um eine in jeder Hinsicht höchst entwickelte bürgerliche Gesellschaft.

Anders als die Apparatschiks des Stalinismus oder die jugendlichen Dschungelkämpfer der Roten Khmer waren es die Spitzen, die Eliten, aber auch die breiten Schichten der bürgerlichen Gesellschaft im Deutschen Reich, die diese Verbrechen arbeitsteilig begingen. Gleichwohl wird der Singularität dieses Verbrechens nichts genommen, wenn an die – wie oben zu zeigen versucht wurde – Singularität der Verbrechen des Kolonialismus, sei es im Kongo, sei es im transatlantischen Sklavenhandel erinnert wird. Nochmal: Erinnern und Gedenken sind kein Nullsummenspiel. Michael Rothberg beschließt sein Buch mit folgenden Worten, denen nichts hinzuzufügen ist, und die dennoch als Maxime künftigen Gedenkens in einer globalisierten Welt gelten können. Er nimmt noch einmal Bezug auf Morris' zynische Rechtfertigung der Vertreibung der Palästinenser und schreibt: »Aus der Art der Erinnerungskonflikte, die der israelisch-palästinensische Streit verkörpert, ziehe ich zwei Konsequenzen. Erstens können wir die strukturelle Multidirektionalität der Erinnerung nicht aufhalten. Selbst wenn es wünschenswert wäre – wie es manchmal zu sein scheint –, eine Mauer oder einen Cordon sanitaire zwischen verschiedenen Geschichten aufrechtzuerhalten, ist dies nicht möglich. Erinnerungen sind beweglich; Geschichten sind ineinander verwoben. Politische Konflikte zu verstehen, bedeutet also letztlich, die Verflechtung von Erinnerungen im Kraftfeld des öffentlichen Raums zu verstehen. Der einzige Weg nach vorne ist die Verflechtung.« (Ebd.: 313)[42] Diesen Worten wäre allenfalls hinzuzufügen, dass auch und gerade Achille Mbembe gut beraten gewesen wäre, sie in seinen israelkritischen Texten zu berücksichtigen.

[42] »I draw two corollaries from the kinds of memory conflicts emblematized by the Israeli/Palestinian dispute. First, we cannot stem the structural multidirectionality of memory. Even if it were desirable – as it sometimes seems to be – to maintain a wall, or cordon sanitaire, between different histories, it is not possible to do so. Memories are mobile; histories are implicated in each other. Thus, finally, understanding political conflict entails understanding the interlacing of memories in the force field of public space. The only way forward is there entanglement.« S. Rothberg, a.a.O., S. 313.

Postskriptum

Just während der letzten Korrekturen an den Fahnen zu diesem Buch brach – beginnend mit dem Beschuss von Tel Aviv durch von der Hamas abgeschossene Raketen – ein weiterer der kaum noch zählbaren Kriege zwischen Israel und Palästinensern aus. Vor diesem Hintergrund erscheinen die in diesem Buch analysierten Formen einer Auseinandersetzung mit postkolonialer Zionismuskritik (siehe auch Krell 2021) in einem neuen, grellen Licht.

Auf jeden Fall hat sich mit diesem, am 10. Mai 2021 von der islamistischen Hamas begonnenen Raketenkrieg gegen israelische Städte – hegelianisch gesprochen – der Weltgeist einen besonders schlechten Scherz gestattet: Führte doch dieser Terror dazu, dass ausgerechnet in Deutschland, das voller Stolz 1.700 Jahre jüdischen Lebens feiern wollte, eine so noch nicht gekannte Welle antisemitischer Demonstrationen in Erscheinung trat.

In der Sache zu Recht beklagen humanitäre Organisationen die hohe Zahl ziviler Opfer, die die israelischen Luftschläge gegen die Infrastruktur der Hamas in Gaza forderten. Gleichwohl kann kein Zweifel daran bestehen, dass die Hamas diesen Waffengang bewusst gewollt und provoziert hat – wissend, dass die israelische Reaktion blutig sein würde und auch die Leben palästinensischer Kinder, Frauen und Männer in Gaza, aber auch in israelischen Städten fordern werde. So gesehen, liegt die zurechenbare Schuld an den getöteten Kindern, Frauen und Männern in Gaza eindeutig aufseiten der Hamas.

Aus einer funktionalistischen Beobachterperspektive ist indes festzustellen, dass die Hamas dem israelischen Premier Benjamin Netanyahu für seine Luftschläge ebenso dankbar sein kann wie Netanyahu der Hamas, haben doch deren Raketenangriffe ihm die Chance gegeben, trotz der gegen ihn von Staatsanwälten erhobenen Anklagen und anhaltender Proteste gegen seine Politik weiter im Amt zu bleiben. Zu Recht versah die liberale israelische Tageszeitung »Haaretz« am 21.5.2021 einen entsprechenden Beitrag des israelischen Autors Zvi Bar'El mit dem Titel »So wie die Hisbollah ein strategischer Aktivposten des Irans im Libanon ist, hat Israel die Hamas in Gaza.«[1] Daher lässt sich noch nicht ein-

---

1 »Just as Hezbollah Is Iran's Strategic Asset in Lebanon, Israel has Hamas in Gaza.«

mal ausschließen, dass es Netanyahu bewusst darauf abgesehen hatte, nicht nur die Palästinenser, sondern die muslimische Welt insgesamt zu provozieren.

So berichtet die New York Times vom 15. Mai 2021, dass der israelische Staatspräsident Reuven Rivlin am »Jom ha Sikaron«, dem Tag der Erinnerung an die gefallenen Soldaten Israels – er fiel dieses Jahr auf den 13. April –, an der Klagemauer in Jerusalem eine Rede halten wollte und daher die israelische Polizei angewiesen wurde, in der ebenfalls auf dem Tempelberg befindlichen al-Aqsa-Moschee die Mikrofone abzuschalten. Und das am ersten Tag des Ramadan, der ebenfalls auf den 13. April fiel. Dass dies für eine strikt islamistische Partei wie die Hamas, die den Gazastreifen diktatorisch regiert, ein gefundenes Fressen war, ist leicht einzusehen.

Die Hamas ist seit ihrem Anbeginn eine im wörtlichen engen Sinne antisemitische Gruppierung, wie sich den folgenden Passagen ihrer ersten – inzwischen offiziell nicht mehr gültigen – »Charta« leicht entnehmen lässt. Dort heißt es: »Die Feinde haben lange Zeit gekonnt und präzise geplant, um das zu erreichen, was sie erreicht haben. Sie berücksichtigten die Ursachen, die den aktuellen Verlauf der Ereignisse beeinflussen. Sie bemühten sich, großen und substanziellen materiellen Reichtum anzuhäufen, den sie der Verwirklichung ihres Traums widmeten. Mit ihrem Geld übernahmen sie die Kontrolle über die Weltmedien, Nachrichtenagenturen, die Presse, Verlage, Rundfunkstationen und andere. Mit ihrem Geld haben sie Revolutionen in verschiedenen Teilen der Welt ausgelöst, um ihre Interessen zu verwirklichen und die Früchte darin zu ernten. Sie standen hinter der Französischen Revolution, der Kommunistischen Revolution und den meisten Revolutionen, von denen wir hier und da gehört haben und hören. Mit ihrem Geld gründeten sie Geheimbünde wie Freimaurer, den Rotary Club, den Lions Club und andere in verschiedenen Teilen der Welt, um Gesellschaften zu sabotieren und zionistische Interessen durchzusetzen. Mit ihrem Geld konnten sie imperialistische Länder kontrollieren und sie dazu anregen, viele Länder zu kolonisieren, damit sie ihre Ressourcen ausbeuten und dort Korruption verbreiten können.«[2]

---

[2] »For a long time, the enemies have been planning, skillfully and with precision, for the achievement of what they have attained. They took into consideration the causes affecting the current of events. They strived to amass great and substantive material wealth which they devoted to the realisation of their dream. With their money, they took control of the world media, news agen-

Heute gilt diese 1988 verabschiedete Charta offiziell nicht mehr – seit 2017 will sich die Hamas ein neues Grundsatzprogramm gegeben haben, das nur noch »antizionistisch« ist. Dieses neue (auffälligerweise im Netz nicht direkt zugängliche) Dokument enthält derlei strikt antisemitische Passagen nicht mehr, äußert sich aber zu Israel, dem Zionismus und den Juden wie folgt: »Das zionistische Projekt ist ein rassistisches, aggressives, koloniales und expansionistisches Projekt, das darauf basiert, das Eigentum anderer zu beschlagnahmen. Es steht dem palästinensischen Volk und seinem Streben nach Freiheit, Befreiung, Rückkehr und Selbstbestimmung feindlich gegenüber. Das israelische Gebilde ist ein Spielzeug des zionistischen Projekts und die Basis seiner Aggression. [...] Das zionistische Projekt richtet sich nicht nur gegen das palästinensische Volk. Es ist auch der Feind der arabischen und islamischen Ummah und stellt eine ernsthafte Bedrohung für deren Sicherheit und Interessen dar. Auch steht es den Bestrebungen der Ummah nach Einheit, Renaissance und Befreiung feindlich gegenüber und war die Hauptursache für ihre Probleme. Damit stellt das zionistische Projekt auch eine Gefahr für die internationale Sicherheit und den Frieden sowie für die Menschheit, ihre Interessen und Stabilität dar. [...] Die Hamas bekräftigt, dass ihr Konflikt dem zionistischen Projekt und nicht den Juden aufgrund ihrer Religion gilt. Die Hamas führt keinen Kampf gegen die Juden, weil sie Juden sind, sondern einen Kampf gegen die Zionisten, die Palästina besetzen. Sind es doch die Zionisten, die das Judentum und die Juden ständig mit ihrem eigenen Kolonialprojekt und ihrem illegalen Gebilde identifizieren. [...] Die Hamas lehnt die Verfolgung eines Menschen oder die Untergrabung seiner Rechte aus nationalistischen, religiösen oder sektiererischen Gründen ab. Die Hamas ist der Ansicht, dass das jüdische Problem, der Antisemitismus und die Verfolgung der Juden Phänomene sind, die grundsätzlich mit der europäischen Geschichte verbunden sind und nicht mit der Ge-

---

cies, the press, publishing houses, broadcasting stations, and others. With their money they stirred revolutions in various parts of the world with the purpose of achieving their interests and reaping the fruit therein. They were behind the French Revolution, the Communist revolution and most of the revolutions we heard and hear about, here and there. With their money they formed secret societies, such as Freemasons, Rotary Clubs, the Lions and others in different parts of the world for the purpose of sabotaging societies and achieving Zionist interests. With their money they were able to control imperialistic countries and instigate them to colonize many countries in order to enable them to exploit their resources and spread corruption there.« Hamas Covenant, 18. August 1988

schichte der Araber und Muslime oder deren Erbe. Die zionistische Bewegung, die mithilfe westlicher Mächte Palästina besetzen konnte, ist die gefährlichste Form der siedelnden Besatzung, einer Besatzung, die bereits aus weiten Teilen der Welt verschwunden ist und aus Palästina verschwinden muss.«[3]

Es fällt auf, dass die neue Charta von 2017 nicht den geringsten Hinweis darauf enthält, welche politische Form ein möglicher palästinensischer Staat annehmen, noch, was aus der jüdischen Bevölkerung des Landes werden soll. Deutlich ist auch in der erneuerten Charta nur, dass Hamas – anders als die PLO und Fatah – die Verträge von Oslo ablehnt. Im Unterschied zu den Positionen von Fatah und PLO lassen sich – soweit ersichtlich – bei der Hamas keine Ansätze für eine politische Lösung – sei es nun eine Zwei-Staaten-, eine Ein-Staaten- oder eine föderative Lösung erkennen.

Daher soll sich der Blick nun abschließend auf die Situation in diesem Lande, auf die Lage in Deutschland richten, das in der Tat ein in dieser massenhaften Form neuartiges Phänomen aufweist: offen antisemitische Demonstrationen sowie Angriffe auf Synagogen – Formen des Judenhasses, die bisher allenfalls am Rande der in diesem Jahr we-

---

[3] Verweis in der taz vom 2.5.2017. »14. The Zionist project is a racist, aggressive, colonial and expansionist project based on seizing the properties of others; it is hostile to the Palestinian people and to their aspiration for freedom, liberation, return and self-determination. The Israeli entity is the plaything of the Zionist project and its base of aggression. 15. The Zionist project does not target the Palestinian people alone; it is the enemy of the Arab and Islamic Ummah posing a grave threat to its security and interests. It is also hostile to the Ummah's aspirations for unity, renaissance and liberation and has been the major source of its troubles. The Zionist project also poses a danger to international security and peace and to mankind and its interests and stability. 16. Hamas affirms that its conflict is with the Zionist project not with the Jews because of their religion. Hamas does not wage a struggle against the Jews because they are Jewish but wages a struggle against the Zionists who occupy Palestine. Yet, it is the Zionists who constantly identify Judaism and the Jews with their own colonial project and illegal entity. 17. Hamas rejects the persecution of any human being or the undermining of his or her rights on nationalist, religious or sectarian grounds. Hamas is of the view that the Jewish problem, anti-Semitism and the persecution of the Jews are phenomena fundamentally linked to European history and not to the history of the Arabs and the Muslims or to their heritage. The Zionist movement, which was able with the help of Western powers to occupy Palestine, is the most dangerous form of settlement occupation which has already disappeared from much of the world and must disappear from Palestine.«

gen Corona abgesagten Al-Quds-Demonstrationen zu vernehmen waren. Es war nicht zu übersehen, dass – keineswegs nur in Berlin – junge Männer und Frauen aus immigrantischen Familien der Türkei, aus Marokko, Palästina und Syrien deutlich überrepräsentiert waren. Es verwundert nicht, dass daraufhin in den deutschen Medien sowie in der Bundestagsdebatte vom 19. Mai 2021 eine lebhafte Diskussion darüber entbrannte, ob es sich bei alledem um eine Form von »importiertem« Judenhass handele oder ob nicht doch – so jedenfalls die polizeiliche Kriminalstatistik – nach wie vor ein Bodensatz antisemitischer Haltungen sowie Delikte der eingeborenen deutschen Bevölkerung existiert, der das Ausmaß des in diesen Tagen gezeigten Antisemitismus bei Weitem übersteigt.

Zu dieser Frage liegen unterschiedliche Studien vor: So stellt eine allerdings bereits 2016 publizierte Studie von Sina Arnold und Jana König unter dem Titel »Flucht und Antisemitismus« (Arnold/König 2016) fest, dass die Mehrheit der (geflüchteten) Befragten kein geschlossen antisemitisches Weltbild vertritt, während etwa der »Berlin Monitor« der Universität Leipzig aus dem Jahre 2019 belegt, dass die Zustimmung zu israelbezogenen antisemitischen Meinungen bei Deutschen mit Migrationshintergrund signifikant höher ist als bei solchen ohne diesen Hintergrund. Entsprechend hat auch der niederländische Soziologieprofessor Ruud Koopmans laut FAZ vom 23.5.2021 Judenfeindlichkeit bei Muslimen und Christen in sechs europäischen Ländern untersucht und dabei herausgefunden, dass in Deutschland 10,5% der Christen, jedoch 28% der Muslime antisemitische Haltungen aufwiesen. In Österreich waren sogar 64,1% der Muslime sowie lediglich 10,7% der Christen der Überzeugung, dass man Juden nicht trauen könne. Auch eine Studie der »Anti-Defamation-League« aus dem Jahr 2019 über das einschlägige Meinungsklima in Deutschland ergab, dass 14% der befragten Christen, aber 49% der Muslime antisemitische Haltungen aufweisen. Gleichwohl überwogen laut der Kriminalstatistik bei entsprechenden Straftaten bisher noch immer rechtsextreme Motive.

So stellt der erwähnte »Berlin Monitor« fest: »Das Bundesinnenministerium dokumentiert in der polizeilichen Kriminalitätsstatistik für 2018 einen Anstieg der antisemitisch motivierten Straftaten von knapp 20% im Vergleich zu 2017. Konkret wurden 2018 1.799 Fälle erfasst, die zu 89% als rechtsextrem motiviert qualifiziert wurden. Ein entsprechender Anstieg muss auch für Berlin festgestellt werden: Mit 324 antisemitischen Straftaten stieg deren Zahl im Vergleich zum Vorjahr um 6%. Dabei war mit 253 Fällen der Großteil rechtsextrem motiviert, bei

49 Straftaten wurde von der Polizei eine ›ausländische Ideologie‹ und bei zwölf ›religiöse Ideologie‹ als Motiv ausgemacht. Die Motive von sieben Fällen wurden als ›links‹ und drei als ›nicht zuzuordnen‹ qualifiziert.« (Decker/Pickel/Reimer-Gordinskaya 2016: 50)

Allerdings: Besitzen die Befragten noch nicht einmal die deutsche Staatsangehörigkeit, sind ihre Zustimmungsraten zu antisemitischen Aussagen sogar noch höher. Genau das aber beweist, dass sogar eher schwache Formen der Integration sich positiv auf das Nachlassen antisemitischer Haltungen auswirken. Auf jeden Fall unterscheidet sich der Judenhass alteingesessener Deutscher von dem von Migrant:innen oder Migrantenabkömmlingen aus dem Nahen oder Mittleren Osten dadurch, dass erstere sich minder auf den Palästinakonflikt und den Staat Israel beziehen, sondern eher einem »Schlussstrich- oder Shoah-Antisemitismus« (Uffa Jensen) zuneigen.

Gleichwohl ist realistisch davon auszugehen, dass der Konflikt zwischen Israel und den Palästinensern – obwohl er objektiv und quantitativ keineswegs so bedeutsam ist wie die Unterdrückung der Uiguren durch China oder der mörderische Krieg des Militärs von Myanmar gegen die eigene Bevölkerung – die deutsche Öffentlichkeit und ihre Debatten auch in Zukunft massiv prägen wird. Dass und wie das sowohl mit der deutschen Geschichte als auch der christlichen Prägung dieses Landes zusammenhängt, wurde oben erläutert.

Am Beispiel der USA und ihrer akademischen Öffentlichkeit lässt sich zeigen, was auch Deutschland bevorstehen könnte. So hat der US-amerikanische Autor Kenneth Stern, Direktor des »Bard Center for the Study of Hate« kürzlich eine Studie vorgelegt (Stern 2020), in der er die Auseinandersetzungen zwischen proisraelischen und propalästinensischen Studierenden und Fakultätsangehörigen auf US-amerikanischen Campussen nachzeichnet. Vor dem Hintergrund hier nicht näher zu entfaltender, komplexer sozialpsychologischer Erklärungen kann Stern nachweisen, dass sowohl proisraelische als auch propalästinensische Studierende und Fakultätsmitglieder stets gute moralische Gründe aufweisen können, die jeweils andere Gruppe bis zur Forderung nach Sprech- und Äußerungsverboten abzulehnen. Motive, die Stern zunächst insofern anerkennt, als er es für richtig hält, dass Studierende überhaupt begründete Meinungen zu komplexen politischen und identitätsbezogenen Sachverhalten äußern – sofern sie bereit sind, ihre begründeten Meinungen öffentlich zur Diskussion zu stellen.

Für Stern, der lange Zeit als Antisemitismus-Experte des American Jewish Committee (das er schließlich verließ) aktiv war, bedeutet dies jedoch, dass die wechselseitige, oft beobachtbare Dämonisierung der jeweils anderen Seite scharf zu kritisieren ist. In diesem Zusammenhang stellt er Argumente vor, die auf den ersten Blick gegen eine postkoloniale Kritik an der Gründung des Staates Israel zu sprechen scheinen. So zitiert Stern aus einem Essay des Autors J. Pearl, der notiert, warum der Staat Israel einschließlich des ihm vorhergehenden Zionismus kein kolonialistisches Unternehmen im klassischen Sinne sei:

- Gebe es doch außer dem Zionismus keinen anderen Fall von Siedlung, der sich auf die *historische* Geburtslandschaft der siedelnden Gruppe beziehe;
- gebe es doch keinen anderen Fall weißer Siedler, die eine Sprache sprechen, die *vor* der gegenwärtigen Umgangssprache des besiedelten Landes gesprochen wurde;
- gebe es doch keinen anderen Fall von Siedlern, deren Fest- und Feiertage Ereignisse des Landes erinnerten, *in* das sie gekommen sind – und nicht jenes, aus dem sie gekommen sind;
- gebe es doch keinen anderen Fall von Besiedlung, in dem die Namen von Orten nicht – wie etwa New York oder New Amsterdam – *nach Herkunftsorten* mit dem Präfix »Neu« etikettiert sind – sondern: Namen von Orten aus der Antike tragen;
- und gebe es doch keinen Fall von Siedlungsbewegungen, die ihre Siedlungspolitik unter *Bezug auf eine mehr als 80 Generationen zurückliegende* Geschichte mit all ihrer Dichtung, Prosa, täglichen Gebeten sowie weiteren Überlieferungen begründen. (Ebd.: 46f.)

So sehr dem – was die die Besiedlung begründende Theorie oder Ideologie betrifft – zuzustimmen ist, so wenig ändert das an der Form der seit Ende des 19. Jahrhunderts beginnenden zionistischen Landnahme – auch der Umstand nicht, dass es oft genug arabische Großgrundbesitzer waren, die ihre Ländereien so erkauft haben, dass die späteren neuen Eigentümer die nicht grundbesitzenden Kleinbauern von ihren Parzellen vertreiben konnten.

Es waren ganz ähnliche Konfliktstrukturen, die zu jener Eskalation geführt haben, die Anlass für die mit der PLO konkurrierende Hamas war, Israel mit Raketen zu beschießen. Mit der Eroberung des Ostteils von Jerusalem durch israelische Truppen im Juni des Jahres 1967 fielen auch Häuser und Grundstücke unter israelische Herrschaft, in denen seit 1948 arabische Familien gewohnt hatten – Häuser und Grundstücke freilich, die vor 1948 von jüdischen Familien bewohnt wurden, die sie infolge des Krieges verlassen hatten: Der Name des Stadtteils lautete »Sheikh Jarrah«. Vergleichsweise früh nach der Eroberung im Jahr 1967 urteilten israelische Gerichte, dass arabische Familien diese Häuser zu verlassen hatten, sofern es jüdischen Anwärtern gelingen sollte, nachzuweisen, dass dort vor Beginn des Krieges jüdische Familien gelebt hatten. »medico international« berichtete am 12. Mai 2021 über die Angelegenheit: »Die Gerichte haben sich in diesen zehn Jahren auf die Seite der israelischen Ansprüche gestellt und zahlreiche Familien zwangsräumen lassen. Den letzten verbliebenen palästinensischen Familien wurde in der vergangenen Woche vom Gericht ein ›Kompromiss‹ angeboten: Sie konnten zustimmen, ihr Haus an einen Siedler zu übergeben, wenn die jeweiligen Familienältesten sterben, oder sie werden jetzt zwangsgeräumt. Sie weigerten sich. Das Gericht sollte eigentlich am 11. Mai eine endgültige Entscheidung fällen, entschied sich aber, dies bis zur zweiten Juniwoche zu verschieben. Das sollte der israelischen Polizei und Grenzpolizei Zeit verschaffen, die Proteste zu zerschlagen. Weiter wurde vermutlich gehofft, die internationale Gemeinschaft würde ihre Aufmerksamkeit zwischenzeitlich auf andere Probleme richten und abgelenkt sein.« (Whitman 2021)

Die mit diesen Vorgängen verbundene grundsätzliche Problematik, die weit über das Ungemach von Zwangsräumungen hinausgeht, besteht darin, dass – wie nicht zuletzt der oben erwähnte israelische Historiker Benny Morris nachgewiesen hat – während und nach dem Krieg von 1948 etwa 700.000 Palästinenser:innen aus jetzt zu Israel gehörigen Gebieten vertrieben wurden oder geflohen sind. Ein Umstand, der es der israelischen Gesetzgebung nach dem Krieg ermöglichte, eine Reihe von Gesetzen zu verabschieden, die Grund und Boden abwesender – also geflohener oder vertriebener – Araber der ausschließlichen Verwaltung der israelischen Bodenentwicklungsbehörde zu unterstellen.

Bekannt wurde vor allem das 1950 erlassene »Absentees' Property Law«, das als »abwesende Besitzer« Personen definiert, »die – zu irgendeinem Zeitpunkt zwischen dem 29. November 1947 und dem Tag, an welchem eine Erklärung veröffentlicht wird – […] Bürger Palästinas waren und ihren normalen Wohnsitz in der Absicht verlassen haben, a) vor dem 1. September 1948 außer Landes zu gehen, b) in den Teil Palästinas zu gehen, der von den Mächten besetzt ist, die die Gründung des Staates Israel verhindern wollen bzw. nach seiner Gründung gegen ihn zu kämpfen« (Lobel/Geries 1970: 118).

Im auch beim Schreiben dieser Zeilen noch aktuellen Konflikt um die Zwangsräumungen im Jerusalemer Stadtteil Sheikh Jarrah zeigt sich beispielhaft der letzte Grund des Palästinakonflikts: Der Streit um ein notwendigerweise knappes Gut, das nicht beliebig vermehrbar ist, nämlich um Böden und Behausungen. Das Beharren der palästinensischen Seite auf einem – sogar von den Vereinten Nationen verbrieften und vererbbaren – Rückkehrrecht der Vertriebenen und Geflüchteten von 1948 ist die Kehrseite dieses Konflikts, der während des nun einige Tage zurückliegenden Krieges zwischen Israel und der Hamas sogar das inzwischen halbwegs erträgliche Verhältnis zwischen jüdischen und nichtjüdischen – christlichen und muslimischen – Bürger:innen Israels zu zerstören droht. Und das, obwohl während der letzten, noch andauernden Regierungskrise sogar israelische Rechtsparteien mit der Vereinten Arabischen Liste über eine mögliche Regierungsbildung verhandelt haben. Das 2018 verabschiedete israelische »Nationalstaatsgesetz« – das Arabisch als Amtssprache ausschloss – hat die Grundlagen des Zusammenlebens nachhaltig beschädigt. All das hat mit dazu beigetragen, dass es nach und während des Waffengangs zwischen der Hamas und Israel selbst zu bürgerkriegsähnlichen Auseinandersetzungen zwischen Juden und Arabern im israelischen Kernland und der Westbank kam.

Wie könnte dort eine erträgliche Zukunft aussehen? Als letzte Hoffnung bleibt eine minder bekannte soziologische Theorie, die – vermeintlich paradox – Integration durch Konflikt postuliert. Tatsächlich sind sich – allgemein gesprochen – Konfliktpartner näher als friedlich nebeneinander Herlebende, zudem finden sich in Israel/Palästina – mindestens in Israel – Menschen von beiden Seiten im Interesse einer gedeihlichen gemeinsamen Zukunft zusammen. Das heißt: Für das klassische, jedenfalls nicht kriegerische Nebeneinander steht noch immer die von fast allen anderen Mächten befürwortete »Zwei-Staaten-Lösung«, an die aufgrund der israelischen Siedlungspolitik tatsächlich niemand mehr glaubt.

Daher ist es höchste Zeit – auch für die deutsche Politik –, sich ehrlich zu machen: An die Stelle der nicht verwirklichbaren »Zwei-Staaten-Lösung« wird und muss eine – wie etwa Omri Boehm vorschlägt – föderative Ein-Staaten-Lösung treten. In dieser Form könnte der Konflikt zwischen Juden und Palästinensern durch die neuartige Form einer staatlichen Föderation seine Lösung finden.

Postskriptum 2: Ist Israel ein Apartheidsstaat?[1]

Angesichts des im Februar 2022 veröffentlichen Dossiers von »Amnesty International« zu dem Staat Israel als Apartheidstaat ist festzustellen: Selbst eine annäherungsweise Verwendung des Begriffs »Apartheid« für die Verhältnisse in der West Bank oder sogar im Kernland Israel gilt in weiten Teilen der öffentlichen Debatte zu Recht als antisemitisch.[2] Mit Recht wird dabei darauf hingewiesen, dass weder im Zionismus noch in der israelischen Staatsdoktrin jemals von einer biologischen Minderwertigkeit der Araber die Rede war. Tatsächlich hat es ja ein System der wirtschaftlichen Ausbeutung wie in Südafrika im Mandatsgebiet oder in Israel nie gegeben. Ein wörtlicher Bezug auf die Anti-Apartheidskonvention, seit 1998 Teil des Völkerstrafrechts, war eine Zeitlang schon deshalb umstritten, weil sie sich zunächst speziell gegen rassische Diskriminierung richtete. Fasst man den Begriff Apartheid aber – wie inzwischen nur üblich, aber völkerrechtlich nicht ausgewiesen – weiter als politische, soziale und wirtschaftliche Dominanz kombiniert mit Formen von Unterdrückung, Diskriminierung und Separation, die sich auch gegen andere als »rassisch« definierte Großgruppen richtet, dann kann man ihn sehr wohl auf die Zustände in der West Bank – nicht im israelischen Kernland, in den Grenzen von 1967 – anwenden.

Das sieht auch die »Jerusalem Declaration« so, wenn sie schreibt, es sei zwar umstritten, aber an und für sich nicht antisemitisch, Israel mit anderen historischen Fällen zu vergleichen, einschließlich Siedlungskolonialismus oder Apartheid.[3] In der West Bank sind Verkehrswege und Siedlungsformen weitgehend separiert und asymmetrisch zu Lasten der Palästinenser. Für Siedler und Palästinenser gibt es zwei verschiedene Rechtssysteme; für Palästinenser gelten Militärverordnungen und Militärgerichtsbarkeit mit gravierenden rechtsstaatlichen Defiziten. Ihre Selbstbestimmung und ihre politischen, zivilen und wirtschaftlichen Rechte sind teilweise dramatisch eingeschränkt. Schon Mitte der 1990er-Jahre hatte Ami Ajalon, von 1992 bis 1996 Chef der israelischen Ma-

---

[1] Dieses Postskriptum verdankt sich intensiven Gesprächen mit Gert Krell, dem ich für seine Hilfe danke.

[2] Einen kurzen, aber reichhaltigen Überblick über die kontrovers geführte internationale Debatte bietet gaz.wiki/wiki/de/Israel_and_apartheid.

[3] jerusalemdeclaration.org, Punkt 13.

rine und dann Leiter des Inlandsgeheimdienstes Shin Bet, Ariel Scharons Siedlungspolitik in der West Bank wie folgt kritisiert: Seine Taktik, Plantagen und Häuser niederzuwalzen, Land zu annektieren und die Palästinenser in Quasi-Reservate nach dem Vorbild der südafrikanischen Bantustans – unverbundene, von festungsartig ausgebauten israelischen Städten und militärischen Sperrzonen umzingelte Gebiete – einzuschließen, würde nur hartnäckige Wunden hinterlassen, die zu noch mehr Fanatismus führten.[4] Der Geograph Elisha Efrat sprach vor 15 Jahren von einem spezifisch israelischen System der Trennung und Apartheid in einem Gebiet, in dem eine dominante Minderheit sich bereits den größten Teil des Landes angeeignet habe (Efirat 2006: 80-82). Und im Februar 2002 gab Michael Benyair, von 1993 bis 1996 israelischer Generalstaatsanwalt während Jitzhak Rabins zweiter Regierung, in einem Interview für *Le Monde* zu Protokoll: Wenn zwei Völker weder denselben Status noch dieselben Rechte hätten, wo die Armee den Besitz des einen schütze und den des anderen zerstöre, wo ein Siedler Recht auf viel mehr Wasser habe als ein alteingesessener Einwohner, wo Segregation in die Gesetze eingeschrieben sei, da gebe es keine andere Zustandsbeschreibung als Apartheid.[5]

Ähnlich argumentiert der Politikwissenschaftler und ehemalige stellvertretende Bürgermeister von Jerusalem, Meron Benvenisti, der selbst den Begriff der Besatzung für schönfärberisch hält, weil er bestimmte völkerrechtliche Auflagen für das Verhalten von Besatzungsmächten macht. Völkerrechtlich ist z.B. die Ansiedlung der eigenen Bevölkerung in besetzten Gebieten verboten: »Kein System einer militärischen Besatzung rechtfertigt die Bantustans, die in den besetzten Gebieten geschaffen wurden und die ein freies und blühendes Volk mit einem Bruttosozialprodukt von über 30.000 US Dollar pro Kopf von einer unterworfenen Bevölkerung mit 1.500 US Dollar BSP pro Kopf separieren, die keine Chance hat, ihr Schicksal in die eigene Hand zu nehmen. Kein System einer militärischen Besatzung kann erklären, wieso die Hälfte der besetzten Gebiete (die C Gebiete) praktisch annektiert worden sind und der Bevölkerung unter Besatzung nur unverbundene

[4] So referiert bei Sari Nusseibeh 2009: 449-450. Nusseibeh und Ajalon haben zeitweise eine gemischt israelisch-palästinensische Basis-Friedensinitiative organisiert und geleitet.

[5] Referiert nach Sylvain Cypel, The State of Israel vs. the Jews, New York 2021, S. 280. Vgl. auch Benyairs Gastkommentar in der »Frankfurter Rundschau«, 8.2.2022, S. 10.

Landstücke lassen, die ihnen keine lebensfähige Existenz ermöglichen.« (Benvenisti 2016: 1201)

Heute verwenden auch internationale Organisationen den Begriff der Apartheid für die Verhältnisse unter israelischer Besatzung; so z.B. eine Stellungnahmen von Human Rights Watch vom 27. April 2021. B'Tselem, die bekannteste israelische Menschenrechtsgruppe, hat sich in einem Positionspapier von Anfang 2021 sogar entschieden, das israelische Kernland zusammen mit der West Bank und Gaza als ein einziges mehrfach gestaffeltes System der Apartheid zu bezeichnen (B'Tselem 2021). Auf breitester empirischer Basis hat dann Amnesty International (AI) in einem umfassenden Forschungsbericht vom 1. Februar 2022 schwere Apartheids-Vorwürfe gegen Israel erhoben (Aminesty International 2022). Auch differenzierte Reaktionen auf diesen Bericht betonen die mangelnde Berücksichtigung der anhaltenden realen Konfliktgeschichte zwischen Juden und Arabern.[6] Immerhin konzediert die Analyse von AI die grundsätzliche Berechtigung israelischer Sicherheitsinteressen; sie insistiert jedoch darauf, diese würden vielfach als Ausreden für die Siedlungsexpansion benutzt und auch in anderer Hinsicht weit über Gebühr zu Lasten der Palästinenser überdehnt.

Der gewalttätige Fanatismus der anderen Seite, vor allem die grausamen Selbstmordattentate speziell im israelischen Kernland während der zweiten Intifada (2000-2005), die dem Friedenslager praktisch den Boden unter den Füßen weggezogen und weithin eine bis heute nachwirkende Skepsis gegenüber dem Friedensprozess hinterlassen haben, waren gewiss fatal im wörtlichen wie im politischen Sinne; aber auch hier kann man die »Dialektik der Gewalt« nicht ausblenden. Der anhaltende Siedlungskolonialismus in der West Bank und in und um Ostjerusalem, der weder von Friedensverhandlungen noch von Mahnungen amerikanischer Regierungen oder der EU unterbrochen werden konnte, ist mit Separierung, massiven physischen und sozialen Einschränkungen, mit zahlreichen Kontrollen und teilweise auch mit Verdrängung der Einheimischen verbunden. Hinzu kommt fast tägliche und fast immer ungesühnte Gewalt radikaler Siedler oder Soldaten in der West Bank oder z.B. in der Stadt Hebron, in der die jüdische Siedlerbevölkerung inmitten der Altstadt den ursprünglichen palästinensischen Einwohnern das Leben schwermacht und ihnen die Existenz-

[6] Vgl. etwa die Besprechung von Meron Mendel, Eine Einladung zur Selbstzerstörung, www.zeit.de>kultur<2022-02>amnesty-international-israel-apartheidstaat (20. 2.2022).

grundlagen nimmt. Und hinzu kommt die Blockade von Gaza, die die Lebensumstände der dortigen Bevölkerung existenziell beeinträchtigt. Einer der israelischen Aktivisten, die seit Jahren zusammen mit anderen Israelis und mit Palästinensern arabische Bauern und Schafhirten in den besetzten Gebieten gewaltfrei vor Landraub oder Verwüstungen ihrer Wiesen und Olivenhaine durch jüdische Siedler zu schützen versuchen, ist David Shulman, ein weltweit bekannter Indologe. Hier sein deprimierendes Resumee von 2018: »Das Inferno an gewaltsamem Diebstahl und staatlichem Terror, das sich heute in der West Bank breit macht, hat ein Ausmaß an Boshaftigkeit erreicht, das die Legitimität und die Lebensfähigkeit des Staates Israel selbst in Frage stellt. Was sogar noch schlimmer ist, es hat die Seelen von Tausenden, vielleicht sogar Millionen Menschen korrumpiert. Man kann nicht ständig die innere Natur eines ganzen Volkes verletzen, ohne sein eigenes Innenleben zu beschädigen. Das Universum hat seine Gesetze. Beides ist gleich wichtig: dass die Palästinenser ihre Freiheit gewinnen und dass Israel sich selbst von der Besatzung befreit.«[7]

[7] David Shulman, Freedom and Despair: Notes from the South Hebron Hills, Chicago/London 2018, S. 181. Vgl. auch Shulmans äußerst verstörenden Bericht unter dem Titel »Lost Illusions«, in: »The New York Review of Books«, 12.1.2022, S. 26-27.

Literatur

Adorno, T.W./Horkheimer, M. (1971): Dialektik der Aufklärung, Frankfurt a.M.

Akcam, T. (2004): Armenien und der Völkermord. Die Istanbuler Prozesse und die türkische Nationalbewegung, Hamburg

Alvarez, A. (2001): Governments, Citizens and Genocide. A comparative and Interdisciplinary Approach, Indiana

Amnesty International (2022): Israel's Apartheid Against Palestinians: Cruel System of Domination and Crime Against Humanity, London

Arendt, H. (1986): Elemente und Ursprünge totaler Herrschaft, München

Arnold, S./König, J. (2016): Flucht und Antisemitismus. Erste Hinweise zu Erscheinungsformen von Antisemitismus bei Geflüchteten und mögliche Umgangsstrategien. Qualitative Befragung von Expert_innen und Geflüchteten. Expertise für den Expertenkreis Antisemitismus, Berlin; www.bim.hu-berlin.de/media/Abschlussbericht_Flucht_und_Antisemitismus_SA_JK.pdf

Asseburg, M. (2019): Die deutsche Kontroverse um BDS. Eine Einordnung, in: diAk, Deutschland | Israel | Palästina, Über die Komplexität einer Dreiecksbeziehung, Berlin

Asseburg, M. (2020): Die deutsche Kontroverse um die BDS-Bewegung, in: W. Benz (Hrsg.), Streitfall Antisemitismus. Anspruch auf Deutungsmacht und politische Interessen, Berlin, S. 290

Avineri, S. (2016): Theodor Herzl und die Gründung des jüdischen Staates, Berlin

Bartov, O. (2000): Mirrors of Destruction. War, Genocide, and modern Identity, Oxford

Bar-Zôhar, M. (1992): David Ben-Gurion. Der Gründer des Staates Israel, Bergisch-Gladbach

Bauer, Y. (2001): Die dunkle Seite der Geschichte. Die Shoah in historischer Sicht. Interpretationen und Re-Interpretationen, Frankfurt a.M.

Bazian, H. (2016): Palestine ... it is something colonial, The Hague

Bechmann, U./Raheb, M. (Hrsg.) (1995): Verwurzelt im Heiligen Land. Einführung in das palästinensische Christentum, Frankfurt a.M.

Ben Gurion, D./Ben Zwi J. (1918): ארץ-ישראל אין פארגאנגענהייט און געגענווארט, New York

Ben Gurion, D. (2010): Israel. Der Staatsgründer erinnert sich, Frankfurt a.M.

Benhabib, S. (1996): The reluctant Modernism of Hannah Arendt, Thousand Oaks (deutschsprachige Ausgabe: Hannah Arendt, Die melancholische Denkerin der Moderne, Frankfurt a.M.; erw. Neuausg. 2006)

Ben-Rafael, E. u.a. (Hrsg.) (2016): Handbook of Israel: Major Debates, Volume 2, Berlin/Boston

Ben-Sasson, H. (1979): Geschichte des jüdischen Volkes, Bd. 2: Vom 7. bis zum 17. Jahrhundert, München

Benvenisti, M. (2016): The Binational Dilemma, in: Eliezer Ben-Rafael u.a. (Hrsg.), Handbook of Israel: Major Debates, Bd. 2, Berlin/Boston 2016, S. 1190-1210
Benz, W. (2010): Die Feinde aus dem Morgenland. Wie die Angst vor den Muslimen unsere Demokratie gefährdet, München
Benz, W. (2011): Antisemitismus und »Islamkritik«, Bilanz und Perspektive, Berlin
Benz, W. (Hrsg.) (2020): Streitfall Antisemitismus. Anspruch auf Deutungsmacht und politische Interessen, Berlin
Bergmann, H. (1981): Jawne und Jerusalem, Königstein
Bernasconi, R. (2002): Kant as an Unfamiliar Source of Racism, in: Ward, J.K./Lott, T.L., Philosophers on Race, S. 145-166
Bitterli, U. (1976): Die »Wilden« und die »Zivilisierten«. Grundzüge einer Geistes- und Kulturgeschichte der europäisch-überseeischen Begegnung, München
Blackburn, R. (1998): The Making of New World Slavery. From the Baroque to the Modern 1492-1800, London/New York
Bodin, J. (2005): Über den Staat, Stuttgart
Boehm, O. (2020): Israel – eine Utopie, Berlin
Bonetto, S. (2006): Race and Racism in Hegel – An Analysis, in: Minerva – An Internet Journal of Philosophy 10, S. 35-64
Borochov, B. (1969): Die Grundlagen des Poale Zionismus, Frankfurt a.M.
Brockmeyer, N. (1987): Antike Sklaverei, Darmstadt
Brown, W. (2018): Mauern. Die neue Abschottung und der Niedergang der Souveränität, Berlin
Brumlik, M. (2002a): Deutscher Geist und Judenhass. Das Verhältnis des philosophischen Idealismus zum Judentum, München
Brumlik, M. (2002b): Kants Theorie des Judentums – Die Euthanasie des statutarischen Gemeinwesens, in: Ders., Deutscher Geist und Judenhass, S. 27-74
Brumlik, M. (2004): Zu einer Theorie des Völkermords, in: Blätter für deutsche und internationale Politik, Heft 8, S. 923-1032
Brumlik, M. (2008): The scramble for Africa. Hannah Arendts paradoxer Versuch, den Holocaust aus dem Kolonialismus herzuleiten, in: Fritze, L. (Hrsg.), Hannah Arendt weitergedacht, Göttingen, S. 153-165; doi.org/10.13109/9783666369131.153
Brumlik, M. (2015): Wann, wenn nicht jetzt? Versuch über die Gegenwart des Judentums, Berlin
Brumlik, M. (2019): Hegels Juden – Reformer, Sozialisten, Zionisten, Berlin
Brunkhorst, H. (1999): Hannah Arendt, München
B'Tselem (2021): A regime of Jewish Supremacy from the Jordan River to the Mediterranean Sea: This is apartheid, Jerusalem
Buck-Morss, S. (1991): Dialektik des Sehens, Frankfurt a.M.
Bundeszentrale für politische Bildung (2008): Britisches Weißbuch vom

17.5.1939 (Auszug), Heft 278 vom 28.3.2008; www.bpb.de/internationales/asien/israel/45184/quellen?p=2

Claussen, D. (2013): Was heißt Antisemitismus? Response auf Brian Klug; www.jmberlin.de/sites/default/files/antisemitism-in-europe-today_3-claussen_dt.pdf

Coetzee, P.H. (1991): Particularity in Morality and its Relation to Community, in: Coetzee, P.H./Roux, A.P.J. (Hrsg.): Philosophy from Africa, S. 275-336

Coetzee, P.H./Roux, A.P.J. (Hrsg.) (1991): Philosophy from Africa. A text with Readings, Oxford

Confino, A./Goldberg, A. (2020): Die andere Seite der Gleichung, in: taz vom 1.5.; taz.de/Debatte-ueber-den-Denker-Achille-Mbembe/!5679420/

Conrad, J. (1992): Herz der Finsternis, Zürich

Croitoru, J. (2020): Was ist Antisemitismus? Süddeutsche Zeitung vom 21.7., S. 11

Cypel, S. (2021): The State of Israel vs. the Jews, New York 2021

Dadrian, V.N. (1995): The History of the Armenian Genocide, Oxford

Dadrian, V.N. (1996): German Responsibility in the Armenian Genocide, Watertown

Därmann, I. (2020): Undienlichkeit. Gewaltgeschichte und politische Philosophie, Berlin

Decker, O./Pickel, G./Reimer-Gordinskaya, K. (2016): Der Berlin Monitor 2019. Vernetzte Solidarität – Fragmentierte Demokratie. Unter Mitarbeit von Kazim Celik, Charlotte Höcker, Julia Schuler und Selana Tzschiesche, Leipzig; berlin-monitor.de/wp-content/uploads/2019/08/Berlin-Monitor-2019.pdf

Des Forges, A. (2002): Kein Zeuge darf überleben. Der Genozid in Ruanda, Hamburg

Diderot, D. (2001): Die Welt der Encyclopédie, Frankfurt a.M.

Diessenbacher, H. (1998): Kriege der Zukunft, München/Wien

Diner, D. (1980): Israel in Palästina. Über Tausch und Gewalt im Vorderen Orient, Königstein

Drakulic, S. (2004): Keiner war dabei. Kriegsverbrechen auf dem Balkan, Wien

Dübgen, F./Skupien, S. (Hrsg.) (2015): Afrikanische politische Philosophie. Postkoloniale Positionen, Berlin

Duchrow, U. (2017): Palästina/Israel als Beispiel von kolonialistischem Kapitalismus in theologischer Perspektive, in: Duchrow, U./Ulrich, H. (Hrsg.): Religionen für Gerechtigkeit in Palästina-Israel, Berlin, S. 166-202

Efrat, E. (2006): The West Bank and Gaza Strip: A Geography of Occupation and Disengagement, London/New York 2006

Ehrmann, J. (2009): Traveling, Translating and Transplanting Human Rights. Zur Kritik der Menschenrechte aus postkolonial-feministischer Perspektive, In: Femina Politica, Schwerpunkt: Feministische Postkoloniale Theorie – Gender und (De)Kolonisierungsprozesse, Heft 2, S. 84-95

Evangelischer Pressedienst (epd) (2012): Ein schwieriges Verhältnis? Die christlichen Kirchen und der Staat Israel. Epd-Dokumentation Nr. 7, Frankfurt a.M.
Fackenheim, E. (1971): The Human Condition After Auschwitz. A Jewish Testimony a Generation After, New York
Fackenheim, E. (1972): God's Presence in History, New York
Fanon, F. (1966): Die Verdammten dieser Erde, Frankfurt a.M.
Flaig, E. (2009): Weltgeschichte der Sklaverei, München
Fiedler, L. (2017): Matzpen. Eine andere israelische Geschichte, Göttingen
Flikschuh, K./Ypi, L. (Hrsg.) (2014): Kant and Colonialism, New York
Fricke, D. u.a. (1983): Lexikon zur Parteiengeschichte, Bd. 1, Leipzig
Friling, T. (2016): What do Those Who Claim Zionism is Colonialism Overlook, in: Ben-Rafael u.a., Handbook of Israel
Funke, H. (2021): Black Lives Matter in Deutschland. George Floyd und die Diffamierung von Achille Mbembe als Antisemit – eine Streitschrift über (post)koloniale Konflikte, Hamburg
Fürtig, H. (2016): Zwischen Kolonialismus und Nationenbildung, in: Bundeszentrale für politische Bildung; www.bpb.de/izpb/238907/zwischen-kolonialismus-und-nationenbildung
Gans, C. (2008): A Just Zionism. On the Morality of the Jewish State, Oxford
Genesis: Das erste Buch Mose in der Luther-Bibel
Gerlach, W. (1993): Als die Zeugen schwiegen. Bekennende Kirche und die Juden, Berlin
Gessler, B. (2000): Eugen Fischer (1874-1967). Leben und Werk des Freiburger Anatomen, Anthropologen und Rassehygienikers bis 1927, Frankfurt a.M.
Goldberg, D.Th. (2002): The racial state, Massachusetts, Maiden/Oxford
Gordon, A.D. (1929): Erlösung durch Arbeit, Berlin
Gorenberg, G. (2021): War of Shadows: Codebreakers, Spies, and the Secret Struggle to Drive the Nazis from the Middle East, New York
Gourevitch, P. (1999): Wir möchten Ihnen mitteilen, daß wir morgen mit unseren Familien umgebracht werden, Berlin
Grossmann, A. (2012): Juden, Deutsche, Alliierte: Begegnungen im besetzten Deutschland, Göttingen
Gust, W. (Hrsg.) (2005): Der Völkermord an den Armeniern 1915/16. Dokumente aus dem politischen Archiv des deutschen Auswärtigen Amts, Springe
Ha, Kein Nghi (2010): Postkoloniale Kritik als politisches Projekt, in: Reuter, J./Villa, P.-I. (Hrsg.), Postkoloniale Soziologie, Bielefeld, S. 259-280
Hagemann, A. (2003): Kleine Geschichte Südafrikas, München
Hagemann, A. (2004): Kleine Geschichte Australiens, München
Halkin, H. (2014): Jabotinsky. A Life, New Haven/London
Hannaford, I. (1996): Race. The History of an Idea in the West, Baltimore
Harding, L. (Hrsg.) (1998): Ruanda – der Weg zum Völkermord. Vorge-

schichte – Verlauf – Deutung, Hamburg
Harris, L. (Hrsg.) (1983): Philosophy Born of Struggle, Dubuque/Iowa
Hegel, G.W.F. (1970a): Der Geist des Judentums, Werke in zwanzig Bänden, Bd. 1, Frühe Schriften, Frankfurt a.M.
Hegel, G.W.F. (1970b): Grundlinien der Philosophie des Rechts, Werke in zwanzig Bänden, Bd. 7, Frankfurt a.M.
Hegel, G.W.F. (1970c): Phänomenologie des Geistes, Werke in zwanzig Bänden, Bd. 3, Frankfurt a.M. 1970
Hegel, G.W.F. (1970d): Vorlesungen über die Philosophie der Geschichte, Werke in zwanzig Bänden, Bd. 12, Frankfurt a.M.
Hegel, G.W.F. (1970e): Vorlesungen über die Philosophie der Religion II, Werke in zwanzig Bänden, Bd. 17, Frankfurt a.M.
Heise, U. (2002): Kaffee und Kaffeehaus. Die Geschichte des Kaffees, Frankfurt a.M./Leipzig
Hentges, G. (1998): Antijudaismus, Antisemitismus und »Rassen«-Konstruktion in philosophischen Entwürfen des achtzehnten und beginnenden neunzehnten Jahrhunderts. Unveröffentlichte Inauguraldissertation, Marburg
Herzl, T. (1946): Der Judenstaat, Jerusalem
Hess, M. (1899): Rom und Jerusalem: Die letzte Nationalitätsfrage, Leipzig
Hirte, R./Klinggräff, F. von (Hrsg.) (2020): Israel, Fragen nach/Europa. Gespräche über einen fernen, nahen Kontinent, Weimar
Hochschild, A. (1998): Schatten über dem Kongo. Die Geschichte eines fast vergessenen Menschheitsverbrechens, Stuttgart
Hoffmann, T. (o.J.): Deutsche Quellen und Augenzeugenberichte zum Völkermord an den Armeniern 1915/26, in: Gesellschaft für bedrohte Völker (Hrsg.), Das Verbrechen des Schweigens, Göttingen, S. 92-124
Honneth, A. (1992): Kampf um Anerkennung, Frankfurt a.M.
Hosfeld, R. (2005): Operation Nemesis. Die Türkei, Deutschland und der Völkermord an den Armeniern, Köln
Israel, J. (2014): Revolutionary Ideas. An Intellectual History of the French Revolution from the Rights of Man to Robbespierre, Princeton
Jabotinsky, W. (1923): On the Iron Wall, in: Rasswet 42-43 vom 4.11.
Jabotinsky, W. (2013): Richter und Narr. Roman, Berlin
Jessen, J. (2020): In der Sackgasse zwischen Weiß und Schwarz, in: Die ZEIT vom 28.5., S. 49
Kant Lexikon (2015): Bände 1-3, Berlin
Kant, I. (1964): Bestimmung des Begriffs einer Menschenrasse, Werke, Bd. 9, Darmstadt
Kant, I. (1968a): Grundlegung zur Metaphysik der Sitten, Werke, Bd. 6, Darmstadt
Kant, I. (1968b): Metaphysik der Sitten, Werke, Bd. 7, Darmstadt
Kant, I. (1968c): Beobachtungen über das Gefühl des Schönen und Erhabenen, in: Akademieausgabe Bd. II, Berlin

Kant, I. (1968d): Vorlesungen über physikalische Geographie, in: Akademieausgabe Bd. IX, Berlin

Kant, I. (1970a): Von den verschiedenen Rassen der Menschen, Werke, Bd. 9, Darmstadt

Kant, I. (1970b): Zum ewigen Frieden, Werke, Bd. 9, Darmstadt

Kant, I. (1972): Beobachtungen über das Gefühl des Schönen und Erhabenen, in: Akademieausgabe Bd. II, Berlin

Karsh, E. (2010): Palestine Betrayed, Yale

Katz, D. (2010): Borokhov, Ber. in: YIVO Encyclopedia of Jews in Eastern Europe; yivoencyclopedia.org/article.aspx/Borokhov_Ber (accessed May 8, 2021)

Kaube, J. (2020a): Alles in einem Topf? Vorwürfe gegen Achille Mbembe, in: FAZ vom 20.4.; www.faz.net/aktuell/feuilleton/debatten/alles-in-einem-topf-vorwuerfe-gegen-den-philosophen-achille-mbembe-16732050.html

Kaube, J. (2020b): Wer hat Achille Mbembe gelyncht? in: Frankfurter Allgemeine Sonntagszeitung vom 10.5., S. 37

Khader, S.J. (2019): Decolonizing Universalism. A transnational feminist ethic, Oxford

Kienemann, C. (2013): Kolonialismus, in: Online-Lexikon zur Kultur und Geschichte der Deutschen im östlichen Europa; ome-lexikon.uni-oldenburg.de/53969.html (Stand 31.1.2013)

Kiernan, B. (1996): The Pol Pot Regime. Race, Power and Genocide in Cambodia under the Khmer Rouge, New Haven/London

Kieser, H.-L./Schaller, D. (Hrsg.) (2002): Der Völkermord an den Armeniern und die Shoah, Zürich

Klävers, S. (2019): Decolonizing Auschwitz. Komparativ-postkoloniale Ansätze in der Holocaustforschung, Berlin/Boston

Kleingeld, P. (2012): Kant and Cosmopolitanism, Cambridge

Kleist, H.v. (2014): Die Verlobung von St. Domingo, Ditzingen

Kojève, A. (1958): Hegel. Eine Vergegenwärtigung seines Denkens. Kommentar zur Phänomenologie des Geistes. Herausgegeben von Iring Fetscher, Stuttgart

Krell, G. (2020): Eine schiefe Diskussion. Achille Mbembes »Politik der Feindschaft« und der Vorwurf des Antisemitismus. in: W. Benz (Hrsg.), Streitfall Antisemitismus. Anspruch auf Deutungsmacht und politische Interessen, Berlin, S. 299-320

Krell, G. (2021): Zwischen Holocausttrauma und Siedlungskolonialismus: Achille Mbembes Kritik an Israels Politik gegenüber den Palästinensern, auf: www.gert-krell.de/Mbembeneu.pdf; im Druck in: Jahrbuch der Hambach-Gesellschaft 27, S. 257-284

Krieger, K. (Hrsg.) (2003): Der »Berliner Antisemitismusstreit« 1879-1881. Eine Kontroverse um die Zugehörigkeit der deutschen Juden zur Nation. Eine kommentierte Quellenedition im Auftrag des Zentrums für Antisemitismusforschung, München

Levy, D./Sznaider, N. (2001): Erinnerung im globalen Zeitalter: Der Holocaust, Frankfurt a.M.
Lobel, E./Geries, S. (1970): Die Araber in Israel, München
Locke, J. (1988): Two Treatises of Government, Cambridge
Lott, T.L. (2002): Patriarchy and Slavery in Hobbes, in: J.K. Ward/T.L. Lott (Hrsg.), Philosophers on Race
Löwith, K. (1983): Weltgeschichte und Heilsgeschehen. Zur Kritik der Geschichtsphilosophie, in: Sämtliche Schriften, Bd. 2, Stuttgart
Macpherson, C.B. (1967): Die politische Theorie des Besitzindividualismus, Frankfurt a.M.
Mallinckrodt, R.v. (2017): Sklaverei, Leibeigenschaft und innereuropäischer Wissenstransfer am Ausgang des 18. Jahrhunderts, in: Geschichte und Gesellschaft, 43, S. 347-380
Mallmann, K.E./Cüppers, M. (2006): Halbmond und Hakenkreuz. Das Dritte Reich, die Araber und Palästina, Darmstadt
Mar Castro Varela, M. do/Dhawan, N. (Hrsg.) (2015): Postkoloniale Theorie. Eine kritische Einführung. 2. komplett überarb. u. erw. Auflage, Bielefeld
Marquardt, F.W. (1975): Die Juden und ihr Land, Hamburg
Martin, P. (2001): Schwarze Teufel, edle Mohren. Afrikaner in Geschichte und Bewußtsein der Deutschen, Hamburg
Mbembe, A. (2014): Kritik der schwarzen Vernunft, Berlin
Mbembe, A. (2015): On Palestine, in: Soske/Jacobs (Hrsg.), Apartheid Israel
Mbembe, A. (2016a): Ausgang aus der langen Nacht. Versuch über ein entkolonisiertes Afrika, Berlin
Mbembe, A. (2016b): Postkolonie. Zur politischen Vorstellungskraft im gegenwärtigen Afrika, Berlin/Wien
Mbembe, A. (2017): Politik der Feindschaft, Berlin
Mbembe, A. (2019): Necropolitics (Duke University Press), Durham (USA)
McCarthy, Th. (2009): Race, Empire, and the Idea of Human Development, Cambridge
Mignolo, W.D. (2009): Who speaks for »Human« Human Rights?, in: Human Rights in Latin American and Iberian Cultures (HIOL), Hispanic Issues On Line; hiol_05_01_mignolo_who_speaks_for_the_22human22_in_22human_rights22.pdf
Mignolo, W.D. (2012): Epistemischer Ungehorsam. Rhetorik der Moderne, Logik der Kolonialität und Grammatik der Dekolonialität, Wien/Berlin
Mills, C.W. (2017): Black Rights/White Wrongs. The Critique of Racial Liberalism, Oxford
Mirandola, P. della (1988): Über die Würde des Menschen, Zürich
Möller, C. (2003): Völkerstrafrecht und Internationaler Gerichtshof – kriminologische, straftheoretische und rechtspolitische Aspekte, Münster/Hamburg/London
Morris, B. (2004): The Birth of the Palestinian Refugee Problem revisited, Cambridge

Morris, B. (2008): 1948. A History of the First Arab-Israeli War, New Haven/London
Moses, D.A. (2002): Conceptual Blockages and Definitional Dilemmas in the »Racial Century«. Genocides of Indigenous Peoples and the Holocaust, in: Patterns of Prejudice, 36, S. 7-36
Moses, D.A. (2010): Redemptive Antisemitism and the Imperialist Imaginary, in: Wiese, C./Betts, P. (Hrsg.), Years of Persecution, Years of Extermination: Saul Friedländer and the Future of Holocaust Studies, London/New York, S. 233-254
Moses, D.A. (Hrsg.) (2008): Empire, Colony, Genocide. Conquest, Occupation and Subaltern Resistance in World History, New York/Oxford
Motadel, D. (2017): Für Prophet und Führer. Die islamische Welt und das Dritte Reich, Stuttgart
Münkler, H. (2015): Kriegssplitter. Die Evolution der Gewalt im 20. und 21. Jahrhundert, Berlin
N'Diaye, T. (2010): Der verschleierte Völkermord. Die Geschichte des muslimischen Sklavenhandels in Afrika, Reinbek bei Hamburg
Naaman, S. (1982): Emanzipation und Messianismus. Leben und Werk des Moses Hess, Frankfurt a.M./New York
Nirenberg, D. (2015): Antijudaismus: eine andere Geschichte des westlichen Denkens, München
Norton, A. (1995): »Heart of Darkness«: Africa and African Americans in the Writings of Hannah Arendt, in: Honig, B. (Hrsg.), Feminist Interpretations of Hannah Arendt, Pennsylvania, S. 247-263
Nusseibeh, S. (2009): Es war einmal ein Land: Ein Leben in Palästina, 6. Aufl., München 2009
Ohandjanian, A. (1989): Armenien. Der verschwiegene Völkermord, Wien/Köln/Graz
Opitz, R. (1996): Faschismus und Neofaschismus, Bonn.
Osterhammel, J. (2009): Kolonialismus. Geschichte – Formen – Folgen. 6. durchges. Aufl., München
Pappe, I. (2004): A History of modern Palestine. One Land, Two peoples, Cambridge
Pappe, I. (2007): Die ethnische Säuberung Palästinas, Frankfurt a.M.
Patai, R. (Hrsg.) (1979): The Messiah Texts, Detroit
Pateman, C./Mills, C.W. (Hrsg.) (2007): Contract & Domination, Cambridge
Peabody, S. (1996): »There Are No Slaves in France«. The Political Culture of Race and Slavery in the Ancien Regime, Oxford
Piper, E.R. (Hrsg.) (1987): »Historikerstreit«. Die Dokumentation der Kontroverse um die Einzigartigkeit der nationalsozialistischen Judenvernichtung. München/Zürich
Pluchon, P. (1984): Nègres et Juifs au XVIIIe siècle: Le racisme au Siècle des Lumières, Paris
Plumelle-Uribe, R.A. (2004): Weiße Barbarei. Vom Kolonialrassismus zur

Rassenpolitik der Nazis, Zürich
Posener, A. (2020): Der gute Herr Detjen und der böse Herr Klein, in: starke-meinungen.de (Autoren-Blog) vom 24.5.
Puar, J. (2007): Terrorist Assemblages. Homonationalism in Queer Times, Durham
Purtschert, P. (2008): Anerkennung als Kampf um Repräsentation. Hegel lesen mit Simone de Beauvoir und Frantz Fanon, in: Deutsche Zeitschrift für Philosophie, Heft 6, S. 923-933
Ramose, M.B. (2015): Den Kosmopolitismus transzendieren, in: Dübgen/ Skupien (Hrsg.), Afrikanische politische Philosophie
Reinhard, W. (1996): Kleine Geschichte des Kolonialismus, Stuttgart
Reinhard, W. (2016): Die Unterwerfung der Welt. Globalgeschichte der europäischen Expansion 1415-2015, München
Ritter, J./Gründer, K. (Hrsg.) (1995): Historisches Wörterbuch der Philosophie, Bd. 9, Darmstadt
Rodinson, M. (1967): Israël, fait colonial?, in: Les Temps Modernes, n° 253, S. 17–88
Rodinson, M. (1968): Israël et le refus arabe. 75 ans d'histoire, Paris
Rodinson, M. (1973): Israel: A Colonial-Settler State?, Atlanta
Rosenberg, A. (1938): Der staatsfeindliche Zionismus, München
Roth, C./Offenberg, A.K. (2007): Manasseh (Menasseh) Ben Israel. In: Encyclopaedia Judaica, 2. Aufl., Band 13, Detroit/New York u.a.
Rothberg, M. (2009): Multidirectional Memory. Remembering the Holocaust in the Age of Decolonization, Stanford
Rothberg, M. (2020a): Vergleiche vergleichen: Vom Historikerstreit zur Causa Mbembe; geschichtedergegenwart.ch/vergleiche-vergleichen-vom-historikerstreit-zur-causa-mbembe/
Rothberg, M. (2020b): Das Gespenst des Vergleichs, in: »Goethe Institut Latitude«, Mai; www.goethe.de/prj/lat/de/dis/21864662.html
Sand, S. (2010): Die Erfindung des jüdischen Volkes, Berlin
Sautter, U. (2000): Geschichte Kanadas, München
Schabas, W.A. (2003) Genozid im Völkerrecht, Hamburg
Schäuble, M. (2008): Noah Flug: Die Zweite Intifada und der Bau der Barriere, in: Bundeszentrale für politische Bildung, 28.3.; www.bpb.de/internationales/asien/israel/45077/zweite-intifada
Schechtman, J. (1956): Rebel and statesman. The Vladimir Jabotinsky story, the early years, New York
Schechtman, J. (1961): Fighter and prophet. The last years, New York
Schelling, F.W.J. (1856): Einleitung in die Philosophie der Mythologie, in: Sämtliche Werke 2, Abt. 1, Stuttgart 1856
Schmid, T. (2021): Der Holocaust war singulär. Das bestreiten inzwischen nicht nur Rechtsradikale, in: Die WELT vom 26.2.
Schmitt, E. (Hrsg.) (1987): Der Aufbau der Kolonialreiche. Dokumente zur Geschichte der europäischen Expansion, Bd. 3: Aufbau der Kolo-

nialreiche, München
Schmitt-Egner, P. (1975): Kolonialismus und Faschismus. Eine Studie zur historischen und begrifflichen Genesis faschistischer Bewußtseinsformen am deutschen Beispiel, Gießen
Schoeps, J.H. (Hrsg.) (2005): Palästinaliebe. Leon Pinsker, der Antisemitismus und die Anfänge der nationaljüdischen Bewegung in Deutschland, Berlin/Wien
Schulte, C. (1996): Psychopathologie des Fin de siècle. Der Kulturkritiker, Arzt und Zionist Max Nordau, Frankfurt a.M.
Segev, T. (1993): The seventh Million. The Israelis and the Holocaust, New York
Segev, T. (2008): Die ersten Israelis. Die Anfänge des jüdischen Staates, München
Segev, T. (2018): David Ben Gurion. Ein Staat um jeden Preis, Berlin
Seidl, C. (2021): War der Holocaust eine koloniale Tat? In: FAZ vom 28.2., S. 35
Shapira, A. (1988): Berl Katznelson. Ein sozialistischer Zionist, Frankfurt a.M.
Shapira, A. (1992): Land and Power. The Zionist Resort to Force, 1881-1948, Stanford
Shapira, A. (2014): Ben Gurion: Father of Modern Israel, Yale
Shaw, M. (2013): Genocide and international relations: changing patterns in the transitions of the late modern world, Cambridge
Shulman, D. (2018): Freedom and Despair: Notes from the South Hebron Hills, Chicago/London 2018
Sieg, U. (2007): Deutschlands Prophet. Paul de Lagarde und die Ursprünge des modernen Antisemitismus, München/Wien
Siep, L. (1979): Anerkennung als Prinzip der praktischen Philosophie. Untersuchungen zu Hegels Jenaer Philosophie des Geistes, Freiburg/München
Sluis, D.J. van der u.a. (2005): Alle Morgen neu. Einführung in die jüdische Gedankenwelt am Beispiel des Achtzehngebets, Hilversum
Soske, J./Jacobs, S. (Hrsg.) (2015): Apartheid Israel. The Politics of an Analogy, Chicago
Spinoza, B. de (1984): Theologisch-Politischer Traktat, Hamburg
Spivak, G.C. (2009): Alte und neue Diasporas: Frauen in einer transnationalen Welt, in: Femina Politica, Schwerpunkt: Feministische Postkoloniale Theorie – Gender und (De)Kolonisierungsprozesse, Heft 2/2009, S. 19-30
Stanislawski, M. (2001): Zionism and the Fin de Siècle. Cosmopolitanism and Nationalism from Nordau to Jabotinsky, Berkeley
Stern, K.S. (2020): The Conflict over the Conflict: The Israel/Palestine Campus Debate, Toronto
Sternberg, Y. (2016): The Colonialism/Colonization Perspective on Zionismus/Israel, in: Ben-Refael, E. u.a. (Hrsg.), Handbook of Israel, S. 823-847
Sternhell, Z. (1999): The Founding Myths of Israel. Nationalism, Socialism, and the Making of the Jewish State, Berkeley

Susman, M. (2019): Das Buch Hiob und das Schicksal des jüdischen Volkes, Berlin

Sznaider, N. (2020): Zusammenprall nach Drehbuch, in: Der Tagesspiegel vom 1.5., S. 4

Tavares, P.-F. (1992): Hegel et Haiti ou le silence de Hegel sur Saint-Domingue, in: Chemins Critiques 2/3 (Mai), S. 113-131

Teveth, S. (1985): Ben Gurion and the Palestinian Arabs, Oxford

Thomas, H. (1997): The Slave Trade. The Story of the Atlantic Slave Trade: 1440-1870, New York

Trachtenberg, B. (2019): Künstliche Fieberschübe, echter Hass, in: taz vom 19./20.10., S. 11

Ullmann, A. (Hrsg.) (1964): Israels Weg zum Staat, München

Unmüßig, B. (2019). »Der Beschluss geht zu weit«, Interview mit Spiegel-Online vom 17.5.; www.spiegel.de/politik/ausland/israel-bds-resolution-im-bundestag-der-beschluss-geht-zu-weit-a-1268037.html

Ward, J.K./Lott, T.L. (2002): Philosophers on Race. Critical Essays, Oxford

Weinstock, N. (1975): Das Ende Israels. Nahostkonflikt und die Geschichte des Zionismus, Berlin

Weiß, V. (2015): Moses Hess, Rheinischer Jude, Revolutionär und Zionist, Köln

Weiss, Y. (2012): Ha'avara-Abkommen, in: Diner, D. (Hrsg.), Enzyklopädie Jüdischer Geschichte und Kultur, Bd. 2, Stuttgart/Weimar, S. 490-494

Weitz, E.D. (2003): Genocide. Utopias of Race and Nation, Princeton

Weizman, E. (2002): The politics of Verticality, in: Open Democracy, April 25

Wetterau, K. (2020): Neuer Antisemitismus. Spurensuche in den Abgründen einer politischen Kampagne, Bielefeld

Whitman, C. (2021): Sheikh Jarrah – Mehr als ein paar Häuser. Über die Bedeutung eines kleinen Viertels in Ostjerusalem und seine Mobilisierungskraft für die Rechte der Palästinenser:innen. Ein Bericht; www.medico.de/blog/mehr-als-ein-paar-haeuser-18183

Will, R. (2004): Christus oder Kant, in: Blätter für deutsche und internationale Politik, Heft 10, S. 1228-1241

Zimmerer. J. (2011): Von Windhuk nach Auschwitz. Beiträge zum Verhältnis von Kolonialismus und Holocaust, Münster

Zimmerer, J./Zeller, J. (Hrsg.) (2013): Völkermord in Deutsch-Südwestafrika. Der Kolonialkrieg in Namibia (1904-1908) und seine Folgen, Berlin

Zimmermann, M. (1986): Wilhelm Marr – The Patriarch of Antisemitism, New York/Oxford